अन्त्येष्टि-कर्म-संस्कार-पद्धति

अन्त्येष्टि-कर्म-संस्कार-पद्धति

(यमसूक्त, पंचक-शान्ति, ब्रह्मार्पण एवं मरणोपरान्त कर्मकाण्ड विधि की सरलतम भाषा में सम्पूर्ण जानकारी सहित हिन्दू-सनातन धर्म की अत्यावश्यक पुस्तक)

लेखक
पं. लेखराज द्विवेदी
ज्योतिषाचार्य, कर्मकाण्डी, एम. ए. बी. एड., साहित्यरत्न
पूर्व व्याख्याता (संस्कृत), श्री कृष्णगोदाम की गली
प्रथम बी रोड, सरदारपुरा, जोधपुर

सम्पादक
डॉ. भोजराज द्विवेदी
एम.ए. पी-एच. डी. (ज्योतिष)
लब्ध सुवर्ण पदक, राष्ट्रपति द्वारा सम्मानित

डायमंड बुक्स

ISBN : 81-7182-788-8

प्रकाशक : **डायमंड पॉकेट बुक्स (प्रा.) लि.**
X-30, ओखला इंडस्ट्रियल एरिया, फेज-II
नई दिल्ली-110020
फोन : 011-41611861
फैक्स : 011-41611866
ई-मेल : sales@diamondpublication.com
वेबसाइट : www.dpb.in
संस्करण : **2018**
मूल्य :
मुद्रक : **Young Art Press**

ANTYESHTI KARMA SAMSKARA PADDHATI

अनुक्रमणिका

लेखक-परिचय

जन्म 26 नवम्बर 1928 at 4 AM

पं. लेखराज द्विवेदी आत्मज श्री जयनारायणजी द्विवेदी

शैक्षणिक-परिचय—प्रारम्भिक कर्मकाण्ड व ज्योतिष शिक्षा घर पर पिताश्री द्वारा, संस्कृत व्याकरण पठन पं. मणिशंकर जी शास्त्री, गिदूमल संस्कृत पाठशाला, हैदराबाद सिन्ध (वर्तमान पाकिस्तान) 1937 में बंगाल प्रथमा उत्तीर्ण, पश्चात् यज्ञोपवीत के बाद दण्डी ब्रह्मचारी रहकर जामनगर (काठियावाड़ में गुरुकुलाचार्यों से यजुर्वेद श्रीरतिभाई त्रिवेदी और श्री बटु भाई द्वारा सामवेद पठन। आचार्य पं. त्र्यम्बकराम शास्त्री के सान्निध्य में त्रिकाल संध्या, द्विकाल हवन, बलि वैश्वदेव व भीडभंजन महादेव की नित्य पूजा तथा विष्णुयाग आदि की शिक्षा। इस तरह तपोमय जीवन बिताते हुए 1940 में बनारस प्रथमा प्रथम श्रेणी से उत्तीर्ण की। फिर समावर्तन के बाद जोधपुर आगमन। यहाँ दरबार संस्कृत कॉलेज से 1947 में बनारस मध्यमा संस्कृत साहित्य में उतीर्ण की। 1948 में शास्त्री प्रथम खण्ड। साहित्यरत्न, प्रयाग साहित्य-सम्मेलन से 1953 में, राजस्थान वि. वि. से एम. ए. प्रथम श्रेणी में 1971 में उत्तीर्ण किया।

प्रायोगिक शिक्षा—

ए.सी.सी. 1955, कबमास्टर 1956, वी. एस. टी. सी, 1956, भारत सेवक समाज, 1959, बी. एड. 1965, संस्कृत सेमिनार उदयपुर, 1966, सिरोही, 1967, नागौर 1968।

संस्कृत की सेवा— तत्त्वज्ञान विद्यापीठ बम्बई की भक्ति-सभा 1967 में परम पूज्य पं. पाण्डुरंग शास्त्री आठवेली द्वारा सम्मान के साथ चयनित तदनन्तर निःस्वार्थ स्व-व्यय से प्रभुकार्यार्थ अवकाश के क्षणों में ग्राम-ग्राम भ्रमण। अवकाश लेकर तीर्थ-सभा, बम्बई 71, कुरुक्षेत्र 1980, जोधपुर 1983, इलाहाबाद 1986 शिविरार्थियों का नेतृत्व 1983 में राजस्थान जोधपुर प्रान्त का किया। आज तक एक स्वाध्यायी जीवन-यापन चल रहा है।

भागवत प्रवक्ता—

नरतां, भीनमाल, भरूड़ी, चितरोड़ी, पूरणपोचेरी, मालवाड़ा, समदड़ी, बालोत्तरा, बम्बई, जोधपुर आदि क्षेत्रों में 15 'भागवत ज्ञान यज्ञ सप्ताह' सम्पादित

किये।

पुस्तक प्रकाशन— ब्रह्मार्पणम्-1968, द्वितीय संस्करण 1976, अन्त्येष्टि कर्म पद्धति-1975 व अन्य विचाराधीन।

पुरस्कृत—ज्योतिष सम्मेलन, जोधपुर, महालक्ष्मी प्रतिष्ठा, फलौदी, माघ प्रतिष्ठान, भीनमाल, राजस्थान संस्कृत अकादमी, जोधपुर 1991, सोमयज्ञ समिति, जोधपुर 1993। श्रीमाली ब्राह्मण समाज सरदारपुरा, जोधपुर द्वारा सम्मानित- 1997।

फुटकर प्रकाशन— ज्योतिष व कर्मकाण्ड विषयक लेख व कई लेखकों का मार्गदर्शन, अन्यान्य पत्रिकाओं में लेख, रेडियो वार्ता, सम्मेलनों में पत्रवाचन-कोकिल स्मृति, रुद्राष्टाध्यायी व तृपिण्डी पर मीमांसा।

स्व. दौलतरामजी द्विवेदी (वेदिया)

स्व. रामनाथजी द्विवेदी (वेदिया)

स्व. मूलचन्दजी द्विवेदी (वेदिया)

स्व. लक्ष्मीनारायणजी द्विवेदी (वेदिया)

स्व. जयनारायणजी द्विवेदी (वेदिया)

स्व. लाभशंकर द्विवेदी — **श्यामसुन्दर**

पं. भोजराज द्विवेदी — **रमेश**

पं लेखराज द्विवेदी — **घनश्याम**

लेखक वंशवृक्ष

कार्य-क्षेत्र— प्रायोगिक कर्मकाण्ड कार्य, 1940 से निरन्तर। अवकाश के क्षणों में करपात्रीजी के सान्निध्य में उदयपुर लक्षचंडी यज्ञ में 56 नं. कुण्ड के आचार्य-1945, जोधपुर में शंकरलालजी बेदिया के तत्त्वावधान में पंचकुण्डी, फिर नव कुण्डी यज्ञों के आचार्य, 1948 तक अनेक यज्ञों में कार्य। संस्कृत अध्यापन की राजकीय सेवा 1949 से 1983 तक। महात्मा गांधी उच्चतर माध्यमिक विद्यालय, जोधपुर से वरिष्ठाध्यापक पद से 1983 में सेवा निवृत्त।

सम्प्रति कार्य—1984 से निरन्तर कई यज्ञों में कभी आचार्य, कभी उपाचार्य, कभी ब्रह्मा पद पर चयनित, ज्योतिष-कर्मकाण्ड एवं विभिन्न धार्मिक अनुष्ठान कार्य निरन्तर चल रहे हैं।

पं. लेखराज द्विवेदी
भगवान भवन
श्री कृष्ण गोदाम की गली
प्रथम, ब. रोड, सरदारपुरा
जोधपुर (राजस्थान)

आतुर काल

अन्तकाल में भगवान के स्मरण से भगवत्प्राप्ति

मानव का जब प्राणत्याग-काल समीप हो और यह मालूम हो जाये कि यह क्षण भंगुर देह छोड़कर स्वर्गलोक-गामी होने वाला है तब उस समय को आतुर काल कहते हैं। ऐसे समय में यदि पुत्र पंठित हो व कुटुम्ब के लोग संस्कारी हों तो श्रीविष्णु पूजन, आतुर प्रायश्चित्त विधि, अष्टमहादान, गीता पाठ, श्री विष्णु या सदाशिव की मूर्ति अथवा चित्रदर्शन, गंगाजल व तुलसी जल पान आदि उस आतुर के निमित्त करायें। घृत का दीपक जलाकर आतुर को दीप दर्शन करायें। हरि कीर्तन, नामोच्चारण, इष्टदेव आदि का स्मरण कराये। आतुर को गोबर से लीपी हुई भूमि पर दर्भ बिछाकर सुलायें, ताकि उसी पर प्राण का उत्सर्ग हो।

विषय प्रवेश

मृत्यु के उपरान्त मानव का क्या होता है? —यह एक ऐसा प्रश्न है जो आदिकाल से आजतक ज्यों-का-त्यों चला आया है; यह एक ऐसा रहस्य है जिसका भेदन आज तक सम्भव नहीं हो सका है। आदिकालीन भारतीयों, मिस्रियों, यूनानियों एवं पारसियों के समक्ष यह प्रश्न एक महत्त्वपूर्ण जिज्ञासा एवं समस्या के रूप में विद्यमान रहा है। मानव के भविष्य, इस पृथ्वी के उपरान्त उसके स्वरूप एवं इस विश्व के अन्त के विषय में भांति-भांति के मत प्रकाशित किये जाते रहे हैं जो महत्त्वपूर्ण एवं मनोरंजक हैं। प्रत्येक धर्म में इसके विषय में पृथक् दृष्टिकोण रहा है। इस प्रश्न एवं रहस्य को लेकर एक नयी विधा का निर्माण भी हो चुका है, जिसे अंग्रेजी में 'Eschatology' (इश्चैटॉलॉजी) कहते हैं। यह शब्द यूनानी शब्दों—इश्चैटॉस (Eschatos = Last) एवं लोगिया (Logia = Discourse) से बना है, जिसका तात्पर्य है अन्तिम बातों, यथा—मृत्यु, न्याय (Judgment) एवं मृत्यु के उपरान्त की अवस्था से संबंध रखने वाला विज्ञान। इसके दो स्वरूप हैं, जिनमें एक का संबंध है मृत्यु के उपरान्त व्यक्ति की नियति, आत्मा की अमरता, पाप एवं दण्ड तथा स्वर्ग एवं नरक के विषय की चर्चा से, और दूसरे का सम्बन्ध है अखिल ब्रह्माण्ड, उसकी सृष्टि, परिणति एवं उद्धार तथा सभी वस्तुओं के परम अन्त के विषय की चर्चा से।

कठोपनिषद् (1।1।20) में आया है—'जब मनुष्य मरता है तो एक सन्देह उत्पन्न होता है, कुछ लोगों के मत से मृत्यूपरान्त जीवात्मा की सत्ता रहती है, किन्तु कुछ लोग ऐसा नहीं मानते।' नचिकेता ने इस सन्देह को दूर करने के लिए यम से प्रार्थना की। मृत्यु के उपरान्त जीवात्मा का अस्तित्व माननेवालों में कई प्रकार की धारणाएँ पायी जाती हैं। कुछ लोगों का विश्वास है कि मृतों का एक लोक है, जहाँ मृत्यु के उपरान्त जो कुछ बचा रहता है, वह जाता है। कुछ लोगों की धारणा है कि सुकृत्यों एवं दुष्कृत्यों के फलस्वरूप शरीर के अतिरिक्त प्राणी का विद्यमानांश क्रम से स्वर्ग एवं नरक में जाता है। कुछ लोग आवागमन एवं पुनर्जन्म में विश्वास रखते हैं। देखिए यूनानी लेखक पिण्डार (द्वितीय आलिचिएन ओड), प्लेटो (पीड्रस एवं टिमीएस) एवं हेरोडोटस (2।123)।

ब्रह्मपुराण (214।34-39) ने ऐसे व्यक्तियों का उल्लेख किया है, जिन्हें मृत्यु सुखद एवं सरल प्रतीत होती है, न कि पीड़ाजनक एवं चिन्तायुक्त। वह कुछ यों ९८ **' जो झूठ नहीं बोलता, जो मित्र या स्नेही के प्रति कृतघ्न नहीं है, जो आस्तिक है, जो देवपूजा-परायण है और ब्राह्मणों का सम्मान करता है तथा जो किसी से**

ईर्ष्या नहीं करता—वह सुखद मृत्यु पाता है।' इसी प्रकार अनुशासनपर्व (104।11-12, 144।49-60) में विस्तार के साथ अकाल-मृत्यु एवं दीर्घ जीवन के कारणों का वर्णन किया गया है, वह कुछ यों है—'नास्तिक, यज्ञ न करने वाले, गुरुओं एवं शास्त्रों की आज्ञा का उल्लंघनकर्ता, धर्म न जाननेवाले एवं दुष्कर्मी लोग अल्पायु होते हैं। जो चरित्रवान् नहीं हैं, जो सदाचार के नियम तोड़ा करते हैं और जो कई प्रकार से संभोग-क्रिया करते रहते हैं वे अल्पायु होते हैं और नरक में जाते हैं। जो क्रोध नहीं करते, जो सत्यवादी होते हैं, जो किसी की हिंसा नहीं करते, जो किसी से ईर्ष्या नहीं करते और जो कपटी नहीं होते वे शतायु होते हैं (104।11-12 एवं 14)।

अन्त्येष्टि संस्कार—हिन्दू जीवन के प्रसिद्ध सोलह संस्कारों में यह अंतिम संस्कार है, जिसके द्वारा मृत व्यक्ति की दाहक्रिया आदि की जाती है। अन्त्येष्टि का अर्थ है 'अंतिम यज्ञ'। दूसरे शब्दों में जीवन-यज्ञ की यह अन्तिम प्रक्रिया है। प्रथम पन्द्रह संस्कार ऐहिक जीवन को पवित्र और सुखी बनाने के लिए हैं। बौधायनपितृमेधसूत्र (3.1.4) में कहा गया है: **'जातसंस्कारेणेमं लोकमभिजयति मृतसंस्कारेणाम लोकम्।'** (जातकर्म आदि संस्कारों से मनुष्य इस लोक को जीतता है, मृतसंस्कार (अन्त्येष्टि से परलोक को।)

यह अनिवार्य संस्कार है। रोगी को मृत्यु से बचाने के लिए अथक प्रयास करने पर भी समय अथवा असमय में उसकी मृत्यु होती ही है। इस स्थिति को स्वीकार करते हुए बौधायन (पितृमेध सूत्र, 33) ने पुनः कहा है :

जातस्य वै मनुष्यस्य ध्रुवं मरणमिति विजानीयात्।
तस्माज्जाते न प्रहृष्येन्मृते च न विषीदेत्॥
अकस्मादागतं भूतमकस्मादेव गच्छति।
तस्माज्जातं मृतञ्चैव सम्पश्यन्ति सुचेतसः॥

(—उत्पन्न हुए मनुष्य का मरण 'ध्रुव' है, ऐसा जानना चाहिए। इसलिए किसी के जन्म लेने पर न तो प्रसन्नता से फूल जाना चाहिए और न किसी के मरने पर अत्यन्त विषाद करना चाहिये। यह जीवधारी अकस्मात् कहीं से आता है और अकस्मात् कहीं चला जाता है। इसलिए बुद्धिमान को जन्म और मरण को समान रूप से देखना चाहिए)।

तस्मान्मातरं पितरमाचार्य पत्नीं पुत्रं शिष्यमन्तेवासिनं पितृव्यं मातुलं सगोत्रमसगोत्रं वा दायमुपयच्छेद्दहनं संस्कारेण संस्कुर्वन्ति॥

(—इसलिए यदि मृत्यु हो ही जाय तो माता, पिता, आचार्य, पत्नी, पुत्र, शिष्य (अन्तेवासी), पितृव्य (चाचा), मातुल (मामा), सगोत्र, असगोत्र को दाय (दायित्व) ग्रहण करना चाहिए और संस्कारपूर्वक उसका दाह करना चाहिए)।

अत्येष्टिक्रिया की विधियाँ कालक्रम से बदलती रही हैं। पहले शव को वैसा ही छोड़ दिया जाता था या जल में प्रवाहित कर दिया जाता था। बाद में उसे किसी वृक्ष की डाल से लटका देते थे। वैदिक काल में जब यज्ञ की प्रधानता हुई तो मृत

शरीर भी यज्ञाग्नि द्वारा ही दग्ध होने लगा और दाहसंस्कार की प्रधानता हो गयी। (**'ये निखाता ये परोप्ता ये दग्धा ये चोद्धिताः'**—अथर्ववेद, 18.2.34)। हिन्दुओं में शव का दाह संस्कार ही बहुप्रचलित है, यद्यपि किन्हीं-किन्हीं अवस्थाओं में अपवाद रूप से जल-प्रवाह और समाधि की प्रथा भी अभी जीवित है।

सम्पूर्ण अन्त्येष्टिसंस्कार को निम्नांकित खण्डों में बाँटा जा सकता है:

1. मृत्यु के आगमन के पूर्व की क्रिया
   क. सम्बन्धियों से अंतिम विदाई
   ख. दान-पुण्य
   ग. वैतरणी (गाय का दान)
   घ. मृत्यु की तैयारी
2. प्राग्-दाह के विधि-विधान
3. अर्थी
4. शवोत्थान
5. शवयात्रा
6. अनुस्तरणी (राजगवीः श्मशान की गाय)
7. दाह की तैयारी
8. विधवा का चितारोहण (कलि में वर्जित)
9. दाह-यज्ञ
10. प्रत्यावर्तन (श्मशान से लौटना)
11. उदककर्म
12. शोकार्तों को सान्त्वना
13. अशौच (सामयिक छूत : अस्पृश्यता)
14. अस्थिसञ्चयन
15. शान्तिकर्म
16. श्मशान (अवशेष पर समाधिनिर्माण)। आजकल अवशेष का जलप्रवाह और उसके कुछ अंश का गङ्गा अथवा अन्य किसी पवित्र नदी में प्रवाह होता है।
17. पिण्डदान (मृत के प्रेत ज़ीवन में उसके लिए भोजन-दान)
18. सपिण्डीकरण (पितृलोक में पितरों के साथ प्रेत को मिलाना)। यह क्रिया बारहवें दिन, तीन पक्ष के अन्त में अथवा एक वर्ष के अन्त में होती है। ऐसा विश्वास है कि प्रेत को पितृलोक में पहुँचने में एक वर्ष लगता है।

असामयिक अथवा असाधारण स्थिति में मृत व्यक्तियों के अन्त्येष्टिसंस्कार में कई अपवाद अथवा विशेष क्रियाएँ होती हैं। आहिताग्नि, अनाहिताग्नि, शिशु, गर्भिणी, नवप्रसूता, रजस्वला, परिव्राजक-संन्यासी-वानप्रस्थ, प्रवासी और पतित के संस्कार विभिन्न विधियों से होते हैं।

हिन्दुओं में जीवित-श्राद्ध की प्रथा भी प्रचलित है। धार्मिक हिन्दू का विश्वास

है कि सद्गति (स्वर्ग अथवा मोक्ष) की प्राप्ति के लिए विधिपूर्वक अन्त्येष्टिसंस्कार आवश्यक है। यदि किसी का पुत्र न हो, अथवा यदि उसको इस बात का आश्वासन न हो कि मरने के पश्चात् उसकी सविधि अन्त्येष्टि क्रिया होगी, तो वह अपने जीते-जी अपना श्राद्ध-कर्म स्वयं कर सकता है। पुतला बनाकर उसका दाह होता है। शेष क्रियाएँ सामान्य रूप से होती हैं। बहुत से लोग संन्यास आश्रम में प्रवेश के पूर्व अपना जीवित-श्राद्ध कर लेते हैं।

भारत के अधिकांश भागों में ऐसी प्रथा है कि जब व्यक्ति मरणासन्न रहता है या जब वह अब-तब रहता है तो लोग उसे खाट से उतारकर पृथ्वी पर लिटा देते हैं। यह प्रथा यूरोप में भी है (देखिए प्रो. एडगर्टन का लेख, 'दी आवर आव डेथ', एनल्स आव दी भण्डारकर, ओ. आर. इस्टीट्यूट, जिल्द 8, पृ 219-249)। कौशिकसूत्र (80।3) में आया है— जब व्यक्ति शक्तिहीन होता जाता है अर्थात् मरने लगता है तो (पुत्र या सेवा करने वाला कोई सम्बन्धी) शाला में उगी हुई घास पर कुश बिछा देता है और उसे 'स्योनास्मै भव' मन्त्र के साथ बिस्तर या खाट से उठाकर उस पर रख देता है। बौधायनपितृमेधसूत्र (3।1।18) के मत से जब यजमान के मरने का भय हो जाय तो यज्ञशाला में पृथ्वी पर बालू बिछा देनी चाहिए और उस पर दर्भ फैला देने चाहिए, जिनकी नोक दक्षिण की ओर होती है, मरणासन्न के दायें कान में 'आयुषः प्राणं सन्तनु' से आरम्भ होने वाले अनुवाक का पाठ (पुत्र या किसी अन्य सम्बन्धी द्वारा) होना चाहिए। और देखिए गोभिलस्मृति (3।22), पितृदयिता आदि।

शुद्धिप्रकाश (पृ 151-152) में आया है कि जब कोई व्यक्ति मृतप्राय हो, उसकी आँखें आधी बन्द हो गयी हों और वह खाट से नीचे उतार दिया गया हो तो उसके पुत्र या किसी सम्बन्धी को चाहिए कि वह उससे निम्न प्रकार का कोई एक या सभी प्रकार के दस दान कराये—गौ, भूमि, तिल, सोना, घृत, वस्त्र, धान्य, गुड़, रजत (चाँदी) एवं नमक। ये दान गयाश्राद्ध या सैकड़ों अश्वमेधों से बढ़कर हैं। संकल्प इस प्रकार का होता है—'अभ्युदय (स्वर्ग) की प्राप्ति या पापमोचन के लिए मैं दस दान करूँगा।' दस दानों के उपरान्त उत्क्रान्ति-धेनु (मृत्यु को ध्यान में रखकर बछड़े के साथ गौ) दी जाती है, और इसके उपरान्त वैतरणी गौ का दान किया जाता है।'

गोभूतिलहिरण्याज्यवासो-धान्य गुडानि च।
रूप्यं लवणमित्याहुः दश दानान्यनुक्रमात्॥

—शुद्धिप्रकाश. पृ. 152

अन्त्येष्टिपद्धति, अन्त्यकर्मदीपक आदि ने व्यवस्था दी है कि जब व्यक्ति आसन्नमृत्यु हो तो, उसके पुत्र या सम्बन्धियों को चाहिए कि वे उससे व्रतोद्यापन, सर्वप्रायश्चित्त एवं दस दानों के कृत्य करायें, किन्तु यदि मरणासन्न इन कृत्यों को स्वयं करने में अशक्त हो तो पुत्र या सम्बन्धी को उसके लिए ऐसा स्वयं कर देना

चाहिए। जब व्यक्ति संकल्पित व्रत नहीं कर पाता तो मरते समय वह व्रतोद्यापन कृत्य करता है। देखिए अन्त्यकर्मदीपक (पृ 3-4)। संक्षेप में व्रतोद्यापन यों है—पुत्र या सम्बन्धी मरणासन्न व्यक्ति को स्नान द्वारा या पवित्र जल से मार्जन करके या गंगा-जल पिलाकर पवित्र करता है, स्वयं स्नान-सन्ध्या से पवित्र हो लेता है, दीप जलाता है, गणेश एवं विष्णु की पूजा-वन्दना करता है, पूजा की सामग्री रखकर संकल्प करता है, निमन्त्रित ब्राह्मण को सम्मानित करता है और पहले से संकल्पित सोना उसे देता है और ब्राह्मण घोषित करता है—"सभी व्रत पूर्ण हों। **उद्यापन** (व्रत-पूर्ति) के फल की प्राप्ति हो।" **सर्वप्रायश्चित्त** में पुत्र चार या तीन विद्वान् ब्राह्मणों या एक आत्मज्ञानी ब्राह्मण को 6, 3 या 1½ वर्ष वाले प्रायश्चित्तों के निष्क्रिय रूप में सोना आदि का दान देता है और इसकी घोषणा करता है और वह अशौच के उपरान्त प्रायश्चित करता है। मरणासन्न व्यक्ति को या पुत्र या सम्बन्धी को सर्वप्रायश्चित्त करना पड़ता है। वह क्षौरकर्म करके स्नान करता है, पंचगव्य पीता है, चन्दन लेप एवं अन्य पदार्थों से एक ब्राह्मण को सम्मानित करता है, गोपूजा करके या उसके स्थान पर दिये जाने वाले धन की पूजा करके संचित पापों की ओर संकेत करता है और बछड़ा सहित एक गौ का दान या उसके स्थान पर धन का दान करता है। सर्वप्रायश्चित्त के उपरान्त दश-दान होते हैं, जिनकी चर्चा ऊपर हो चुकी है। गरुड़पुराण (2।4।7–9) ने महादान संज्ञक अन्य दानों की व्यवस्था दी है, यथा—तिल, लोहा, सोना, रूई, नमक, सात प्रकार के अन्न, भूमि, गौ, कुछ अन्य दान भी हैं, यथा—छाता, चन्दन, अँगूठी, जलपात्र, आसन, भोजन, जिन्हें **पददान** कहा जाता है। गरुड़पुराण (2।4।37) के मत से यदि मरणासन्न व्यक्ति **आतुर-संन्यास** के नियमों के अनुसार संन्यास ग्रहण कर लेता है तो वह आवागमन (जन्म-मरण) से छुटकारा पा जाता है।

आदि काल से ही ऐसा विश्वास रहा है कि मरते समय व्यक्ति जो विचार रखता है, उसी के अनुसार दैहिक जीवन के उपरान्त उसका जीवात्मा आक्रान्त होता है **(अन्ते या मतिः सा गतिः)**, अतः मृत्यु के समय व्यक्ति को सांसारिक मोह-माया छोड़कर हरि या शिव का स्मरण करना चाहिए और मन ही मन '**ॐ नमो वासुदेवाय**' का जप करना चाहिए। बहुत से वचनों के अनुसार उसे वैदिक पाठ सुनाना चाहिए। देखिए गौतम-पितृमेधसूत्र (1।1-8)।

हिरण्यकेशिपितृमेधसूत्र (1।1) के मत से **आहिताग्नि** के मरते समय पुत्र या सम्बन्धी को उसके कान में (जब वह ब्रह्मज्ञानी हो) तैत्तिरीयोपनिषद् के दो अनुवाक (2।1एवं 3।1) कहने चाहिए। अन्त्यकर्मदीपक (पृ. 18) का कथन है कि जब मरणासन्न व्यक्ति जप न कर सके तो उसे विष्णु या शिव का रमणीय रूप मन में धारण कर विष्णु या शिव के सहस्र नाम सुनने चाहिए और भगवद्गीता, भागवत, रामायण, ईशावास्य आदि उपनिषदों एवं सामवेदीय मन्त्रों का पाठ सुनना चाहिए।

उपनिषदों में भी मरणासन्न व्यक्ति की भावनाओं के विषय में संकेत मिलते

हैं। छान्दोग्योपनिषद् (शाण्डिल्य-विद्या, 3।14।1) में आया है—'सभी ब्रह्म हैं। व्यक्ति को आदि, अन्त एवं इसी में स्थिति के रूप में इसका (ब्रह्म का) ध्यान करना चाहिए। इसी की इच्छा की सृष्टि मनुष्य है। इस विश्व में उसकी जो इच्छा या भावना होगी, उसी के अनुसार वह इहलोक से जाने के उपरान्त होगा।' इसी प्रकार की भावना प्रश्नोपनिषद् 3।10) में भी पायी जाती है। वहाँ ऐसा आया है कि विचार-शक्ति आत्मा को उच्चतर उठाती है जिससे मनुष्य-मन को ऐसा परिज्ञान होना चाहिए कि अखिल ब्रह्माण्ड में जितने भौतिक पदार्थ या अभिव्यक्तियाँ हैं वे सब एक हैं और उनमें एक ही विभु रूप समाया हुआ है। भगवद्गीता ने यही भावना और अधिक स्पष्ट रूप से व्याप्त की है—'वह व्यक्ति, जो अन्तकाल में मुझे स्मरण करता हुआ इस जीवन से विदा होता है, वह मेरे पास आता है, इसमें संशय नहीं है।' (8।5) ऐसा कहा गया है—'व्यक्ति मृत्यु के समय जो भी रूप (या वस्तु) सोचता है, उसी को वह प्राप्त होता है, और यह तभी सम्भव है जब कि वह जीवन भर ऐसा करता आया हो (भग. 8।6)।

पुराणों के आधार पर कुछ निबन्धों का ऐसा कथन है कि अन्तकाल उपस्थित होने पर व्यक्ति को, यदि सम्भव हो तो, किसी तीर्थ-स्थान या गंगा किनारे ले जाना चाहिए। शुद्धितत्त्व (पृ. 299) ने कूर्मपुराण को उद्धृत किया है—'गंगा के जल में, वाराणसी के स्थल या जल में, गंगासागर में या उसकी भूमि, जल या अन्तरिक्ष में मरने से व्यक्ति मोक्ष पाता है।' इसी अर्थ में स्कन्दपुराण में आया है—'गंगा के तटों से एक गव्यूति (दो कोस) तक क्षेत्र (पवित्र-स्थान) होता है, इतनी दूर तक दान, जप एवं होम करने से गंगा का ही फल प्राप्त होता है। जो इस क्षेत्र में मरता है, वह स्वर्ग जाता है और पुनः जन्म नहीं पाता' (शुद्धितत्त्व, पृ. 299-300, शुद्धिप्रकाश, पृ. 155)। पूजारत्नाकर में आया है—'जहाँ जहाँ शालिग्रामशिला होती है, वहाँ हरि का निवास रहता है, जो शालिग्राम शिला के पास मरता है, वह हरि का परमपद प्राप्त करता है।' ऐसा भी कहा गया है कि यदि कोई अनार्य देश (कीकट) में भी शालग्राम से एक कोस की दूरी पर मरता है वह वैकुण्ठ (विष्णुलोक) पाता है। इसी प्रकार जो व्यक्ति तुलसी के वन में मरता है या मरते समय जिसके मुख में तुलसीदल रहता है वह करोड़ों पाप करने पर भी मोक्ष पद प्राप्त करता रहा है। इस प्रकार की भावनाएँ आज भी लोकप्रसिद्ध हैं।

मृत्यु के उत्तम काल के विषय में भी कुछ धारणाएँ हैं। शान्तिपर्व (298।23, कल्पतरु, मोक्षकाण्ड, पृ. 248) में आया है—'जो व्यक्ति सूर्य के उत्तर दिशा में जाने पर (उत्तरायण होने पर) मरता है या किसी अन्य शुभ नक्षत्र एवं मुहूर्त में मरता है, वह सचमुच पुण्यवान है।' यह भावना उपनिषदों में व्यक्त **उत्तरायण** एवं **दक्षिणायण** में मरने की धारणा पर आधारित है। छान्दोग्योपनिषद् (4।15।5-6) में आया है—"अब (यदि यह आत्मज्ञानी व्यक्ति मरता है) चाहे लोग उसकी अन्त्येष्टि क्रिया (श्राद्ध आदि) करें या न करें वह **अर्चिः** अर्थात् प्रकाश को प्राप्त

होता है, प्रकाश से दिन, दिन से चन्द्र के अर्ध प्रकाश (शुक्ल पक्ष), उससे उत्तरायण के छः मास, उससे वर्ष, वर्ष से सूर्य, सूर्य से चन्द्र, चन्द्र से विद्युत को प्राप्त होता है। अमानव उसे ब्रह्म की ओर ले जाता है। यह देवों का मार्ग है, वह मार्ग, जिससे ब्रह्मा की प्राप्ति होती है। जो लोग इस मार्ग से जाते हैं वे मानव-जीवन में पुनः नहीं लौटते।

भगवद्गीता (8।23-25) ने भी उपनिषदों के इन वचनों को सूक्ष्म रूप में कहा है—"मैं उन कालों का वर्णन करूँगा जब कि भक्तगण कभी न लौटने के लिए इस विश्व से विदा होते हैं। अग्नि, ज्योति, दिन, शुक्ल पक्ष, उत्तरायण सूर्य के छः मास, जब ब्रह्मज्ञानी इन कालों में मरते हैं तो ब्रह्मलोक जाते हैं। इस विश्व में ये दो मार्ग दो प्रकाशमान एवं अंधकारमय हैं, सनातन हैं। एक से जानेवाला कभी नहीं लौटता किंतु दूसरे से जानेवाला लौट आता है।"

शंकर ने वेदान्तसूत्र (4।2।20 अतश्चायनेषि दक्षिणे) में व्याख्या में बताया है कि जब भीष्म ने उत्तरायण की बाट जोही तो इससे यही समझना चाहिए कि वहाँ अचिरादि की प्रशस्ति मात्र है—जो ब्रह्मज्ञानी है, वह यदि दक्षिणायन में मर जाता है तो भी वह अपने ज्ञान का फल पाता है, अर्थात् ब्रह्म को प्राप्त करता है। जब भीष्म ने उत्तरायण की बाट जोही तो ऐसा करके उन्होंने केवल लोक प्रसिद्ध प्रयोग या आचरण को मान्यता दी और उन्होंने यह भी प्रकट किया कि उनमें यह शक्ति भी थी कि वे अपनी इच्छा शक्ति से ही मर सकते हैं, क्योंकि उनके पिता ने उन्हें ऐसा वर दे रखा था। और देखिए याज्ञवल्क्यस्मृति (3।9193-196)। शंकर एवं वेदान्तसूत्र के वचनों के रहते हुए भी लोक प्रसिद्ध बात यही रही है कि उत्तरायण में मरना उत्तम है।

अन्त्येष्टि एक अति आवश्यक संस्कार है। यह हिन्दू मात्र के लिये किये जाने वाले सोलह संस्कारों में से एक है। जो स्त्री है, बच्चा है, परिव्राजक है, जो दूर देश में मरता है,जो अकाल-मृत्यु पाता है या आत्महत्या करता है या दुर्घटनावश मर जाता है, उनके लिये अन्त्येष्टि-कृत्य भिन्न-भिन्न प्रकार के होते हैं। हमारा परिवार पिछली नौ पीढ़ियों से श्रीमाली ब्राह्मणों के गुरुपद पर आरूढ़ रहा है। श्रीमाली ब्राह्मण, जो कि सब ब्राह्मणों में सर्वोपरि हैं, उनके विवाह अन्त्येष्टि इत्यादि षोडश संस्कार कराना, उन्हें ज्योतिष, वेदाध्ययन, कर्मकाण्ड इत्यादि सिखाना हमारा पैतृक परम्परागत कार्य रहा है। कलियुग के प्रसार के साथ-साथ हमारी प्राचीन हस्तलिखित पुस्तकें नष्ट हो रही हैं। साथ ही कर्मकाण्ड की सही वैज्ञानिक विधियाँ नष्ट हो रही हैं और समाज संस्कारविहीन होता जा रहा है।

ब्राह्मण वर्ग क्रियाकर्म, अन्त्येष्टि कर्म में चतुर न होकर जैसे-तैसे काम चलाऊ बनते जा रहे हैं। पढ़े-लिखे लोग नास्तिक-सा आचरण कर रहे हैं और अनपढ़ विवश हैं। पारम्परिक ज्ञान नष्ट हो रहा है। ऐसे में हमारे पूज्य पिताजी स्व.

जयनारायण जी द्विवेदी ने कहा था कि अपनी कुल परम्परागत पुस्तकों का ज्ञान बाहर वितरण करो। ब्राह्मण खड़े हो सकें और जानकारी प्राप्त कर समाज भी आश्वस्त रहे। इसलिये कोकिल मत, वशिष्ठ मत एवं परम्परागत ज्ञान को प्रकाशित करो।

हस्तलिखित पुस्तकें वेदिया (वेदपाठी) कर्मकाण्डी ब्राह्मणों के पास हैं। वे दूसरों को देते नहीं हैं। अतः ज्ञान लोप हो रहा है इसलिये प्रातः स्मरणीय पिताजी की इच्छापूर्ण करने हेतु सर्वप्रथम संवत् 2032 में हमारे ज्येष्ठ भ्राता पं. लेखराज जी ने 'अन्त्येष्टि कर्म संस्कार पद्धति' प्रकाशित कराई। बहुजनहिताय सन्ध्या-वन्दन एवं ब्रह्मार्पण पर पुस्तकें प्रकाशित कर निःशुल्क वितरित कीं। श्रीमाल पुराण प्रकाशित करायी। इसके प्रभाव से कई ब्राह्मण इन पुस्तकों के अनुसार क्रिया-कर्म कराने लगे। ज्ञान व तेजस्विता का प्रकाश फैला और ब्राह्मण खड़े हुए।

राजस्थान में कई ऐसे स्थान हैं, गाँव हैं, जहाँ पठित ब्राह्मण कर्म कराने हेतु पहुँच नहीं सकता। वहाँ यह पुस्तक रामबाण का काम करती है। साधरण पढ़ा-लिखा व्यक्ति भी इस पुस्तक के माध्यम से सही विधि से क्रिया-कर्म करवा सकता है। अचानक घर में किसी की मृत्यु हो जाय, तो व्यक्ति किंकर्तव्यविमूढ़ हो जाता है—मृत्यु-प्रक्रिया हेतु, सबसे पहले क्या करें? कहाँ से प्रारम्भ करें? इस सन्दर्भ में यह पुस्तक आम व खास आदमी के लिये गौरवशाली उपलब्धि है।

यद्यपि मेरे ज्येष्ठ भ्राता संस्कृत, ज्योतिष एवं कर्मकाण्ड में मेरे मार्गदर्शक रहे हैं, मैंने सदैव उनसे प्रेरणा ली है तथापि इस पुस्तक के परिवर्तित संस्करण के संशोधन एवं सम्पादन का कार्यभार उन्होंने मुझे सौंपा। पुस्तक को सार्वजनिक रूप से अधिक उपयोगी बनाने हेतु कई नई जानकारियाँ दी गई हैं। तकनीकी शब्दों का व्यावहारिक अर्थ देने से यह पुस्तक विद्वानों के अतिरिक्त आम पाठक को भी भारतीय संस्कृति की अमूल्य धरोहर बन गयी है। कुछ शंका समाधान एवं नवीन जानकारियों का समावेश यदि पाठक चाहेंगे तो संशोधित प्रकाशन में दिये जा सकेंगे। पुस्तक के सुन्दर एवं शीघ्र प्रकाशन हेतु मैं डायमण्ड पॉकेट बुक्स के निदेशक श्री नरेन्द्रजी वर्मा का विशेष रूप से आभारी हूँ जिन्होंने इतने सुन्दर ढंग से यह पुस्तक प्रबुद्ध पाठकों तक पहुँचाई है।

—डॉ. भोजराज द्विवेदी

मोबाइल 98280-31883

पुस्तक में प्रयुक्त तकनीकी शब्दों का व्यावहारिक अर्थ

1. अग्नौकरण

अग्निहोत्री हो तो अग्निहोत्र की अग्नि में तथा अन्य जनों के द्वारा एक दोने में। एक दोने में पवित्र जल डालकर उसमें पके हुए चावल या श्राद्धान्न की दो आहुतियाँ अंगुष्ठ से दी जाती हैं।

1. ॐ अग्नये कव्यवाहनाय स्वाहा, इदमग्नये न मम।

2. ॐ सोमाय पितृमते स्वाहा, इदम् सोमाय न मम॥

ये ही आहुतियाँ प्रत्यक्ष ब्राह्मण यदि श्राद्ध में चटों के स्थान पर हो तो उनके दाहिने हाथ में भी दी जाती है।

खासकर "अप्स्वग्नौकरणम्" ऐसा लिखित में मिलता है।

इन दो आहुतियों के देने का नाम "अग्नौकरण" है।

2. परिवेषण

पितृयों के आगे पत्तल में भोजन परोसना ही "परिवेषण" है।

3. उर्जकरण

सूत्रदान के बाद जल गिराना ही "उर्जकरण" है।

4. पर्युक्षण

हवन के बाद ईशान कोण से प्रारम्भ करके अग्निकोण तक चारों ओर जल गिराने की क्रिया को "पर्युक्षण" कहते हैं।

5. प्रोक्षण

ऊपर उठे हुए हाथ से जल छांटना (सिंचन) को "प्रोक्षण" कहते हैं।

6. अभ्युक्षण

नीचे किए हुए उलटे हाथ से नीचे जल छांटने को अभ्युक्षण कहते हैं।

7. अवनेजन

दाहिने हाथ के पितृतीर्थ से थोड़ा जल कुशों के मध्य में गिराने की क्रिया को

"अवनेजन" कहते हैं।

8. प्रत्यवनेजन

पिंड पर पुनः इसी तरह जल गिराना।

9. क्षणदान

थोड़ी देर तक चुप-शान्त रहना।

10. अपसव्य

जनेऊ को दाहिने कंधे पर डालकर बायें हाथ के बीच कर लेने को "अपसव्य" कहते हैं।

11. सव्य

जनेऊ को बायें कंधे पर डालकर दाहिने हाथ के बीच कर लेने की क्रिया को "सव्य" कहते हैं।

12. कण्ठ्य

जनेऊ को गले में माला की तरह कर लेना। इसे निवीती भी कहते हैं।

13. न्युब्जीकरण

दाहिने हाथ की अंजली उलटी करके पात्र पर रखना। ढकने की मुद्रा।

14. अर्घ्यपात्र

पीपल, ढाक, या तांबे का पात्र चटों के आगे स्वागतार्थ रखा जाता है।

15. पितृतीर्थ

अंगूठे और तर्जनी अँगुली के बीच का स्थान।

16. प्रजापति तीर्थ

कनिष्ठिका के पास का स्थान।

17. देवतीर्थ

अँगुलियों के आगे का भाग।

18. ब्राह्म तीर्थ

हाथ के अँगूठे के पास का भाग।

19. निषिद्ध कुश

चितापर बिछाये हुए, मार्ग में बिखरे पड़े हुए, पितृतर्पण में काम में लिए हुए, ब्रह्मयज्ञ में उपयोग किये हुए, बिछौने में डाले हुए, गंदगी में पड़े हुए, तथा आसन से निकाले हुए एवं पिण्डों पर या नीचे बिछाये हुए, तथा अपवित्र जगह के कुश निषिद्ध हैं।

20. निषिद्ध आसन

पलाश, वट, पीपल, गूलर, महुआ, साल, नीम, मौलसिरी एवं कचनार वृक्षों के पाटिये व पत्तों के आसन वर्जित हैं।

21. वर्ज्य गन्ध

चन्दन की पुरानी लकड़ियां, गन्ध रहित लकड़ी, कस्तूरी, रक्त चन्दन, गोरोचन, सल्लक, पूतिक।

22. ग्रहण योग्य गन्ध

कपूर, केसर, अगर, खस, आदि से मिश्रित शुद्धनया चन्दन।

23. निषिद्ध धूप

अग्नि पर दूषित, गुग्गुल अथवा बूरा, गोंद, या केवल घी।

24. प्रशस्त आसन

रेशमी, नेपाली कम्बल, ऊन, काष्ठ, तृण, पर्ण, कुश।
लकड़ी के पाटों में लोहे की कील लगी हुई नहीं होनी चाहिए।

25. श्राद्ध किसे कहते हैं?

किसी भी व्यक्ति के स्वर्ग-गमन या मरण के बाद उनके पुत्र या सम्बन्धियों द्वारा उसके पीछे किया जानेवाला क्रिया-कर्म, दान-पुण्य आदि जो कुछ भी उस प्राणी के निमित्त करे वह श्रद्धा व विश्वास के साथ करने से श्राद्ध कहलाता है।

इसमें मुख्य करके तीन काम होते हैं। (1) पितरों के लिए पिण्डदान, जो ब्राह्मण द्वारा कराये जाते हैं। (2) तर्पण—उनको जल देना (3) दान करना।

26. आतुर-काल-कर्म

मरने के समय के कुछ क्षणों के पहले का समय आतुर-काल होता है। आतुर रोगी को कहते हैं, काल मृत्यु को। जब डॉक्टर रोगी के लिए कह दे कि यह प्राणी अब कुछ दिन या कुछ क्षणों का मेहमान है तब उस प्राणी के अगले जन्म के लिए,

तथा इस जन्म में उसके सामने या उसके लिए किये जाने वाले कर्म (काम) को आतुर काल कर्म कहते हैं।

यह दान-पुण्य आदि जो मरने के समय गौ को घास, कुत्तों को गुड़ आदि तथा ब्राह्मण को दान या मन्दिर में भेजा जानेवाला दान, आटा, घी वगैरह, तथा विष्णु भगवान का पूजन कराना आदि जो भी काम करने चाहिए वे पुत्र या उनके सम्बन्धियों के कर्तव्य कहलाते हैं।

27. कर्तव्य क्या है?

प्राणी के लिए जो भी काम पुत्र आदि को करना है वह कर्तव्य है।

28. अन्त्येष्टि संस्कार

इसका अर्थ अन्तिम यज्ञ है। मरण के समय से लेकर 13 दिनों तक उसके (मृतक के) पीछे किये जाने वाले क्रिया-कर्म का पद्धति वार विवरण 'अन्त्येष्टि कर्म संस्कार कहलाता है।

29. संस्कार किसे कहते हैं?

हिन्दू धर्म में चाहे वह किसी भी जाति का हो, पहले सोलह संस्कार होते थे। अब केवल तीन होते हैं— जन्म, विवाह और मरण। जन्म के पूर्व से अर्थात् गर्भाधान से जो अच्छे लक्षण बच्चे में डालने के लिए तथा हमारी संस्कृति को जीवित रखने के लिए पूजा-पाठ और दान-पुण्य कर्म किये जाते थे उन्हें अच्छी तरह विधि-विधान से करना संस्कार है।

प्रत्येक प्राणी के जन्म के बाद अन्त में मरण तो होता ही है। इसे मरण संस्कार, अन्तिम संस्कार, अन्त्येष्टि संस्कार, व आखिरी क्रिया कर्म के नामों से पुकारते हैं।

अच्छी तरह से कराया जाने वाला कर्म ही 'संस्कार' कहलाता है।

30. पद्धति किसे कहते हैं?

किसी भी कार्य को करने की क्रम पूर्वक विधि पद्धति कहलाती है। एक-एक पद का इसमें विचार होता है। पहले कौन-सा काम करना फिर कौन-सा काम करना— इस विचार को पद्धति कहते हैं।

31. अष्ट महादान

प्राणी के आतुर काल (मरण समय) में (1) तिल (2) लोह (3) सोना, (4) कपास, (5) नमक, (6) सात प्रकार के अनाज, (7) भूमि, (8) गोदान— इनको उसके लिए किसी को देना, वा ब्राह्मण, संत-साधु को देना ही अष्ट महादान है। यह प्राणी के निमित्त मरते वक्त दिये जाते हैं।

अगर ताकत न हो तो केवल सीधा-सामग्री (आटा, घी आदि खाने का सामान) विष्णु मन्दिर में पहुँचा दिया जाता है।

32. पञ्चगव्य

गाय से उत्पन्न पाँच पदार्थों (दूध, दही, घृत, गोबर, गो मूत्र) के मिलाने से पञ्चगव्य तैयार होता है। इसे हिन्दू शास्त्रों में बहुत ही पवित्र माना गया है। इसका प्रयोग घर और शरीर की शुद्धि के लिए करते हैं। प्रायश्चित्त विधि में इसका पान किया जाता है।

33. पञ्चरत्न

पञ्चरत्न हैं— हीरा, विद्रुम, लहसुनिया, पद्मराग तथा मुक्ता (कृत्य कल्पतरु नैत्य कालिक काण्ड 366) हेमाद्रि (1-47) पञ्च रत्नों में सुवर्ण, रजत, मोती, मूंगा, तथा लाजावर्त सम्मिलित हैं। पञ्चरत्नों का धार्मिक कृत्यों में बहुत बार उपयोग होता है। ये मांगलिक माने जाते हैं।

34. पञ्चामृत

देव मूर्तियों पर पञ्चामृत चढ़ाते हैं। पूजा में इसका उपयोग होता है। (दूध, दही, घी, शक्कर, और शहद) मिलाकर पञ्चामृत बनाते हैं। प्रायः बराबर ही सब वस्तुएँ लेते हैं। घी और शहद की मात्रा विषम होती है। इसमें तुलसी पत्र डालकर चरणामृत के रूप में प्रसाद ग्रहण करते हैं।

35. पञ्चक

धनिष्ठा नक्षत्र से रेवती नक्षत्र तक 5 नक्षत्र पञ्चक कहलाते हैं। इसमें कोई भी काम करते हैं तो वह बढ़ता ही जाता है। इसलिए लोग अशुभ कामों में इसे छोड़ते हैं। शुभ में लेते हैं। किसी के कन्या जन्मे तो पञ्चक शान्ति कराते हैं और किसी का मरण इन दिनों में हो तो पंचक शान्ति कराते हैं। यह तथ्य ज्योतिष शास्त्र से सम्बन्धित है। ब्राह्मण से लोग प्रायः पंचक के बारे में पूछते रहते हैं। इसमें यात्रा भी वर्जित है।

36. महाब्राह्मण या 'महापात्र'

यह एक महत्त्वपूर्ण ब्राह्मण होता है जो मृतक की शय्या, वस्त्राभूषण, तथा एकादशाह का भोजन ग्रहण करता है। बृहदारण्यक उपनिषद में इसका उल्लेख है। मृतक कार्यों में इन्हें बुलाते हैं।

37. नारायणी बलि

रोग आदि की दुर्दशा या दुर्घटना में मृत व्यक्तियों की सद्गति के लिए किया

जानेवाला विशेष पितृकर्म जिसके अन्तर्गत प्रेत के साथ-साथ कई देवता पूजे जाते हैं और नारायण (शालिग्राम शिला) का पूजन, अभिषेक व होम होता है।

कई जातियों में ग्यारहवें दिन शुद्धि हवन के रूप में भी इसका प्रयोग किया जाता है।

38. ब्रह्मार्पण

ब्रह्म ही एकमात्र सत्ता है, इस पर सभी वेदान्त एक मत हैं। उस ब्रह्म के लिए किसी वस्तु को छोड़ना (अर्पण करना, भेंट करना) ही ब्रह्मार्पण है। भगवान् पर ब्रह्म के लिए ब्राह्मणों को भोजन कराने का कार्य इसमें होता है ताकि वह परमात्मा को पहुँचे और उससे हमारे पितर तृप्त हो जाएं। ब्रह्म ही सम्पूर्ण विश्व है। ब्रह्म और जीवात्मा के अटूट सम्बन्ध हैं।

39. पितर

पितर शब्द से वे सभी पितृ आ जाते हैं जो कि हमारे पूर्वज रहे हैं और अब स्वर्गगामी हैं। पितर शब्द में माता और पिता दोनों का समावेश है।

40. पितामह—प्रपितामह

पिता के पिता को पितामह कहते हैं। (दादा) ऐसा प्रायः व्यवहार है। संस्कृत में पितामह और दादा के पिता को प्रपितामह कहते हैं। यह श्राद्धों में व्यवहृत होता है।

41. संत-महात्मा के लिए वैकुंठी

सन्त जाति व महात्मा, संन्यासी आदि की मृत्यु पर उन्हें पालकी लगवाकर हाथ गोद में रखवाकर बिठाते हैं फिर खंभों से उन्हें बांधकर पालकी या वैकुंठी बनाते हैं जिसमें वह मृत प्राणी बैठा होता है। हाथों के बीच में नारियल दे देते हैं। फिर ढोल, थाली, घंटा, शंखनाद करते हुए उसे श्मशान में गाड़ने या जलाने हेतु—जैसा महात्मा हो—ले जाते हैं। संन्यासी, नाथ, या ऐसे ही पद योग्य व्यक्तियों को भूमिदाग देते हैं अर्थात् जमीन में गाड़ देते हैं।

42. श्मशान से लौटकर तुरन्त स्नान-क्रिया

चाहे जो जाति हो, श्मशान से लौटकर तुरन्त तालाब या पानी के स्थान पर कपड़ों सहित स्नान या कपड़े सब भिगो कर सुखा देते हैं और स्नान करते हैं तथा मृतक को जल की अंजलि देते हैं।

43. तीसरे दिन का काम

उठावना, तीया, उठमणा, अस्थिसंचय, दाढ़ी करना इन नामों से यह काम

होता है। श्मशान से अस्थियाँ का एक गोला बनाकर ले आते हैं जो ह हरिद्वार गंगा में प्रवाहित करने हेतु भेजा जाता है। शाम को सभी मि पर सहानुभूति शोक प्रकट करने हेतु आते हैं।

इसमें देश, काल, पात्र, समय स्थिति से अलग-अलग रिवाज हैं। फिर वे सभी शोक प्रकट करने के बाद कोई भी मन्दिर, जो नजदीक हो वहाँ जाते हैं, दर्शन करते हैं। छांटा नखवाते हैं। तुलसी ग्रहण कर घर चले जाते हैं। इसे उठमणा कहते हैं। अगर रविवार या मंगलवार तीसरे दिन पड़ता है तो एक दिन पहले भी उठावना कर सकते हैं। लम्बा न करें। इसी दिन से दसवें दिन तक गरुणपुराण बिठाते हैं।

44. नमिया, नवम दिन कर्तव्य

मरने वाले के नवम दिन में जो 'दशगात्र' श्राद्ध का विधान किया जाता है। उसे नमिया कहते हैं। इस दिन सगे भाई भतीजे तथा अन्य सम्बन्धी मुंडन कराते हैं। यह कर्म मंगल या रवि के दिन भी होता है। इसमें आगे-पीछे का रिवाज भले ही हो, शास्त्र मान्यता नहीं है।

45. एकादशाह

इसदिन नारायण बलि कर्म होता है। सूतक उतरता है और न्याति में घड़ा भरने की क्रिया होती है। ग्यारहवें दिन जो काम होता है उसे एकादशाह कहते हैं।

46. द्वादशाह

इसमें ब्राह्मण भोजन की क्रिया के साथ दान आदि कर्म होते हैं। यह 12वें दिन की क्रिया है। अतः द्वादशाह कहते हैं। इसमें सपिण्डन क्रिया मुख्य रूप से होती है।

47. सपिण्डन

इसमें आत्मा का एक तीसरा शरीर बनता है जिसके द्वारा वह स्वर्ग या नरक को जाता है। मृत आत्मा को उनके पितरों की पंक्ति में मिला देते हैं। इस क्रिया को सपिण्डीकरण कहते हैं।

48. त्रयोदशाह

यह तेरहवें दिन का कृत्य है। इसमें देवियों की शक्तियों की पूजा होती है जिसे श्रवणी पूजन कहते हैं। शंखोद्धार में विष्णु का पूजन होता है।

49. दक्षिणा

इसमें आये हुए व्यक्तियों की विदाई के निमित्त गणपति-विष्णु पूजन करके दक्षिणा देते हैं। व लोग पगड़ी बंधाई देते हैं।

50. षोडशी—मलिन षोडशी

जौ के आटे के पिंड मरने के बाद दिये जाते हैं। ये 16 होते हैं। इसे मलिन षोडशी कहते हैं।

इनमें से प्रथम 5 पिण्ड मरण के समय के दिये जाते हैं।

1. मृत्यु स्थान पर "शव" नामक पिण्ड
2. द्वार देश पर "देव पालक" नामक पिण्ड
3. विश्राम की जगह पर "वायु" नामक पिण्ड
4. श्मशान में "भूत " नामक पिण्ड
5. चिता पर "प्रेत" नामक पिण्ड
6. अस्थि संचय के दिन श्मशान में देते हैं

(7 से 16) अर्थात् 10 पिंड नवम दिन में नमिया सारते वक्त देते हैं। इसे "मलिन षोडशी" कहते हैं।

51. पिण्ड

पितरों के निमित्त दिया जाने वाला आटे या भात का गोला। पिण्ड दान श्राद्ध का विशेष अंग है। (2) जीवों के शरीर को भी पिण्ड कहते हैं। (3) यह विश्व का एक लघु रूप है। इसलिए कहा जाता है कि जो पिण्ड में है, वही ब्रह्माण्ड में भी है।

52. पिण्ड में डालने के पदार्थ

(1) तिल (2) अन्न, (3) जल, (4) शक्कर, (5) दूध, (6) दही, (7) घी, (8) शहद, इन सबको मिलाकर पिंड बनाते हैं। इसमें ये 8 पदार्थ होते हैं।

इसका तात्पर्य है—अन्न से शिर बनेगा, तिल से गर्दन होगी, जल से नेत्र बनेंगे, शक्कर से नासिका बनती है। घी से वीर्य बनता है। दही से हाथ और पैर, मधु (शहद) से खून, दूध से अन्य सारे अंग बनते हैं। ये उस मृत प्राणी के वापस उत्पन्न होकर बनते हैं। अतः पिंड देने का महत्त्व है। यह "श्राद्ध कल्पलता" में लिखा हुआ है—पिंड प्रमाण—एक फल जितना पिंड देना श्रेष्ठ है।

53. और्ध्व देहिक-क्रिया

मरने के बाद जो भी प्राणी के निमित्त क्रिया-कर्म करते हैं उसे "और्ध्वदेहिक क्रिया" कहते हैं।

54. वपन-कर्म—(मुण्डन) या क्षौर कर्म

नाई के द्वारा सिर के बाल, दाढ़ी, मूंछ उतरवा देना— यह क्षौर कर्म (हजामत) जो उस्तरे से की जाती है उसे 'वपन-कर्म कहते हैं।

मरने वाले प्राणी के पुत्र व निकट सम्बन्धी मृत्यु के दिन वा दस दिन के भीतर

अथवा नवम दिन में क्षौर कर्म करा देते हैं।

उसी दिन पुत्र या पौत्र या भाई जो भी अपना मुण्डन कराता है उसे 'वपन कर्म' कहते हैं।

55. पीताम्बर

यह रेशमी वस्त्र पहनने के लिए होता है। इसमें रंग कोई भी हो सकता है, प्रायः पीला, लाल रंग की धोती की तरह के रेशमी वस्त्र होते हैं जो हमेशा अबोट (पवित्र) गिने जाते हैं।

56. अबोट (पवित्र)– शुद्ध

यह "अबोट" शब्द पवित्रता के लिए काम में लाया जाता है। हमेशा पवित्रता, स्वच्छता व शुद्धता के अर्थों में इसका व्यवहार होता है।

57. रवांपण

इस शब्द का प्रयोग मृत प्राणी पर उढ़ाये जाने वाले श्वेत वस्त्र से है। जो भी कपड़ा शव पर डाला जाता है, और अर्थी के साथ उसे बांधते हैं उसे 'रवांपण' कहते हैं।

58. सीढ़ी निसरणी, वा रथी–अर्थी

बांस के 2 बड़े टुकड़े और छोटी-छोटी खपच्चियों से बनाई जाने वाली 'निसरणी' सीढ़ी कहलाती है। जिस पर शव को बांधते हैं।

59. कन्दोरा (करधनि) या कटि सूत्र

कमर में बंधे हुए डोरे को कन्दोरा, करधनि या कटिसूत्र कहते हैं।

60. रेणुका

गंगा किनारे की माटी को रेणुका कहते हैं।

61. नीलोत्सर्ग

नील बैल को कहते हैं। बैल का बच्चा अर्थात् बछड़ा नील कहलाता है। बड़ा होने पर वही वृषभ हो जाता है। उसका उत्सर्ग करना अर्थात उसको प्राणी के निमित्र छोड़ना (त्याग करना) नीलोत्सर्ग है।

62. सूतक-अशौच-पिंडलु

सूतक और अशौच एक ही अर्थ के शब्द हैं। इसमें प्राणी के मरने से दस दिन तक आदमी शोक प्रदर्शित करता है और अपवित्र-सा बना रहता है। यह दो तरह

का होता है। जनना शौच और मृता शौच। जन्म के समय जो सूतक लगता है वह भी 10 दिन का होता है। उसे जनना शौच और मरने पर लगने वाला मृता शौच होता है। इसमें व्यक्ति भजन-पूजन, व अन्य देवक कर्मों के अयोग्य रहता है। स्पर्श से स्नान लगता है।

जन्म के समय के अशौच को पिंडलु भी कहते हैं।

63. दशगात्र

व्यक्ति के मरने के नौवें दिन, दस पिण्ड दिये जाते हैं इससे उस व्यक्ति का शरीर बनता है। इस कर्म को दशगात्र कहते हैं।

64. मृतक क्रिया के अधिकारी

पुत्र पिता का श्राद्ध करे। असन्निधि में
पत्नी करे। पत्नी के अभाव में दौहित्र करे।
दौहित्र के अभाव में भाई और उसके अभाव में
उस भाई का पुत्र करे। भाई का संस्कार
सहोदर भाई या उसका पुत्र करे। सगा भाई
न हो तो उसका पुत्र करे, पुत्र के अभाव में क्रम से
पिता, माता, पुत्र वधू, बहिन तथा बहिन के पुत्र धनग्राही होने से कर्म करें।[1]

(—निर्णयसिन्धु)

65. दामाद भी क्रिया कर सकता है

किसी ने लिखा है कि जमाई को मृतक के संस्कार में हाथ भी नहीं लगाना चाहिए। शास्त्र ऐसा नहीं कहता है—

मार्कण्डेय पुराण कहता है—

पुत्रादि के अभाव में उसके मित्र और श्वसुर का दामाद स्नेहवत संपूर्ण पैतृमेधिक (मृतक कार्य करे)[2]।

(—निर्णयसिन्धु)

अपरार्क में कार्ष्णाजिनि ने कहा है—

पुत्र, शिष्य या पत्नी पिता भाई, पुत्र वधू, गुरु स्त्री और धन को ग्रहण करने वाला पिण्डोदक क्रिया को करे।

---

(1) मदन रत्ने स्मृति संग्रहे—
पुत्र कुर्यातपितुः श्राद्धं पत्नी च तदसन्निधौ
धन हार्यथ दौहित्र स्ततो भ्राता च तत्सुतः॥

(2) पुत्राद्युत्सन्न बन्धोश्च सखापि श्वसुरस्यच।
जामाता स्नेहवत्कुर्या दखिलं पैतृमेधिकम॥

—निर्णयसिन्धु— 777पृ0

66. वार्षिकी भोजन दान, बारहवें दिन के दान।

सपिंडी श्राद्ध के दिन अक्षत चन्दन से ब्राह्मण के चरण पूजकर पितर एवं मृत प्राणी की अक्षय तृप्ति के लिए वर्षभर आहारार्थ अन्न, घृत, सुवर्ण आदि का दान करे। एक वर्ष तक एक ब्राह्मण को भोजन करावे।

67. घट दान (घडोटिया)–

12 घड़े (मिट्टी के) अथवा श्रद्धानुसार पीतल आदि धातु के अन्न, वस्त्र, जल से भरकर सुवासिनी ब्राह्मण व मन्दिर आदि में दान करें।

68. शय्यादान

शय्यादान की सर्वत्र प्रशंसा है। मजबूत काष्ठ की शय्या बनाकर उसे चित्रित करावे। रेशमी डोरी से बुने, उस पर रूईदार तूलिका, सिरहाना, चद्दर, दरी, रजाई, अत्तर आदि सुगन्धित द्रव्य रक्खे। बिस्तर लगावे। मच्छरदानी, चंदोबा, दीवट, चमर आसन, भोजन के सभी पात्र, जल की झारी, कलश, दर्पण आदि रखे। सोने का कण्ठहार व आभूषण रखे। फिर शय्या पर विष्णु लक्ष्मी की सोने की 2 मूर्तियाँ, वस्त्राभूषण, आयुध आदि से अलंकृत कर स्थापित करे। स्त्रियों की शय्या हो तो काजल, सिंदूर, बिन्दी, वस्त्राभूषण आदि उपयोगी सामग्री रखकर सबका दान करे।

तब सपत्नीक ब्राह्मण को बुलाकर उनका पूजन कर ब्राह्मण के सभी वस्त्र, उसकी पत्नी के सभी वस्त्र पहनाकर उन्हें उस सुख शय्या पर श्री लक्ष्मीनारायण के आगे बिठावे।

फिर श्री लक्ष्मीनारायण व ब्राह्मण का पूजन करे।

नवग्रह, दश दिग्पाल, देवी, गणेश आदि ग्रहों की पूजा करे।

उत्तर की तरफ हाथों में पुष्पों की अंजलि लेकर ब्राह्मण के सम्मुख स्थित होकर इस मंत्र का उच्चारण करे–

यथा कृष्ण त्वदीयास्ति, शय्या क्षीरोद सागरे।
तथा भूयादशून्येय मम जन्मनि जन्मनि॥

इसी प्रकार मंत्र द्वारा प्रार्थना करके पुष्पाञ्जलि ब्राह्मण एवं प्रतिमा पर प्रक्षेप करके सब सामग्री के साथ शय्यादान करे। फिर ब्राह्मण को शय्यापर बिठाकर विष्णु एवं लक्ष्मी की प्रतिमा के साथ आन्दोलन करके प्रदक्षिणा एवं प्रणाम करके विसर्जन करे।

शय्यादान तो व्यक्ति को जीते-जी भी दान करने का महत्त्व है।

69. गोदान–(उत्क्रान्त धेनु)

मृत प्राणी के पीछे गोदान का भी पूर्ण महत्त्व है। या गौ के मूल्य प्रमाण की

दक्षिणा का दान करना चाहिए। बछड़े सहित गौ देना उत्क्रान्त धेनु दान है।

70. पददान या (सूरजपद)

पददान में 1. छाता, 2. पादुका, 3. वस्त्र, 4. अँगूठी, 5. कमण्डलु, 6. आसन, 7. पञ्चपात्र, 8. दंड, 9. ताम्रपात्र, 10. कच्चा अन्न– गेहूँ आदि, 11. पक्का अन्न– लड्डू आदि, 12. अर्घ्य, 13. यज्ञोपवीत। ये 13 वस्तुएँ तेरह ब्राह्मणों को एक-एक करके दान करें। इसके द्वारा सद्गति मिलती है। यम मार्ग में सुख होता है।

71. प्रपा दान

मृतक प्राणी के पीछे प्याऊ लगवाना, उसके तृषादोष को दूर करता है। अतः श्रद्धा हो तो करना चाहिए।

72. वैतरणी दान

चाँदी की सीढ़ी, नाव, गौ का दान कांसे के पात्र का दोहन दान इसमें मुख्य है।

73. गरुड़ पुराण पठन

मृतक के तीसरे दिन उठावना के बाद गरुड़ पुराण दसवें दिन तक ब्राह्मण द्वारा पढ़ाई जाती है। यह सभी जातियों में है। द्वादशाह के दिन सभी लोग गरुड़ पुराण पर भेंट-पूजा करते हैं। गरुड़ पुराण पाठी को दान-दक्षिणा, वस्त्र-आभूषण देकर प्रसन्न करना चाहिए।

74. भूमिदान–गृहदान

कई लोग श्रद्धानुसार सारी घर-गृहस्थी की सामग्री से सजा-सजाया घर भी दान करते हैं। इसका महत्त्व तो बहुत बड़ा है पर हर एक के वश का नहीं है।

75. नीलोत्सर्ग

गाय के बछड़े को एक वर्ष के लिए छोड़ दिया जाता है। वह बड़ा होकर, पुष्ट होकर बैल बन जाये तब वृषभ होता है। उस वृषभ को गौओं के गोष्ठ में दान कर देते हैं। यह वृषोत्सर्ग है। इसका भारी महत्त्व है।

कुछ परम्परागत जानने योग्य नियम

76. मृत्यु का दिन कौन-सा गिने

रात और दिन में 60 घड़ियां होती हैं। दिनमान को 60 में से घटाने पर रात्रिमान आ जायेगा। अब रात्रिमान को 3 का भाग दें। उसके प्रथम 2 भाग में यदि मृत्यु हुई है तो वही दिन होगा और 3 रे भाग में मृत्यु हुई है तो अगला दिन माना जायेगा।

अर्थात् रात्रि के दो बजे तक किसी की मृत्यु या जन्म हो तो पहला दिन ग्रहण करें। 2 बजे बाद अगला दिन ग्रहण करें। यह मिताक्षरा में निर्णय है। (—निर्णय सिन्धु पृ. 1068)।

जो आधी रात के पहले या सूर्योदय के पूर्व[1] (पहला) दिन कहा है, वहाँ पर देशाचार से व्यवस्था है। यह सब आशौच आहिताग्नि का दाह से होता है। उससे भिन्न अर्थात् साधारण व्यक्तियों में आशौच मरण काल से प्रारम्भ करे। यह जानना चाहिए।[2]

अतः स्पष्ट व्यवस्था यह है कि व्यक्ति के मरण काल रात्रि के 2 भाग के भीतर हो तो पहला दिन, 2 भागों के बाद हो तो दूसरा दिन— अगला सूर्योदय वाला दिन माने।

वैसे आजकल रात्रि के 12 बजे तारीख बदल जाती है। वहाँ से अगला दिन आरम्भ हो जाता है। परन्तु 2 बजे तक मरने का दिन पहला (पिछला) ही होगा। 2 बजे रात के बाद अगला सूर्योदय वाला दिन माना जावे।

77. शव-दाह के दिन से क्रिया के दिन गिनें या प्राणेत्सर्ग के दिन से?

आज के युग में प्राणी की मृत्यु के बाद दसवें बारहवें दिन की क्रिया व आगे के

---

1. रात्रि त्रिभागा कुर्यात् तु द्वौ भागौ पूर्व एवतु।
उत्तरांशः प्रभातेन युज्यते ऋतु संज्ञके॥
(कश्यपः)

2. उदिते तु यदा सूर्ये नारीणां दृश्यते रजः।
जननं वा विपत्तिर्वा यस्या हस्तस्य शर्वरी॥
अर्धरात्रावधिः काल सूतकादौ विधीयते।
रात्रावेव समुत्पन्ने मृते रजसि सूतके॥
पूर्व मेव दिनं ग्राह्यं यावन्नोदये रविः।
(कश्यप)

लिए मरण क्रिया का दिन निश्चित करने में शंका आती है कि दिन दाह से गिनें या मरण से?

इसके निर्णय में बड़ा ही विवाद है। कुछ लोग दाग देने के समय से दिन का निर्धारण करते हैं, कुछ प्राण निकलने की क्रिया से दिन लागू करते हैं। सही क्या है?

आज के युग में मरने के बाद बरफ की शिला पर 'शव' उसके प्रिय व्यक्ति के आने तक या दो या तीन दिन तक रोक कर रखते हैं फिर दाग देते हैं। अतः मृत्यु दिन से क्रिया करें या दाग के दिन से यह विवाद बनता है।

आशौच पञ्चिका में इसका निर्णय है कि "**मरणाशौचं तु मृत्युकालात, दाहकालात्, मृत्यु श्चैव काला द्वा प्रववते।** मरण का आशौच तो प्राणी के मरते ही प्रारम्भ हो जाता है। दाह के समय से भी और मौत के सुनते ही प्रारम्भ होता है। अब इसमें दो तरह के लोगों का कथन है। (1) आहिताग्नि (2) साधारण प्राणी। आज आहिताग्नि तो कुछ विशिष्ट लोग ही होते हैं जो अग्निहोत्री हों। सभी लोग साधारण श्रेणी में आते हैं।

निर्णय है कि आहिताग्नि अर्थात् जिसने विवाह काल की अग्नि को आज तक पाल रखा हो उसका आशौच व क्रिया का निर्णय दाह-कर्म से किया जावे। शेष सभी का मरण काल से दिन गिने चाहे 4 या 5 दिन के बाद जलाया गया हो। दिन गणना सारे कामों में मरण दिन से ही होगी।[1] केवल अग्निहोत्रियों का आशौच दाह से होता है।[2] साग्निक याने आहिताग्नि। जो लोग साग्निक नहीं हैं उनका मरण दिन ही क्रिया हेतु प्रधान है। अतः गणना मरण दिन से करें।[3]

78. अर्थी-निरूपण

अर्थी (शवयात्रा की सीढ़ी)— इसमें दो बड़े मजबूत बांस और मूंज की डोरी व खपच्चियां चाहिए। अर्थी इन्हीं से बनाई जाती है। परन्तु आज के युग में बनी-बनाई अर्थियां, लोहे व प्लास्टिक की भी आती हैं। उन्हें देश काल के अनुसार काम में लिया जा सकता है। अर्थी के दोनों मुंह मजबूती से बांधें। मूज न हो तो अन्य रस्सियां भी पानी में भिगोकर काम में लें, इसमें कोई हर्ज नहीं है। रूढ़ि न पकड़ें। परिस्थिति के अनुसार शव को वाहन में भी ले जाया जा सकता है।

---

(1) आहिताग्ने ऽरपि मरणादेव दशरात्रम "दशाहं शावमाशौचम" इति मरण निमित्तत्वात् तस्य। (धूर्तस्वामि, रामाण्डार) —निर्णय सिन्धु, पृ. 1079

(2) अनग्निमत उत्क्रान्ते राशोचादि द्विजातिसु। दाहादग्निमतो
विद्याद्विदेश स्थे मृते सति। (पैठीनसि स्मृति,)

(3) दाहादेव तु कर्तव्यं यस्य वैतानिको विधिः (ब्राह्म.)
अतः आहिताग्नेस्तु दाह कालादारम्य दिनगणना कार्यानतु
मृत्यु करामात्।

79. शव के संस्कार

शव के अन्तिम संस्कार 4 तरह से होते हैं।

1. जलाना, 2. गाड़ना, 3. जल प्रवाह, 4. वायु में प्रक्षिप्त करके जानवरों को चुगाना। परन्तु जिनमें जलाने का विधान है उन्हें किसी भी स्थिति से जलाना ही चाहिए। अपनी परम्परानुसार यह कार्य करें।

80. बिजली का दाह

इस युग में शव का बिजली दाह भी होता है। फिर वापस कुछ भस्म मिल जाती है, उससे ही काम चलाकर आगे की क्रियाएँ हो जाती हैं। इसमें संकोच की जरूरत नहीं है।

81. रबर के स्लीपर धारण

आज के युग में खडाऊ के स्थान पर रबर के स्लीपर पहनकर शवयात्रा में जाना, शव को उठाना निषेध नहीं है। नंगे पैरों में रास्ते में पडे मल-मूत्र का स्पर्श, व कंटकादि का भय बना रहता है। अतः स्लीपर रक्षात्मक होने से ग्राह्य हैं, चमड़े के जूते जरूर वर्ज्य हैं।

82. पीताम्बर ऊन के वस्त्र या शुद्ध वस्त्रधारण

कई लोग तो पीताम्बर जानते तक नहीं हैं न ऊन के, सिण के कामलियों की उपलब्धि है। अतः शुद्ध धोती या रेशमी वस्त्र पहन लेना ठीक है। सूती वस्त्र गीले कर के पहनें, यह ध्यान रहे।

83. शव की परिक्रमा

कहीं-कहीं शव की लोग सीधी परिक्रमा करते हैं। परन्तु वास्तव में प्रदक्षिणा उलटे क्रम से होनी चाहिए। इसमें यह ध्यान रहे कि शव के और हमारे बीच में बायां हाथ रहे। ऐसा न करने से व्याधियाँ घर में आती हैं।

84. नग्न जलाना

इसमें दो मत हैं। कुछ लोग, जैसा व्यक्ति जन्मा था वैसा ही स्वर्ग भेजने के क्रम में नग्न जलाते हैं। कुछ नर्म स्थान पर घास रखकर जलाते हैं— जैसा रिवाज हो। पर वास्तव में नर्म स्थान पर कपड़ा रखकर जलाने में दोष नहीं है— चाहे पुरुष हो या स्त्री हो।

85. प्राजापत्य

साढ़े बारह हजार गायत्री मंत्र के जप हर व्यक्ति के पीछे कराने से स्व-श्पर्शापर्श दोष मिट जाता है। इसे एक प्राजापत्य कहते हैं।

86. अंत काल में पिण्डदान

मृत्यु के समय शव के हाथ में 5 पिण्डों का विधान है। ये पिण्ड जौ के आटे के हों तो ठीक अन्यथा प्राप्त गेहूँ का आटा भी उसमें लिया जा सकता है— जैसा उस गाँव या शहर में रिवाज हो, करें। पर आटा कोई भी हो— गेहूँ, जौ, उड़द, चावल का लिया जा सकता है। ये पिंड बिना मंत्रों के दिये जाते हैं। पिंड में दूध, घी, जल शक्कर, शहद, दही, तिल, जौ, ये आठ चीजें डाली जाती हैं।

87. मुंडन किसका हो?

जो प्राणी स्वर्ग लोक जा रहा है उसका वारिस प्रथम मुंडन कराये। वही क्रिया भी करे— ऐसा विधान है। फिर देशाचार इसमें प्रमुख हैं। खासकर मरणोत्तर की क्रिया करनेवाले को मुंडन कराना चाहिए। चाहे वह कोई भी हो। छोटे लोगों को नवमें दिन मुंडन कराना चाहिए।

88. शव को रात या एक-दो दिन रखना

आजकल मृत प्राणी को प्राण उत्सर्ग होने के बाद तुरन्त नहीं जलाते हैं। कई बार पोस्टमार्टम क्रिया के कारण शव पड़ा रहता है तो कई बार विदेश से उसके प्रिय व्यक्ति के आने की प्रतीक्षा में बर्फ की शिला पर शव एक या दो दिन रखते हैं। इस तरह शव बासी हो जाता है। तब शव को जलाने के बारे में गालव ऋषि का मत है कि इस पर्युपित शव को पञ्चगव्य से शुद्ध कर तीन प्राजापत्य करें। तब जलावें।[1]

89. मुंडन रात को न करें

अगर रात में किसी का प्राणोत्सर्ग हुआ है और तभी जलाना भी अभीष्ट हो तो रात को मुंडन का निषेध है। अतः बिना वपन कराये ही शव का दाह-संस्कार करें।[2] नाई की राह न देखें, न बुलावें। प्रातः वपन करायें।

90. पिंड क्या है?

पिंड केवल आटे का गोला नहीं है। वह हमारे व्यक्तित्व का प्रतिनिधि है। पिण्ड प्राणी के शरीर का द्योतक है। उसमें अन्न शिर है, तिल गर्दन है, जल नेत्र हैं,

---

1. दिवा वा यदि वा रात्रौ शवस्तिष्ठति कर्हिचित्।
तत्पर्युपित मित्याहुर्दहने तस्य का गति? यह प्रश्न है।
उत्तर में गालव का वचन— पञ्चगव्येन संस्नाप्य प्राजापत्य त्रयं चरेत् (—निर्णयसिन्धु)
2. रात्रौ दग्ध्वा तु पिण्डा नां कृत्वा वपन वर्जितम्।
वपनं नेष्यते रात्रौ, श्वस्तनी वपन क्रिया।
वपनं तु प्रातः (—स्कन्ध पुराण)

शक्कर नाक है, घी वीर्य है, घी ही हाथ और पाँव है, शहद खून है, दूध सारे अंग हैं।

91. स्त्री मरण

यदि स्त्री सुहागिन चली जाय तो उसका पूर्ण श्रृंगार आभूषणों द्वारा किया जाता है। बाद में श्मशान में आभूषणों को उतार देते हैं। चोले आदि भिंगोकर पहनाई जाती है। सुहागिन स्त्री के लाल चुनरी या लाल वस्त्र का खापण काम में लेते हैं। कुंकम के तिलक सुहागन को लगाते हैं, मांग में सिंदूर भरते हैं एक वस्त्र या पुष्प से ढककर दाह करें।

92. विधवा मरण

विधवा का श्रृंगार नहीं किया जाता है। उसे चंदन का तिलक लगाते हैं। वस्त्र भिगोकर पहनाये जाते हैं। सफेद वस्त्र का खापण रखते हैं। नारियल कहीं-कहीं पर छाती पर बांधते हैं— जैसा रिवाज हो। सफेद ही पेटीकोट पहनाते हैं।

93. गर्भिणी मरण

गर्भिणी के मरण में गर्भ को पहले छुरी आदि से निकाल देते हैं। पेट चीरकर बालक को अलग करके फिर जलाया जाता है। बालक यदि मृत हो तो श्मशान में गाड़ देते हैं। जीवित हो तो घर ले आते हैं। पास में नारियल रखकर जलाने की विधान है।[1]

94. रजस्वलामरण

रजस्वला को स्नान के पूर्व पंचगव्य से स्नान करायें। दर्भ स्नान करावें। फिर प्राजापत्य गायत्री मंत्र का संकल्प (एक प्राजापत्य साढ़े बारह हजार गायत्री मंत्र के जप से बनता है) तीन प्राजापत्य तक का शुद्धि में विधान है। जैसी श्रद्धा हो, करायें।

95. बालमरण

छोटा-सा गर्भ नष्ट हो तो कोई क्रिया नहीं होती। उसके पीछे बालकों को दूध पिलाते हैं। बालक को जमीन में गाड़ते हैं। उस पर नमक डालते हैं। पुरुष बालक को तो सफेद वस्त्र में लपेट कर ले जाए। आधा वस्त्र चीरकर पेड़ पर लटका दें। आधा पास में फेंक दें। कन्या हो तो लाल वस्त्र में लपेटें।

26 मास के भीतर छोटा बालक मरा हो तो उसका अग्नि-संस्कार नहीं होता है। उसे कपड़े में लपेटकर झोली-सी बनाकर दो आदमी दोनों तरफ पकड़कर ले जाते हैं।

---

1. पूर्णे गर्भे मृतानारी विदार्य जठरंतदा।
(गन्यु अक्ष्लोस्थ) बालं निष्कास्य निक्षिप्य भूमौ तामेव दाहयेत॥ ग.पु.अ. 10, श्लो.

श्मशान में फावड़ा-कुदाली से खड्डा खोदकर उसमें करीबन 5 किलो नमक डाल कर उस पर सुलाकर ऊपर भी कुछ नमक डालकर गाड़ देते हैं। फिर गड्डा भरकर बड़ा-सा पत्थर रख देते हैं ताकि उसे जानवर खोदकर न निकाल सकें।

मनुष्य की अवस्थाएं

(1) दांत नहीं आने तक का बालक शिशु।

(2) उसके बाद झडोले आने तक चूड़ाकरण संस्कार तक बाल।

(3) फिर 5 वर्ष की अवस्था से 8 वर्ष तक कुमार।

(4) फिर 8 वर्ष से 12 वर्ष तक पौगंड।

(5) फिर 13 से 18 वर्ष तक किशोर।

(6) फिर 19 से 24 वर्ष तक तरुण।

(7) फिर 25 से 50 वर्ष तक युवा।

(8) फिर 51 से 75 वर्ष तक प्रौढ़।

(9) फिर 75 से 100 वर्ष तक वृद्ध कहलाता है।

96. उपनयन रहित क्रिया

यज्ञोपवीत जब तक न हो उसके मरण की क्रिया शूद्रवत् करनी चाहिए। उसमें सपिण्डीकरण नहीं होता। मृत्यु के बाद उसके पहनने के कपडे ही दान किये जाते हैं।

97. अविवाहित किशोर मरण

किशोर, तरुण, युवा मृत्यु में चाहे वह अविवाहित हो मरणोत्तर वृषोत्सर्ग तक की क्रियाएं होती हैं। पर वे स्वल्प होती हैं।

98. अविवाहित कन्या-मरण

युवा कन्या विवाह के पूर्व मरे तो उसके संस्कार में पिण्डदान का विकल्प है। कुछ आचार्यों के मत से होते हैं, कुछ के मत से नहीं होते। यह गौतम की उक्ति है। दिवोदास ने भी यह **"स्त्री शूद्राश्च स धर्माण:"** कहकर सपिण्डीकरण का विरोध किया है।

99. पंचक मरण

धनिष्ठा से रेवती रक्षत्र तक के 5 नक्षत्र पंचक कहलाते हैं। इनमें मरण हो तो उसकी शान्ति का विधान है। ऐसा न करने से तो अनिष्ठ होते हैं, यह अनुभूत है। अत: जितने पंचक शेष हों उतने दर्भ के पुतले बनाकर शव के साथ जलायें। फिर द्वादशाह के दिन पहले पंचक शान्ति कराकर फिर सपिंडन आदि कर्म करें।

100. नदी पर मरण

नदी के तीर पर मरा हो या गंगा तीर पर मरे तो उसे गंगा में बहा दें।[1]

2½ वर्ष के ऊपर का बालक हो तो बालक को जलाऐं।

101. बालक के पीछे भोजन

बालक की आयु वाले लड़कों को भोजन कराया जाता है। इसका सपिंडन श्राद्ध नहीं होता है।

102. विष्णु तर्पण

बालकों के पीछे नारायण बलि न होकर केवल विष्णु-तर्पण ही होता है।

बालक के लिए क्रियाकर्म— कौमार्य अवस्था में और जनेऊ के पहले किशोर और तरुण अवस्था में मरने वाले बालकों में शय्यादानादि क्रियाएँ होती हैं। नारायण बलि आदि कर्म होते हैं। यह अपने कुल-रीति से करे। परन्तु मरने वाले के पिता के जीवित रहने पर सपिंडन नहीं होता।

103. 5 वर्ष के बालक की क्रिया

5 वर्ष की उम्र के बाद चाहे उपनयन हुआ हो या नहीं हुआ हो। विष्णु तर्पण करके गुड़ या खीर के दश पिंड देवें। एकादशाह तथा द्वादशाह तो होगा पर वृषोत्सर्ग नहीं होगा। शय्यादान तथा महादान पददानादि नहीं होते।

104. गर्भ स्राव

गर्भ के पूरा न होने पर यदि बालक मर जाय या मरा हुआ बालक उत्पन्न हो तो उसकी कोई क्रिया नहीं होती। केवल उससे पीछे छोटे बच्चों को दूध ही पिलाया जाता है।

जब तक नाम नहीं दिया जाता तब तक मृत बालक को भूमि में ही गाड़ा जाता है।

105. 3 वर्ष तक का मरण

तीन वर्ष बाद या दांत आ जाने के बाद ही विष्णु तपर्ण का विधान है। तीन वर्ष से लेकर जनेऊ देने के पूर्व तक उसके लिए जलदानादि क्रियाएँ मंत्र रहित होती हैं। चुपचाप ही करें।

टिप्पणी—

1. गंगातीरे मृतं बालं गङ्गायामे व पातयेत्।
   अन्य देश क्षियेद भूमौ, सप्त विंशति मासजम्॥
   अतः परं दहेत्तस्य गंगायामस्थि निक्षिपेत्
   गर्भे नष्टे क्रिया नास्तिर दुग्ध देयं मृते शिशौ॥ (—ग. पु., अ 10, श्लोक 92-93)

सम्पूर्ण ब्रह्मार्पणम्

यह मन्त्र श्राद्ध (पवित्र) भोजन पर ब्राह्मणों द्वारा बोले जाते हैं। प्रस्तुत ये मन्त्र तिलक मन्त्र कहे जाते हैं। यह तिलक अबोट भोजन करनेवाले ब्राह्मणों के भालप्रदेश पर गृहस्वामी चन्दन से करता है। तिलक खडी अंगुलियों के खड़ा करके किया जाता है जिसे 'बड़पत्र' तिलक कहते हैं।[1]

तिलक मन्त्र

युञ्जते मन उत युञ्जते धियो
विप्रा विप्रस्य बृहतो विपश्चितः।
वि होत्रा दधे वयुनाविदेक इन्मही
देवस्य सवितुः परिष्टुतिः स्वाहा ॥1 ॥

इदं विष्णु र्वि चक्रमे त्रेधा नि दधे पदम्।
ससूढमस्य पा ँ सुरे स्वाहा ॥2 ॥

इरावती धेनुमती हि भूत ँ
सूयवसिनी मनवे दशस्या।
व्यस्कभ्ना रोदसी विष्णवेते
दाधर्थ पृथिवीमभितो मयूखैः स्वाहा ॥3 ॥

देवश्रुतौ देवेष्वा घोषतं प्राची प्रेतमध्वरं
कल्पयन्ती ऊर्ध्वं यज्ञं नयतं मा जिह्वरतम्।
स्वं गोष्ठमा वदतं देवी दुर्ये आयुर्मा निर्वादिष्टं

टिप्पणी

1. ब्रह्मा को बड़पत्र कहिये, विष्णु की दो फाड।
शक्ति को दो बिन्दा कहिये, महादेव की आड॥ —तिलक रहस्य

प्रजां मा निर्वादिष्टमत्र रमेथां वर्ष्मन् पृथिव्याः ॥4 ॥

विष्णोर्नुकं वीर्याणि प्र वोचं
यः पार्थिवानि विममे रजांꣳसि ।
यो अस्कभायदुत्तरꣳ सधस्थं
विचक्रमाणस्त्रेधोरुगायो विष्णवे त्वा ॥5 ॥

दिवो वा विष्ण उत वा पृथिव्या
महो वा विष्ण उरोरन्तरिक्षात् ।
उभा हि हस्ता वसुना पृणस्वा
प्र यच्छ दक्षिणादोत सव्याद्विष्णवे त्वा ॥6 ॥

प्र तद्विष्णु स्तवते वीर्येण
मृगो न भीमः कुचरो गिरिष्ठाः ।
यस्योरुषु त्रिषु विक्रमणेष्व-
धिक्षियन्ति भुवनानि विश्वा ॥7 ॥

विष्णो रराटमसि विष्णोः श्नप्त्रे स्थो
विष्णोः स्यूरसि विष्णोर्ध्रुवोऽसि ।
वैष्णवमसि विष्णवे त्वा ॥8 ॥ (॥5 ॥14-21 ॥)

त्रीणि पदा वि चक्रमे विष्णुर्गोपाऽ अदाभ्यः ।
अतो धर्माणि धारयन् ॥9 ॥

तद्विप्रासो विपन्यवो जागृवाꣳसः समिन्धते ।
विष्णोर्यत्परमं पदम् ॥10 ॥ (॥34 ॥43-44 ॥)

॥ विष्णोर्पदं निर्भयम् ॥

संकल्पः

(दायें हाथ में कुशपवित्र सहित जल लेकर)

ॐ विष्णुर्विष्णुर्विष्णुः श्रीमद्‌भगवतो महापुरुषस्य विष्णोराज्ञया प्रवर्तमानस्य अद्य ब्राह्मणः द्वितीये परार्धे श्री श्वेतवाराहकल्पे वैवस्वतमन्वन्तरे अष्टाविंशतितमे कलियुगे कलिप्रथमचरणे भारतवर्षे जम्बुद्वीपे आर्यावर्तान्तर्गत ब्रह्मावैवर्तैकदेशे कुमारिकानाम्नि क्षेत्रे पुष्करारण्ये तथा च . . .क्षेत्रे. . .एकदेशे. . .नद्याः. . .तीरे श्रीमन्नृपविक्रमराज्यातीतसंवत्सरे संवत् द्विसहस्राधिक—तमे वर्षे अमुक नाम संवत्सरे अमुक ऋतौ अमुक मासे अमुक पक्षे अमुक वासरे अमुक तिथौ एवं ग्रहगुणविशेषणविशिष्टायां शुभपुण्यतिथौममाऽऽत्मनः श्रुतिस्मृतिपुराणोक्तफलप्राप्त्यर्थं (अपसव्यं) अमुक गोत्राणां अमुक शर्मणां अस्मत्पितृपितामहप्रपितामहाना सपत्नीकानां तथा च अमुक गोत्राणामस्मन्माता- महप्रमातामह-वृद्धप्रमातामहानां सपत्नीकानां वसुरुद्रादित्यस्वरूपाणां, जन्म जन्मान्तरे क्षुधातृषादिदोषपरिहारार्थ पितृलोके अक्षयसुख, स्वर्लोके सद्‌गतिप्राप्त्यर्थं यथासंख्यं ब्राह्मणान् श्राद्धभोजनेनाहं तर्पयिष्ये। (जल छोड़ें)

(फिर सव्य करके हाथ में जल लें)

तेन श्रीकर्मांगदेवता, विष्णुर्देवताः प्रीताःभवन्तु। (जल छोड़ें)

(फिर जल लेकर)

अद्य पूर्वसंकल्पिततिथौ श्राद्धसांगतासिद्ध्यर्थे श्री विष्णु-भगवान्प्रीत्यर्थे अमुक कर्मागत्वेन श्री विष्णुप्रसादं, पितृभोजनं, पंचग्रासादीन् दातुमहमुत्सृजे।

(फिर विष्णुभगवान् के भोजनस्थल पर जल छिड़के और कहे—)

'पाकानां पवित्रताऽस्तु, पाकः पूतो भवतु—' तब भोग लगावें।

(तुलसीपत्र चढावें। गायत्री मंत्र से सारे पाक को पवित्र करें।)

ॐ नमो भगवते वासुदेवाय (तुलसीदल चढ़ावें) (जल छिडकें)

(अन्न-प्रोक्षणम्)

ॐ नाभ्यां आसीदन्तरिक्ष ꣳ
शीर्ष्णो द्यौः समवर्तत।
पद्भ्यां भूमिर्दिशः श्रोत्रात्तथा
लोकाँ 2 अकल्पयन्॥ 1 ॥31-13॥

धेनुमुद्रां प्रदर्श्य सव्यहस्तस्याङ्गुलयः समानाः कृत्वा नैवेद्यसमर्पयेत्। (गोमुद्रा दिखाकर दायें हाथ की अंगुलियां समान करके व एक वस्त्र दायें हाथ से अपने नेत्रों के आगे रखकर जिमणे हाथ से ग्रासकी मुद्रा करके नैवेद्य अर्पण करे) (दीपदर्शन करावे)-

ॐ प्राणाय स्वाहा ॥1॥

ॐ अपानाय स्वाहा ॥2॥

ॐ व्यानाय स्वाहा ॥3॥

ॐ समानाय स्वाहा ॥4॥

ॐ उदानाय स्वाहा ॥5॥

(इति समर्प्य) जल छोड़े।

नैवेद्यमध्ये पानीयं समर्पयामि। उत्तरापोशनं समर्पयामि। हस्त् प्रक्षालन मुखप्रक्षालनं च समर्पयामि। करोद्वर्तनार्थे चन्दनं समर्पयामि।

(पितृयों के स्थाल पर जल छिड़क कर तुलसीदल रखें।)

ॐ मधु मधु मधु। ॐ पितृभ्यः स्वधायिभ्यः स्वधा नमः
पितामहेभ्यः स्वधायिभ्यः स्वधा नमः
प्रपितामहेभ्यः स्वधायिभ्यः स्वधा नमः।
अक्षन् पितरोऽमीमदन्त पितरोऽतीतृपन्त पितरः पितरः
शुन्धध्वम्॥ (4॥19॥36॥)
(स्वस्तीति ब्रूयात् कुशपवित्रत्यागः) हाथ जोड़ें—दीर्घमायुः श्रेयः पितरः॥

(अब अग्नि को पक्वान्न व घृत का भोग लगावें)

ॐ चत्वारिशृंङ्गा त्रयो अस्यपादा
द्वे शीर्षे हस्तासो अस्य।
त्रिधा बद्धो वृषभो रो रवीति
महो देवो मर्त्यां2 आ विवेश (1॥17॥91)
(नमस्कार करें) इदमग्नये न मम।
मुखं यः सर्वदेवानां हव्यभुक्कव्यभुक् तथा।
पितृणां च नमस्तस्मै विष्णवे पावकात्मने॥1॥
गौग्रासादिसमर्पणम्। (गौग्रास टालें और उसे नमस्कार करें।)
गोभ्यः नमः।
सुरभिर्वैष्णवी माता, नित्यं विष्णुपदे स्थिता।
गोग्रासं तु मया दत्तं सुरभिः प्रतिगृह्यताम्॥1॥ इदं गोभ्यो न मम॥
श्वान ग्रास। (नमस्कार करें) श्वभ्यां नमः।
दौ श्वानौ श्यामशबलौ वैवस्वतकुलोद्भवौ।

ताभ्यामन्नं प्रदास्यामि रक्षेतां पथि मां सदा ॥2 ॥

इदं श्वभ्यां न मम।

काग ग्रासः (नमस्कार करके) वायसेभ्यो ममः।

यमोऽसि यमदूतोऽसि वायसोऽसि महामते।

अहोरात्रकृतं पापं बलिं भक्षतु वायसः ॥2 ॥

इदं वायसेभ्यो न मम ॥

कीडी मकोडी का ग्रासः। (नमस्कार करें) पिपीलिकाकीटपतंगकेभ्यो नमः।

पिपीलिकाः कीटपतङ्गकाद्या बुभुक्षिताः कर्मनियोगबद्धाः।

प्रयान्तु ते तृप्तिमिदं मयान्नं तेभ्योऽवसृष्टं सुखिनो भवन्तु ॥8 ॥

इदं पिपीलिकाकीटपतङ्गकेभ्यो न मय ॥

(हस्तं प्रक्षाल्य, स्वयं ललाटे गन्धादितिलकं कुर्यात्।

अतिथिग्रासः—(नमस्कार करे) अतिथये नमः।

अतिथिश्चापवादी च द्वावेतो समबान्धवौ ॥

अपवादी हरते पापम्, अतिथिर्मोक्षदायकः ॥5 ॥ इदं अतिथिये न मम

(अगर अतिथि स्वयं आ जाय तो उसका अवश्य पूजन करें)

(फिर हाथ में जल लेकर)

इहाद्य संकल्पिततिथौ (अपसव्यं) मम अमुक शर्मणः संकल्पित कार्य सिद्ध्यर्थम् मम पूर्वजानां पितृणाम् श्राद्धे क्षुधातृषा दोष परिहारार्थम् तेषां तृप्त्यर्थम् ब्राह्मणाः! अद्य कृत संकल्प सिद्धिरस्तु (जल छोड़े) सव्य करके (नमस्कार करे) फिर सव्य से ही हाथ में जल लेकर मंत्र बोलें—

ॐ ब्रह्मार्परणं ब्रह्महविर्ब्रह्माग्नौ ब्रह्मणा हुतम्।

ब्राह्मैव तेन गन्तव्यम् ब्रह्मकर्मसमाधिना ॥1 ॥

चतुर्भिश्च चतुर्भिश्च द्वाभ्यां पंचभिरेवच ॥

हूयते च पुनर्द्वाभ्यां स मे विष्णुः प्रसीदतु ॥2 ॥

हरिर्दाता हरिर्भोक्ता हरि अन्नं प्रजापतिः

हरि र्विप्र शरीरस्थो भुङ्क्ते भोजयते हरिः ॥3 ॥

ॐ तत्सत् ब्रह्मार्परगमस्तु (जल छोड़ें)

नमस्कार करके कहें "ब्राह्मणो आरोगो।"

यथा सौख्यं अमृतं भुञ्जीध्वम् ॥ यस्योपकल्पितं तस्योपतिष्ठताम्।

।। इति ब्रह्मार्पणम् ॥

(श्रीरस्तुः ॥)

पंचकशान्ति : विधान

स्नानादि क्रिया करके शुद्ध वस्त्र पहनकर नारायण बलि के पूर्व पंचक शान्ति का विधान करें।

संकल्प में तिथिवारादि बोलने के बाद (अपसव्य) करके—अमुक गोत्रस्य/गोत्रायाः/प्रेतस्य/प्रेतायाः पंचक जनितदुर्मरणदोष परिहारार्थम् (सव्यं) मम गृहे सपरिवाराणाम् आयुः आरोग्य, सुख श्री प्राप्त्यर्थम्, श्री विष्णु पूजन पूर्वकम् पंचक विधानम् अहं (यजमानः) करिष्ये/ करिष्यतिं/ (जल छोड़ देवें)।

पहले विष्णु भगवान की षोडशोपचार पूजा करें। फिर स्थंडिल पर पंच भू संस्कार करके अग्नि स्थापन करें। दक्षिण में ब्रह्माजी थापें। चावल पकाए। ईशान कोण में काले कपड़े पर पांच नक्षत्र और देवता का स्थापन करें। ईशान कोण में अघोर मृत्यु का स्थापन करें।

अघोर मंत्र—"अघोरेभ्यो ऽथ घोरेभ्यो घोर-घोर
तरेभ्यः सर्वेभ्यः सर्व सर्वेभ्यो नमस्ते ऽस्तु
रुद्र रूपेभ्यः। रुद्र रूपाय नमः।

वहाँ 5 कलश स्थापन करें। कलशों के मध्य सुपारी, रुपये, पंचपत्ते, सर्वोषधि, दूब, मिट्टी डालें। कलश पर कपड़ा लगायें। कलश के ऊपर सोने की 5 मूर्तियाँ स्थापित करें। 5 नारियल प्रति कलश स्थापित करें। 5 सूक्त जपने के लिए 5 ब्राह्मणों की वरणी करें। ब्राह्मणों के पांव धोवें, पूजन करें। कुण्डल मुद्रिका वस्त्र के निमित्त दक्षिणा देवें। भोजन का संकल्प करें। ब्राह्मणों को गायत्री जप हेतु कहें व उनसे 5 सूक्तों का पाठ करायें।

प्रथम कलश में **"कृणुष्वपाज."** मंत्र के साथ 5 कण्डिका पढ़े।

दूसरे कलश पर **"विभ्राड्"** रुद्री का चौथा अध्याय पढ़े।

तीसरे कलश पर **आशुःशिशान** रुद्री का तीसरा अध्याय पढ़े।

चौथे कलशपर **"नमस्ते."** रुद्री का 5 वां अध्याय पढ़ें।

पांचवे कलश पर **"ऋचं वाचं"** रुद्री का 8वां अध्याय पढ़ें। फिर कलशों पर दर्भ जल से पर्युक्षण करें। इसके बाद में हवन करें। हवन घी से करें।

ॐ प्रजापतये स्वाहा—इदं प्रजापतये न मम।

ॐ इन्द्राय स्वाहा— इदम् इन्द्राय न मम।

ॐ अग्नये स्वाहा— इदम् अग्नये न मम।

ॐ सोमाय स्वाहा— इदम् सोमाय न मम।

ॐ वसवे स्वाहा— इदम् वसुभ्यः न मम।

(व सौः पवित्रमंत्र)

ॐ वरुणाय स्वाहा—इदम् वरुणाय न मम।

(वरुणस्योत्तं मंत्र)

ॐ अजैक पदे स्वाहा—इदम् अजैक पदे। न मम।

उत्तन्नोहिर्बुध्न्यः मंत्र)

ॐ अहिर्बुध्नयाय स्वाहा— इदम् अहिर्बुध्नयाय न मम।

(शिवोनामामसि मंत्र)

ॐ पुषणे स्वाहा— इदम् पूषणे न मम

(पूषं तव व्रते मंत्र)

(उपर्युक्त मंत्रों वा केवल नाम से आहुतियाँ दी जा सकती हैं।)

ॐ धर्मराजाय नमः स्वाहा— इदम् धर्मराजाय न मम।

ॐ मृत्यवे नमः स्वाहा— इदम् मृत्यवे न मम

ॐ अन्तकाय नमः स्वाहा—इदम् अन्तकाय न मम

ॐ वैवस्वताय नमः स्वाहा—इदम् वैवस्वताय न मम

ॐ कालाय नमः स्वाहा— इदम् कालाय न मम

ॐ सर्व भूत क्षयाय नमः स्वाहा—इदम् सर्वभूतक्षयाय न मम

ॐ उदम्बराय नमः स्वाहा—इदम् उदम्बराय न मम

ॐ दध्नाय नमः स्वाहा—इदम् दध्ने न मम।

ॐ नीलाय नमः स्वाहा—इदम् नीलाय न मम।

ॐ परमेष्ठिने नमः स्वाहा—इदम् परमेष्ठिने न मम।

ॐ वृकोदरायनमः स्वाहा—इदम् वृकोदराय न मम।

ॐ चित्राय नमः स्वाहा— इदम् चित्राय न मम।

ॐ चित्रगुप्ताय नमः स्वाहा—इदम् चित्रगुप्ताय न मम।

ॐ अघोराय नमः स्वाहा— इदम् अघोरेभ्यो न मम।

(अघोर मंत्र से आहुतियाँ 11 देवें।)

इसके बाद चावल जो वेदी पर पकाये हैं उनसे इन्हीं की आहुतियाँ दें जो पहले घी से दी हैं।

इसके बाद "नमस्ते रुद्रः" इस मंत्र से 108 समिधियाँ (पलाश या पीपल की 1 बालिश्त वाली लकडियाँ) से होम करें।

मंत्र—ॐ नमस्ते रुद्रमन्यव उतोत ईषवे नमः ।

बाहुभ्यामुतते नमः॥1॥

फिर विष्णु सहस्र नाम से 108 तिल शक्कर, घी हवन पुडा मिश्रित द्रव्य की आहुतियाँ दें या फिर ॐ **नमो भगवते वासुदेवाय** से 108 आहुतियाँ दें।

फिर वापस इसी "तिल शक्कर घी हवन पुडा" मिश्रित द्रव्य की सारी आहुतियाँ दें जो पहले 'प्रजापतये स्वाहा' से अघोराय नमः तक दी थी।

इसके बाद स्विष्टकृत होम करें।

ॐ अग्न्ये स्विष्टकृते स्वाहा—इदमग्नये स्विष्टकृते न मम।

एक आहुति दें।

फिर घी से भूः आदि नव आहुतियाँ दें।

दश दिक् पालों की बलि करें।

"**स्वाहा प्राणेभ्यः**" इस कंडिका के 2 मंत्रों से पूर्णाहुति करें। नारियल का हवन करें। फिर संस्रव प्राशन करें। पवित्रियों से मार्जन करें। पवित्र प्रतिपत्तिः। प्रणिता विमोक। ब्रह्मा को पूर्ण पात्र का दान करें। छः ब्राह्मण भोजन का संकल्प करें। पांचों कलशों के जल से यजमान को स्नान करावें। फिर पंचदान करावें।

(1) गौदान निमित्त दक्षिणा

(2) भैंस दान की दक्षिणा

(3) सप्तधान्यसहित

(4) सोने सहित काले कपड़े का दान

(5) सोने सहित घी का छायादान।

इसके समान मूल्य का दान करें। भूरसी देवे। फिर स्नान कर वस्त्र फेंक दे। उसके बाद पंचामृत से शिव पूजन करें। 108 महामृत्युञ्जय मंत्र के जप कराएं।

अद्य पूर्वो० पंचक विधान परि पूर्णताः॥

अनेन पंचक विधानेन (अप्सव्यं) गोत्रस्य
प्रेतस्य पंचक जनित दुर्मरण दोष निवृत्तिः।
(सव्यं) मम गृहे सपरिवाराणाम् पंचक
दोष निवृत्तिरस्तु। सकल दुरितो पशान्तिरस्तु।
आयुरारोग्य सुख श्री प्राप्तिरस्तु॥
यस्य स्मृत्या च नामोक्त्यया तपो यज्ञ क्रियादिषु
न्यूनं सम्पूर्णतां भाति सद्योवन्देतमच्युतम्॥

विणु का स्मरण कर पूजनकर विसर्जन करें॥

इति ब्रह्मपुराणोक्तं पंचक विधानं संपूर्णम्॥

॥ श्रीरस्तु॥

पुत्तल विधान का रहस्य एवं विधि

[श्रीमाली ब्राह्मणों में पुत्तलविधान संस्कार की परम्परा सैकड़ों वर्षों से चली आ रही है। कई लोग दबी जबान में इसका विरोध करते हैं पर घर पर ज्यों ही काम पड़ता है पुत्तल विधान सबसे पहले कराते हैं। आजकल पुत्तल विधान कराने वाले वेदिये (कर्मकाण्डी ब्राह्मण) भी नहीं मिलते। श्रीमाली अभ्युदय कार्यालय में सैकड़ों पत्र आते रहते हैं कि इस विषय पर प्रकाश डालें।

भारत के जाने माने कर्मकाण्डी विद्वान पं. लेखराज द्विवेदी ने इस विषय पर लेखनी उठाई तथा आपकी समस्त शंकाओं के समाधान इस पुस्तक द्वारा आपको मिलेगा। उनके द्वारा लिखी गई पुस्तक 'अन्त्येष्टि संस्कार पद्धति' का विज्ञ पाठक लाभ उठाएंगे। —सम्पादक]

पुत्तल विधान किसका किया जाता है?

अथ कश्चिद्विदेशेवा वने चोर भये मृतः
न लब्धस्तस्यदेह श्चेच्घृणायदिनेतदा।
दर्भ पुत्तलकं कृत्वा पूर्ववत् केवलं दहेत्।
तस्य भस्म समादाय गंगातोये विनिक्षिपेत्॥
दश गात्रादि कं कर्म तद्दिनादेव कारयेत्।
स एव दिवसो ग्राह्यो श्राद्धे सांवत्सरादिके

(गरुण-पुराण, अध्याय 10, श्लोक, 88 से 99)

कोई विदेश में वा वन में चोर भय से मर जाय और उसका शरीर प्राप्त न हो और उसके मरण की सूचना जिस दिन मिले उसी दिन दर्भ का पुतला बनाकर पूर्व की तरह संस्कार कर उसे जलावे फिरउसकी भस्म लेकर गंगाजल में डाले और उसी दिन से लेकर उसके दशगात्रादिकर्म करे। वही दिन श्राद्ध और सांवत्सरिक श्राद्ध में ले।

इसी तरह गरुड़ पुराण में स्पष्ट उल्लेख है कि जिसका शरीर प्राप्त न हो उसका ही पुत्तल विधान कर्म किया जाना चाहिए। आजकल तो दुर्मरण अस्पतालादि में होते हैं, शव तो प्रत्यक्ष प्राप्त ही रहता है, अतः शव पर ही शुद्धि कर्म कर के उसका दाह-संस्कार करने पर पुत्तल विधान कर्म की आवश्यकता नहीं है।

"अत्र देहस्यैव संभवे दाहः" धूर्त स्वामी रामाण्डार ने यही कहा है। यह

विचारणीय है।

अहिताग्नौ विदेशस्थे मृते सति कलेवरम्।
निधेयं नाग्निभिर्यावत्त दीयैः रपि दह्यते॥

(इति ब्राह्मोक्तेः)

खैर, आजकल तो साग्निक ब्राह्मण होते ही नहीं परन्तु हों और वह विदेश में मरे तो उसका शरीर साग्निक न जलाये, बल्कि उसके बन्धु जलायें, यह विधान है।

प्रत्यक्ष शव संस्कारे दिनं नैव विशोधयेत्।

(हेमाद्रौ गार्ग्यः)

प्रत्यक्ष शव-संस्कार में दिन या मुहूर्त देखने की जरूरत नहीं है। अन्यथा पुत्तल विधान कर्म करने के लिए मुहूर्त की अपेक्षा रहती है। इससे प्रकट होता है कि प्रत्यक्ष शव पर ही शुद्धि करवा करके केवल प्रायश्चित्त करना अभीष्ट है।

विदेश मरणेस्थीनि व्याहृत्याभ्यज्य सर्पिषा।
दाहयेत् वर्हिषाच्छाद्य पात्रन्यासादि पूर्ववत्॥

(छान्दोग्य परिशिष्ट)

विदेश मरण में अस्थियाँ लाकर उन्हें घी में डुबोकर दर्भ से ढककर जलावे और फिर पूर्ववत् उनको पात्र में रखें। इससे सिद्ध होता है कि विदेश में भी शव उपलब्ध कर जला दिया गया तो केवल उसकी अस्थियों को पुनः पवित्र किया जाता है पर पुत्तल विधान कर्म की आवश्यता नहीं है।

अस्थ्यानग्यलाभ पर्णानि शकलान्युक्तयावृता।
दाहयेदस्थि संख्यानि ततः, प्रभृति सूतकम्।

(निर्णय सिन्धु, तृतीय परिच्छेद, पलाशविधिः
छान्दोग्य परिशिष्ट वचन, पृ. 405)

अगर अस्थियाँ भी प्राप्त न हों तो पलाश के टुकड़ों को (समिधा लेकर) अस्थियों की संख्या के बराबर अस्थियों का पुतला करके जलावें और उस समय से लेकर सूतक प्रारम्भ होता है।

इससे स्पष्ट है कि जिसका शव और अस्थि दोनों ही प्राप्त न हों उसी का पुत्तल विधान होता है, अन्य का नहीं। इसलिए हमारी जाति में हर किसी का स्पर्शास्पर्श व अस्पताल में मरण पर जो पुत्तल विधान किया जाता है वह केवल रूढ़ि मात्र है, शास्त्रोक्त नहीं है।

आजकल 99% प्रतिशत लोगों का दुर्मरण ही होता है— अस्पताल में या फिर एक्सीडेण्ट में या फिर अचानक हार्ट फेल होकर। तब स्पर्शास्पर्श तो होता ही है अतः प्रत्येक का पुत्तल विधान करना शास्त्रोक्त नहीं है। केवल शव या अस्थियों की अप्राप्ति पर पुत्तल विधान क्रिया होती है। अतः शव शुद्धि तुरन्त करके उसका प्रायश्चित्त करना चाहिए।

शव-शुद्धि भी न हो सके तो केवल प्रायश्चित्त कर्म ही करने चाहिए पर पुत्तल विधान नहीं। न मालूम यह पुत्तल विधान की रूढ़ि कब से अज्ञानवश समाज में घुस गई जबकि शास्त्रों में अमुकामुक कारणों पर ही इसका विधान है, सर्वत्र नहीं है।

शव-संस्कार—

अतः शव पर ही संस्कार करना उचित है। उसमें पुरुष-सूक्त का पठन मुख्य है। पंचगव्य से शव को स्नान कराकर उस पर यव-घृतादि लेप कर ऊपर तुलसी पत्रादि रखकर पास में तिल यव का विकीर्ण करके गंगाजल से दर्भ द्वारा पुरुष सूक्त (सहस्रशीर्षादि 16 मन्त्र) से उसको छींटे लगाकर चिता पर उसका संस्कार करना ही उपयुक्त है।

हेमाद्रि में लिखा है—**"प्रमाद मरणे त्वाशीचादि सर्व भवत्येव"** प्रमाद से मरण में अशौचादि सब होते ही हैं। अतः उसकी शुचि करना आवश्यक है।

अथ कश्चित् प्रमादेन म्रियेताग्न्युदकादिभिः।
तस्याशौचं विधातव्यं कर्तव्या चोदक किया॥

(अंगिरा)

अगर कोई प्रमाद से अग्नि में जलकर या पानी में डूबकर मर जाय तो उसका शौच करके उसकी उदकादि क्रिया करनी चाहिए।

प्रमादादपि निःशंकस्त्वकस्माद्विधिचोदितः।
शृङ्गि दंष्ट्रि नखि न्याल विषविद्युज्जलादिभिः॥
चाण्डालं रथवा चौरैर्निहृतो वापि कुत्रचित्।
तस्य दाहादिकं कार्यम् यस्मान्न पतितस्तु सः॥

(ब्रह्म पुराण, पृ. 1107 विचारः)

प्रमाद से निर्भय या अकस्मात् विधाता के विधान से अर्थात् (हृदय गति रुक जाने से) सींग वाले जानवर, डाढ़ वाले जानवर, नख वाले जानवर, जहर खाने से, बिजली गिरने से, जल में डूब जाने से, चाण्डाल या चौरों के द्वारा मारे जाने पर उसका शव हो तो उसे पतित न गिनकर, उसकी शुद्धि करके दाहादि कार्य करें।

दिवा वा यदि वा रात्रौ शवस्तिष्ठाति कर्हिचित्।
तत्पर्युषित मित्याहु र्दहने तस्य का गतिः॥
पञ्चगव्येन संस्नाप्य प्राजापत्य त्रयं चरेत्॥

(इति टीका। निर्णय सिन्धुः, पृष्ठ 1161)

दिन को या रात को शव अगर घर पर रहे तो वह बासी शव हो जाता है। उसको जलाने के लिए क्या किया जाय? इस प्रश्न पर गाल्लव ऋषि का मत है कि शव को पञ्चगव्य से स्नान कराकर जलाया जाय, उसके पीछे-पीछे प्राजापत्य करे।

एक प्राजापत्य में 12 हजार गायत्री जप होते हैं।

कार्य पुरुष सूक्तेन मन्त्रैवां वैष्णवरपि।
दक्षिणाभि मुखो भूत्वा प्रेतं विष्णुमितिस्मरन्॥

(क्रिया निबन्ध)

पुरुष सूक्त वा वैष्णव मन्त्रों के शव पर दर्भ से छींटे पञ्चगव्य से स्नान कराकर लगावें तो दाह संस्कार के समय शव शुद्ध होकर दाह योग्य बन जाता है। अतः पुत्तल विधान की आवश्यकता नहीं रहती। फिर दुर्मरण प्रायश्चित्त घर पर आकर करें या कराएं।

पुत्तल विधान की सामग्री एवं वस्तुओं का निरूपण

निर्णय सिन्धु, पृष्ठ 405 पर वृद्ध मनु का निर्देश है कि कोई व्यक्ति परदेश या विदेश गया हो और वह 12 वर्ष तक न आवे या उसका समाचार न मिले तो तेरहवें वर्ष में उसका पुत्तल विधान करना चाहिए।

प्रोषितस्य तथा कालो गतश्चेद् द्वादशाब्दिकः।
प्राप्ते त्रयोदशे वर्षे प्रेतकार्याणि कारयेत्॥

इसी बात को बृहस्पति ने भी कहा है।

यस्य न श्रूयते वार्ता यावद् द्वादशवत्सरात्।
कुश पुत्रक दाहेन तस्य स्यादवधारणा॥

अतः कई बातों-में पुत्तल विधान आवश्यक भी होता है। जैसे— आजकल सामूहिक मृत्युओं में शव की पहचान न होने पर, छिन्न-भिन्न अंगों में से कुछ अंग न मिलने पर, भू स्खलन में पृथ्वी में समा जाने या मिलने पर, एयर एक्सीडेण्ट में शव की पूरी जानकारी न मिलने पर पुत्तल विधान करना ही चाहिए।

पुत्तल विधान का मुहूर्त—

ऐसी अवस्था में शास्त्रों में कर्मकाण्ड की प्राचीन प्रतियों में पुत्तल के मुहूर्त दिये गए हैं।

भरण्या कृत्तिकाऽऽश्लेषा, मघा मूलश्च पंचकाः।
एतानि दुष्ट नक्षत्राणि प्रेतकार्येषु वर्जयत्॥1॥
त्रयोदश्यां चतुर्दश्यां मन्वतरायुगादि च।
मासान्तस्य व्यतिपातोऽमावस्या च वर्जयेत्॥2॥
शुक्र शनैश्चरः चैव रवि भौम समन्वितः।
वैधृत्ये च व्यतिपाते संक्रान्ते तु विवर्जयेत्॥3॥
शुक्लपक्षे त्वेकादश्यां पूर्णमस्यां तथैव च।
तेषां मुद्धरणार्थाय कृत्वा नारायणी बलिः॥4॥

भररणी, कृत्तिका, आश्लेषा, मघा, मूल और पंचक के नक्षत्र, तथा त्रयोदशी चतुर्दशी और मन्वतन्तरयुगादि तिथियां मासान्त और व्यतिपात अमावस्या, शुक्र, शनि, रवि और मंगलवार, वैधृति व्यतिपात योग तथा संक्रान्ति को छोड़कर तथा

शुक्लपक्ष की एकादशी और पूर्णिमा को छोड़कर तथा नारायण बलि कर्म करके पुत्तल विधान करें॥

पुत्तलविधान के दिन पूर्व कृत्य कर्म–

देह-शुद्धि, दशविधस्नान, प्रायश्चित्त कर्म—व्याहृति हवन, नारायरा बलि, पंचकलश स्थापन, ऊर्ध्वदेहि क्रिया, विष्णुतर्परा, एकादश श्राद्ध कर्म करने के बाद पुत्तल विधान के अधिकार की आज्ञा है।

पुत्तलविधान की सामग्री–

समिधायें पलाश की 360, कंकु, मौली, केसर, सिंदूर, धूपबत्ती, धूपकणगूगली, धूपराल, सरसों, खोपरा 7, नारियल 5, खारक 31 (पंचमेवा बादाम, पिस्ता, काजू खुरबारगी, दाख) जनेऊ जोड़े 32 उनकी कोकडी 2, अगर-तगर, लौंग, इलायची सूतली, ऊनरा चूका, मूंज, तिल एक सेर, जव आधासेर, च्रावल डेढ़ सेर, मूंग, ज्वार, गेहूं, उड़द (चिडियों के लिए धान) दर्भ (डाब) द्रोप, पुष्प की माला, पंचगव्य (गौमूत्र, गोबर, दूध, दही, घी) पंचामृत (दूध, दही, घी, शहद, शक्कर), तुलसी पत्र, कलश 5, मिट्टी के कलश 2, दिवटिये 15, राता कपड़ा सवाहाथ 4, सफेद कपड़े 4, खांपण सफेद वस्त्र बांस व खपच्चियां घास, अंगोछा 4, धोती 1, लकड़ियां, खारका 20, आरणीया छाणा, बिला 2, या 4, सिपनीया 2, कोडिया 2, चिरमियां 2, मजीठ, हरताल, पारो, गंधक, तंबालपत्र या ताड़पत्र अकलखोरो, जवखार, कपूर, लाख त्रिकूट, (हरड, बेडा आवला), पीपलरा फल 20, काला जीरा, आंतरवाला, मालकांकरगी, सूर राबाल, शहद, मृगछ्शाला, माला—रुद्राक्ष की, अवगधि— अगर तगर, सहदेवी, पित्तपापड़ो, पपोड़ी, सोगी, मुरदा-सिंगी, बीजोरु, कोलो, जबेरी 2, जायफल 2, कमलगट्टा, अभ्रक, (जिलफू) लाख का रस, बड़ के फल 20, बालोलिया के बीज20, सर्वौषधि, मातुसिंगी, चंपारी डालियां या कणेर की डालियाँ, सेलड़ी 2, (इक्षुं) नागर बेल रा कोरापान 2, केला (कदली फल) 1, केलरा पत्ता 2, सीताफल 2, गाजर 1, मूली 1, बेगरा 2, आबांरा पान, डाडम रा दारगा, पिपीया2, पीपल रा पान, भोज पत्र, कणेर रा फूल, तूंबी रो टुकड़ो कपासिया, पीतल और कांसी के टुकड़े, पांच मूर्तियां (सोना, चांदी, ताँबा, सीसा और लोहा), टिकड़ियाँ चांदी री 4, रेशम रा डोरा, पंचरत्न (मोती, मूंगा, सोने का तुस, चांदी का तुस) सोपारियां 31, आटो जवरो सेर 25 सु, कम-से-कम 5 सेर तक जैसा जितना बड़ा पुतला बनाना हो। उड़द का आटा 2 से 2॥ सेर तक, भस्मी, सप्त मृत्तिका या गंगा माटी, रेणुका, गंगा जल, पंच पल्लव, गो मूत्र अलग से, सेवारी सामग्री, परात, शंख, घण्टा, शालिग्राम, चक्र अरघिया 4।

सूरज पद—

(थाली, लोटो बाटकी पाग, धोती, अंगोछा, पहनने का कपड़ा, पगरखी छतरी) कासी रा छालिया 4।

वरण सामग्री—

(गौ मुखी, माला, पंच पात्र, आचमनी, तिरबांणा, द्रव्य, आसन, जनेऊ, सुपारी)

दीपक, घीरत, हवन का 1॥ सेर, रोकड़ रेजगी, रूई, माचिस, अगरबत्ती, मिश्री।

दान के लिए यथा शक्ति—वैतरणी, घृत पात्र, तिल पात्र, रस पात्र आदि।

ब्राह्मण वरण—

संहिता पारायण, रुद्र जप, गायत्री जप, गीता पाठ आदि के।

फिर नमिये की सामग्री—जौ का आटा, ऊन का चुका, खिचड़ी, बटियों का आटा, जनेऊ, सुपारियां, रेशम की कोथली, आंवले का जल, तिलकूटा, मेट, (मुलतानी मिट्टी) आदि क्योंकि पुत्तले को जलाने के बाद तीये का पिंड देकर नवम दिवस की क्रिया भी उसी दिन कर लेते हैं।

पुत्तल विधान में वस्तु निरूपण

समिधाओं का निवेश—

चत्वारिंशच्छिरस्थाने ग्रीवायां च दशैव तु।
बाहवो श्चैव शतं, दद्याद् विंशति च तथोरसि॥
रुदरे विंशतिं दद्याद् त्रिंशतं कटिवेशयोः
ऊर्वोश्चैव शतं दद्यात् त्रिशतं जानु जंघयो॥
पादांगुलीषु दश वै एषा च प्रेत कल्पना॥

(भविष्य पुराण)

360 समिधाएं अस्थियां के स्थान पर निम्न प्रकार से दी जायेंगी— शिर के नीचे 40, ग्रीवा पर 10, स्कंध 20, बाहु 100, करांगुली 10, हृदय 20, जठराग्नि 20, कमर 10, इन्द्रिय 10, वृषण 10, जंघा 100, पादांगुली 10 = योग 360।

वस्तुओं का स्थापन या निरूपण—

मस्तके नारिकेलंतु अलाबुं तालुके तथा।
पञ्चरत्नं मुखेन्यस्य जिह्वायां कदली फलम्॥
कर्णयो ब्रह्मपत्राणि केशे वट प्ररोहकाः।
नालकं कमलानांतु अन्त्रस्थाने विनिक्षिपेत्॥
मृत्तिका तु वसा धातुर्हरितालक गन्धकैः।

शुक्रे तु पारदं दद्यात् पुरीषे पित्तलं तथा॥
संन्धिषु तिलपिष्टं तु मांसं स्याद्यवपिष्टकम्।
मधुस्याल्लोहितस्थाने त्वचा स्थाने मृगत्वंचा॥
स्तनयोर्जम्बीरे देये, नासायां शतपत्रकम्।
कमलं नाभिदेशे स्याद् वृन्ताकं वृषणाश्रिते॥
लिंगे च रक्त मूलं तू परिधानं दुकूलकम्।
गोमूत्रं गोमयं गन्धं सर्वोषध्यादि सर्वतः॥

(मदन रत्ने यज्ञ पार्श्वः)

1. सिर = नालेर, 2. केश = सूर के बाल, 3. कपाल = कपासियां और तूंबी के टुकड़े, 4. नाक = तमाल पत्र या भोज पत्र या कोरा पान, 5. कान = सीपिया, 6. नेत्र = कोड़ीया 2, 7. भृकुटी = पारा, 8 मध्य स्थान = पीतल के टुकड़े, 9. कीकी = चिरमी2, 10 घ्राण = कपूर, 11. मुख = मातुलिंगी पंचरत्न, 12. अधर = ताड़ पत्र, 13. जीभ = केला, 14. ग्रीवा = जंवेरी, 15. दांत = डाडम के दाने, 16. रोम = ऊन के चुके, 17. हाथ और पांव = चंपे की लकडी, 18. हथेली = आम के पत्ते, 19. खुणी = सीताफल काँसे के टुकड़े, 20. अंगुलियाँ = खारके, 21. नख = बालोलियो के बीज, 22. कामजा = मजीठ, 23. छाती = भोज पत्र, 24. कमर = पंच या सप्त मृत्तिका या गंगा माटी, 25. पेट = कोलो, 26. आंत = आंत्र वालों के कमल नाल, 27. नाभि = अकलकरो, 28. जठराग्नि = बीजोरु, 29. तमाल पत्र, 30. गुदा = गंधव, 31. उंगलियों = बीला, 32. त्वचा = मृगछाले, 33.जांघ = सेलड़ी, 34. पांव = चंपक दण्ड, 35. पांवों के तले = केले के पत्ते और अभ्रक, 36. पिंडलियां = जायफल 2, 37. पाँवों की अंगुलियां = खारकें, 38. टोलो की जगह = वट के फल या कमल गट्टे, 39. अण्ड कोष = बैंगन 2, 40. इन्द्रिय = गाजर या मूली (भग हो तो पीपल का पत्ता), 41. पांवों के अंगूठे = अगर तगर, 42. पांवों के तले = अभ्रक, 43. गोड़ों पर = खोपरे 2, 44. चर्बी = हरताल, 45. अग स्थाने=मेनसील, 46.रक्त = शहद, 47. वायु = उशीर, 50. वीर्य = पारा, 51. संधि स्थान=सरसों, 52. सर्वत्र = लाख का रस और काला जीरा। जो वस्तु अलभ्य हो वहां सर्वौषधि रक्खें।

वृद्धि अशौच-निर्णय

यह वृद्धि अशौच अर्थात् जननाशौच सिवाय माता-पिता के अन्य किसी को भी नहीं लगता है, ऐसा शास्त्रकारों का निर्णय है। फिर भी न मालूम किस कारण सबको अशौच लगने की अंध परंपरा कब से चली आ रही है जिसकी ओर किसी का ध्यान आकर्षित नहीं हुआ। अगर इसकी कोई खोज करता तो आज यह वृद्धि अशौच को मरणाशौच की तरह नहीं पालते। यह गलत परंपरा लोगों के दिल में ऐसा घर कर गयी है कि अब इसका वहाँ से निकलना या निकालना अति कठिन हो गया है। फिर भी विश्वास है कि बड़े-बड़े ऋषि-मुनियों के बताये हुए अकाट्य प्रमाणों के आधार पर यह अंध परंपरा का भूत जो लोगों के हृदय में घुसा हुआ है अवश्य भाग निकलेगा। देखिये:

"पित्रोस्तु सूतकं मातुस्तदसृग्दर्शनाद्ध्रुवम्। तदहर्न प्रदुष्येत पूर्वेषां जन्म कारणात्॥

(*या. स्म., पृ. 418*)

तात्पर्य यह कि जन्म का अशौच माता-पिता दोनों का होता है, पर कब से? यह जात कर्म प्रयोग में बताया गया है कि—

"यावन्नछिद्यते नालं तावन्नाप्नोति सूतकम्। छिन्ने नाले ततः पश्चात् सूतकं तु विधीयते॥

अर्थात्—नाल छेदन के बाद से सूतक प्रारम्भ होता है। किन्तु यह सब सपिंडों (कुटुम्बियों) को नहीं। केवल माता का ही स्पर्श न करना चाहिये। क्योंकि माता के शरीर से ही रुधिर निकलता है इसी से वसिष्ठजी ने भी कहा है कि—

"नाशौचं विद्यते पुंसः संसर्ग चेन्नगच्छति। रजस्तन्नाशुचि ज्ञेयं तच्च पुंसि न विद्यते।"

यदि स्पर्श न करे तो पिता को अशौच नहीं होता। जन्म में रज अशुद्ध होता है। वह रज पुरुष में नहीं होता, इसलिये पिता अस्पृश्य नहीं है तथापि स्पर्श का भ्रम हो तो स्नान से भ्रम की निवृत्ति हो जाती है। ऐसा ही संवर्त ने भी कहा है कि—**"माताशुद्धेद्दशाहेन स्नानात्तुस्पर्शनं पितुः"** (यदि पिता स्पर्श हो तो स्नान से शुद्ध होना कहा है) माता की दश दिन में शुद्धि भी व्यवहार की योग्यता के लिये ही हैं। धर्मार्थ कार्यों के लिये तो पैठीनसी ने विशेष रूप से कहा है कि —**"सूतिकां पुत्रवतीं विंशति रात्रेण कर्माणि कारयेत्। मासेन स्त्रोर्जननी॥** अर्थात् पुत्रवाली सूतिका से बीस दिन में धर्मकार्य कराएं, और जिसके कन्या हुई हो तो उससे एकमास में कार्य कराएं। अंगिरा ने भी सपिंडों को अशौच नहीं होना बताया है—

"सूतके सूतिका वर्ज्य संस्पर्शो न निषिध्यते।
संस्पर्शेसूतिकायास्तु स्नानमेव विधीयते॥"

सूतक में सूतिका को छोड़कर अन्य मनुष्य के स्पर्श करने का निषेध नहीं है, सूतिका को स्पर्श कर ले तो स्नान ही कहा है। जिस दिन बालक का जन्म हो वह दिन दूषित नहीं होता—अर्थात्-उस दिन में करने योग्य दान-पुण्यादि का अधिकार बना रहता है, ऐसा वृध्द याज्ञवल्क्य ने कहा है कि—

"कुमारजन्मदिवसेविप्रैः कार्यः प्रतिग्रहः।
हिरण्यभूगवाश्वाश्चः वासः शैय्यासनादिषु॥"

बालक के जन्म-दिन में ब्राह्मण सुवर्ण, भूमि, गौ, अश्व, वस्त्र, शैय्या, आसन आदि का प्रतिग्रह ले, इसी प्रकार जन्म से छठे दिन भी सूतक नहीं लगता। जैसा कि व्यासजी ने भी कहा है कि—

"सूतिकावासनिलया जन्मदा नाम देवताः।
तासां निमित्तंतु शुचिर्जन्मनि कीर्तिता॥"

सूतिका गृह में जो जन्मदा देवता रहते हैं उनकी पूजा निमित्त यह षष्ठीदिन शुद्ध माना गया है। इस प्रकार शास्त्रकारों ने अशौच का निर्णय दिया है। इसका सारांश यही है कि मुख्यतया माता को हो अशौच होता है अन्य किसी को नहीं। इतना स्पष्ट होने पर भी किसी के मन से भ्रान्ति का भूत न निकले तो समझ लेना चाहिये कि ऐसे रूढ़िवादी लोगों को समझाने में ब्रह्मा भी समर्थ नहीं, और तो क्या कहे। बुद्धिमान व्यक्तियों को चाहिये कि अप्रामाणिक ग्रन्थों के आधार से बने संग्रह-संदर्भों की बातों पर कितना आधार रखना यह उनके स्वयं से विचारने का विषय है। अस्तु।

अन्त्येष्टि पद्धति प्रारम्भ

।।मंगलाचरणम्॥

गणेशं गिरिं पद्मनाभं सुरेशं, विभुंविश्वनाथं विशालाक्षिमाद्यां॥
विरिञ्चिं विवस्वन्तमन्यांश्च नत्वा, क्रिया पद्धतिं विश्वनाथः करोति॥1॥
शरीरे जर्जरे प्राप्ते व्याधिग्रस्त कलेवरे॥
औषधी जाह्नवी तोयं वैद्यो नारायणो हरिः॥2॥

॥ आतुर कर्तव्यम्॥

अब युग बदल गया है अतः नब्बे प्रतिशत मृत्यु अस्पतालों में या अन्यत्र हो जाती है। अतः आतुरदान और समय का महत्त्व कम हो गया है फिर भी घर में यदि शरीर जर्जर हो जाने के बाद मृत्यु का निश्चय हो तो सुयोग्य पुत्र आतुरदान करे। आतुर दान में श्री विष्णु- पूजन, आतुर प्रायश्चित्त, अष्टमहादान, गीतापाठ,

श्री विष्णु या सदाशिव की मूर्ति अथवा चित्रदर्शन, गंगाजल या तुलसीजल का पान आदि आतुर के निमित्त करावे। घृत का दीपक जलाकर आतुर को दीप दर्शन करावे। हरिकीर्तन, इष्टदेव स्मरणादि करावे। आतुर को गोबर से लीपी हुई भूमि पर दर्भ बिछाकर सुलावे। पक्की जमीन हो तो पानी से चौका बनाकर दर्भ बिछाकर सुला दें ताकि उसी पर देह का उत्सर्ग हो।[1] फिर देहोत्सर्ग प्राणी के निमित्त अष्ट महादान परिकल्पित करें– (1) तिल (2) लोह, (3) सोना, (4) कपास; (5) नमक, (6) सप्तधान्य (जब, गेहूं, मूंग, उड़द, चना, बाजरी, चावल) (7) भूमिदान, (8) गौदान।) परन्तु आज कल लोभाभिभूत या मक्कार व्यक्ति अपने प्रिय स्वजन के लिए भी इन आतुरिक कृत्यों को सम्पादन करने में हिचकिचाता है। अतः इसका संक्षेप में ही ग्रन्थ के आदि में स्मरण दिलाया गया है। यदि उक्त कर्म करना हो तो पठित ब्राह्मण को बुलाकर करावें।[2]

और्ध्व देहिक क्रियाः—

प्राणी के स्वर्गवास के पश्चात् पहले सामग्री की तैयारी करे और तुरन्त ही एक चौका बनाकर भूमि पवित्र करे।[3] दर्भ रखे। प्राणी को दक्षिणाभिुख सुलावे। ऊपर कम्बल अथवा रेशमी कपड़ा ओढ़ा दे। पास में तिल जव बिखेर दे।[4]

नोट: दक्षिणाभिमुख से तात्पर्य यह है कि (प्राणी का मस्तक दक्षिण दिशा की तरफ रखना ताकि उसके नेत्र उत्तर की तरफ रहें) बाद में तुरन्त ही एक थाली में सीधा की सामग्री– आटा, घी, आदि विष्णु मन्दिर में तुरन्त पहुंचवा दे। बाद में बन्धु-बान्धवों को बुलाने हेतु आदमी भेज दे तथा निम्नलिखित सामग्री भी तैयार करे।

---

(1) गोमये नोपालिप्येतु दर्भास्तरण संस्कृते। भूतलेह्यातुरं कुर्यादन्तरिक्षं विवर्जयेत् ॥1॥ (ग. पु.)

(2) तिला लोहं हिरण्यंच कार्पासो लवणं तथा। सप्तधान्य क्षितिर्गाव एकैकं पावनं स्मृतं ॥ एतदष्टमहादानं महापातक नाशनम् ॥ ब्रीहयो यव गोधूमा मुद्गामाषा–प्रियंगवः ॥ चणका सप्तमाज्ञेयाः सप्तधान्य मुदाहितम् ॥2॥ ग. पु. ॥
प्रियाणी लभते नित्यं प्रियदः प्रियकृत्तथा ॥ प्रियोभवति भूताना मिह चैवे परत्र च ॥
म. भा. आ. प. ॥

(3) ब्रह्मा विष्णुश्च रुद्रश्च सर्वेदेवाः हुताशनः। मण्डलोपरि तिष्ठन्ति तस्मात्कुर्वीतमंडलम् ॥ राक्षसाश्च पिशाचाश्च भूताः प्रेताः यमानुगाः ॥ अलिप्त देशे खट्वायामन्तरिक्षे विशंतिच मण्डलेन विना भूम्या मातुरं नैव कारयेत् ॥ (ग. पु. अ., 9, श्लोक. 16से 18)

(4) तिलाः पवित्रा स्त्रिविधा दर्भश्च तुलसी तथा। नरं निवार यन्त्येतेदुर्गतियान्तमातुरमो **ममस्वेद समुद्भूताः यतस्ते पावनास्तिलाः। असुराः दानवाः दैत्याः विद्रवन्ति तिलैस्ततः। दर्भा विभूति में तार्क्ष्य मम रोम समुद्भवाः अतस्तत् स्पर्शना देव स्वर्गंगच्छन्ति मानवाः॥ (ग. पु., अ. 9, श्लो. 20से 22)**

सामग्रीः (1) बांस 2 (2) खपच्चियां (बांस की), (3) खापण, (4) गेहूं का आटा, (5) हांडी (माटी की या पीतल की चरी), (6) घास, (7) घी, (8) सोने का तुस, (9) मूंगा, (10) चांदी का तुस, (11) तुलसी की लकड़ियां, (12) डाब, (13) मूंज, (14) तिल-जव, (15) गोबर, (16) भस्म, (17) चन्दन की लकड़ी, (18) गोपीचंदन, (19) यज्ञोपवीत, (20) नाई (मुंडन के लिए), (21) राल, (22) रेणुका, (23) तुलसी पत्र, (24) अबोट जल व गंगाजल, (25) तुलसी की माला या रुद्राक्ष की माला या केवल एक एक मणका ही डोरे में पिरोकर धारण करावें। (26) दूध, दही, शहद, (27) यदि वृद्ध व्यक्ति की मृत्यु हो तो गुलाल और पुष्पमाला (28) सधवा स्त्री की मृत्यु में नारियल (29) आंखों के लिए मोती, (30) हृदय में मूंगिया, मुँह में सोने का तुस और नाभि में चांदी का तुस (पुरुष का मुँह फटा हो तो मूंग और घी) (औरत का मुँह फटा हो तो कच्ची खिचड़ी और घी), आँखों में भी घी और शहद डाला जाता है।

वपन (क्षौर) कर्म

फिर जब सभी बन्धु-बांधव आ जायं तो प्रथम क्रिया करने वाले ज्येष्ठ अथवा कनिष्ठ[1] पुत्र को निम्न ढंग से मंत्र रहित आचमन व प्राणायाम करके जल से निम्न संकल्प कर नापित से क्षौर करावें।[2]

इहाद्य० संवत्सरे. मासे. पक्षे. तिथौ. वासरे. अमुकस्य प्रेतस्य (नाम[3] गोत्र लेकर) स्त्री हो तो (अमुकी प्रेतायाः) प्रेतत्व निवृत्या उत्तम लोक प्राप्त्यर्थ औध्र्व देहिक कर्म कर्तृत्वाधिकार सिद्ध्यर्थंवपनं अहं करिष्ये)[3] ऐसा संकल्प करके दक्षिण की तरफ मुँह करके बैठकर नख और कोख वर्जित क्षौर करावें। मूंछ और दाड़ी भी करा लेवें।

यानि कानि च पापानिब्रह्महत्या समानि च।
केशानाश्रित्य तिष्ठन्ति तस्मात् केशान् वपाम्यहं ॥1॥

टिप्पणीः— (1) ज्येष्ठस्य वा कनिष्ठस्य भ्रातुः पुत्रैश्च पौत्रकैः। दशगात्रादिकं कार्यं पुत्र हीने नरे खग॥ अ. 22, श्लो.24,

(2) तदा शोकं परित्यज्य कारयेन्मुण्डनं सुतः। समस्त बान्धवैर्युक्तः सर्वपापानुपत्तये॥ माता पित्रो मृतौ येन कारितं मुंडनं न हि। आत्मजः स कथं ज्ञेयः संसारार्णव तारकः॥ अतो मुण्डन मावश्यं नख कक्ष विवर्जितम्॥ ततः स बान्धवः स्नात्वा धौतवस्त्राणि धारयेत्॥ सद्योजलं समानीय ततस्तं स्नापयेच्छवम्:—स्नात्वा धौतवस्त्राणि धारयेत्॥ सद्योजल समानीय ततस्तं स्नापयेच्छवम्॥ मुण्डयेच्चंदनैः सृग्भिः गंगामृत्तिकयाथवथा॥ गु. पु., अ. 20, श्लोक 4से 7.

(3) अन्नंवस्त्रं जलंद्रव्यं मन्यद्वादीयते चयत्। प्रेतशब्देन यद्दत्तं मृतस्या नन्ददायकम्॥ तस्मातद्दिना दूर्ध्वं प्राक् सपिण्डी विधानतः। योषित पुरुष स्यापिप्रेत शब्दं समाचरेत्॥ (ग. पु.),

बहुत से पुत्र हों तो भी क्रिया करने वाले को ही उस दिन मुंडन कराना चाहिये। बाकी बांधवों का मुंडन नवें[1] या दशवें दिन होना चाहिये। अगर रात्रि में मृत्यु हो और रात्रि में ही दाह अभीष्ट हो तो बिना वपन के ही दाह कर दिया जावे और प्रातःकाल कर्मकर्ता वपन करा लें।[2]

यदि दिन या रात में कभी भी मृत्यु हो और पुत्र के इन्तजार में शव को रोकना पड़े तो वह शव बासी हो जाता है। उसकी गति के लिये जब जलाना अभीष्ट हो तब पंचगव्य (गौ का दूध, दही, घी, गोबर, गोमूत्र) से शव को स्नान कराकर तीन प्राजापत्य का संकल्प लेकर शव का दाहकर्म करे।[3] जब कार्य करें तब ही मुंडन करावें। मुंडन सात स्थानों पर करने का विधान है।[4]

फिर स्नान करके शुद्ध वस्त्र या पीताम्बर पहन कर मृतक के पास जाएं। उसी समय दो-चार संबंधी भी बिना मुंडन-स्नान करके अबोट वस्त्र पहन कर मृतक के पास जायें। फिर उस मृत प्राणी की देह को तीर्थोदक गंगाजल आदि तथा शुद्ध जल से स्नान कराऐं। फिर चौका बनाकर उस पर दर्भ आदि बिछा कर गंगाजल, रेणुका, तुलसी पत्र फिर यवादि बिखेरकर उस पर मृतक प्राणी को सुलाऐं।[5] कम-से-कम आठ आदमी स्नान करके अर्थी उठाने के लिए तैयार होवें।

पुरुष मरणः—

शव के नर्म स्थान पर खांपण में से थोडा हिस्सा फाड़ कर मूज या खांपण के हिस्से से कन्दोरा बनाकर लंगोटी पहिनायें। सफेद कपड़े का खांपण पवित्र पानी से धोकर काम में लें। (यहां पर हर वस्तु दर्भ जल से पवित्र कर या धोकर काम में लेनी चाहिये)।

टिप्पणी

(1) क्रियांच कुरुते यस्तु तद्दिनेतस्यमुण्डनम् ॥ लघीयसां दशाहे तु पुत्राणं वपनं भवेत् ॥ इति देवलः ॥ अग्रे यथा देशाचारं इतिभट्टाः ॥

(2) रात्रौदग्ध्वातु पिण्डान्तं कृत्वा वपन वर्जितम् ॥ वपनं नेष्यते रात्रौ श्वस्तनी वपन क्रिया ॥2 ॥ (वपनं तु प्रातः) (स्कन्दपुराणे।)

(3) दिवा वा यदि वा रात्रौ शवस्तिष्ठति कर्हिचित्। तत्पर्युषितमित्याहुः देहने तस्य का गतिः ॥1 ॥ पंचगव्येन संस्नाप्य प्रजापत्य त्रयं चरेत् ॥ इति गालवोक्तं पंचगव्य स्नानं कार्यम्) इति टीकायाम्

(4) गंगायां भास्कर क्षेत्रे माता पित्रो-गुरोर्मृतौ। आधाने सोमयागेच वपनं सप्तसुस्मृतम् ॥11 ॥ इति मिताक्षरायां स्मृतेः

(5) दुर्बलं स्नापयित्वातु शुद्ध चैलाभि संवृतम् ॥ दक्षिणाशिरसं भूमौ बर्हिष्मत्यां निवेशयत् ॥1 ॥ घृतेनाभ्यक्तमाप्लाव्य शुद्धवस्त्रोपवीतिनम् ॥ चन्दनोक्षित सर्वांगं सुमनोभिर्विभूषयेत् ॥2 ॥ हिरण्य शकलान्यस्य क्षिप्त्ववा छिद्रेषुसप्तसु ॥ मुखेष्वथा विधायेनं निर्हरेयुः सुतादयः ॥3 ॥ मदनरत्ने छान्दोग्य परिशिष्टे च ॥

फिर नया जनेऊ मंत्र रहित पहना दें। फिर गले में तुलसी की अथवा रुद्राक्ष की माला या मणका पहना दें। फिर घी मृतक के पूरे शरीर पर चुपड़ दें। तब पुण्य भूमि की माटी रेणुका या गोपी चन्दन जो भी हाजिर हो उससे शिर से पांव तक द्वादश तिलक करे। शव पर तुलसी पत्रादि डाल दे। दूध, दही से या पंचगव्य से शव का दर्भ की शलाका से प्रोक्षण करें। अगर शक्तिमान पुरुष हो तो सात छिद्रों में सोने के तुस डाले। सात छिद्र (दो आंखों, दो नाक के रन्ध्र, दो कान के रन्ध्र, एक मुख) नहीं तो केवल मुंह में ही सोने का तुस डालें। अगर मुंह फटा हुआ और कोशिश करने पर भी बन्द न हो तो उसमें मूंग और घी भर दें। (यह क्रिया घर पर या श्मशान में करें) फिर आंखों में मोती नहीं तो घी और शहद डालें। नाभि पर चाँदी का तुस और हृदय पर मूंगिया रखे। इस तरह शव को अलंकृत कर ले। तब पुत्र-पौत्रादि तथा कुटुम्बीजन शव का अन्तिम दर्शन कर नमस्कार करें फिर निःसेणी (सीढ़ी) पर घास बिछाकर उस पर शव को रखकर खापण से ढक कर उसे मूंज से बांध दें। जीमणे हाथ का थोडा-सा हिस्सा पिण्ड स्पर्श के लिये खुला रखें।

जब शव को स्नानादि कराया जा रहा हो तब घर के बाहर दो-चार बन्धु मिलकर दो लम्बे बांस और खपचियों से निःसेणी मूंज से बांधकर तैयार करें। उस पर डोके या घास डालकर फिर घर में उस निःसेणी को मृतक के पास ले आवे तब स्नान किये हुए लोग उसका प्रोक्षण करके चौके में ले ले और तब शव को उस पर सुलाकर खापण बांधने की क्रिया करें।

इधर लोग हांडी या चरबी में छाँणे लगाकर अग्नि तैयार कर उसमें डाले। हांडी या चखी का मुंह मूँज से बांध लेवे ताकि हाथ से उसको पकड़ने में आसानी रहे। अग्नि किसी के घर से नहीं लाना चाहिए।

जिस समय अग्नि लगाने की तैयारी की जा रही हो उस समय क्रियाकर्ता एक थाली में गेहूँ का आटा लेकर उसमें दूध, दही व घी मिलाकर 5 पिण्ड बनावें।

अथ मलिन षोडशी क्रिया

(प्रथम दुर्मरणविधिः)

यदि दुर्मरण हो तो विश्वनाथी के अनुसार घर पर ही शव के पास प्रायश्चित्त करने का संकल्प करके उसके बाद और्ध्व देहिक क्रिया प्रारंभ करें क्योंकि विश्वनाथी में यह दो प्रकार से वर्णित है जो महाराजा भीम सिंह जी के राज्य जोधपुर नगर में दबे, अभयराम जी द्वारा संवत् 1857 श्रावण शुक्ल 4, शुक्रवार को हस्तलिखित प्रति में वर्णित है, तदनुसार—

प्रथम प्रकारः

अद्येत्यादि कालं स्मृत्वा अमुक गोत्रस्यअमुकशर्मणो मम सुखेन प्राणोत्क्रम प्रतिबन्धोक्त निष्क्रिति सकल पातकक्षय द्वारा मुख प्राणोत्क्रमणार्थं यथाशक्तियलंकृतां

इमां उत्क्रान्त धेनुं रुद्रदेवत्यां अमुक शर्मणे ब्राह्मणाय तुभ्य महं सम्प्रददे॥ गवां अंगेषु इति मंत्र मुक्त्वा न ममेति दद्यात। पुत्रादेरशक्तौ पुत्रादिर्दद्यात। तत्र न ममेति तदस्थाने पित्रादे रीति वदेत् विशेषः धेनोर्भावे प्रत्याम्नोयत्वेन द्रव्यं दद्यात। अथ प्राणोत्क्रमणानन्तरं कर्ता अन्ये च पुत्राः कक्षोपस्थ वर्ज्यं नख लोमानि वा वापयेयुः। कर्तृ व्यतिरिक्तायां दशमेह्नि वा वपनं यथा देशचारं च। कर्तुश्च दशमेह्नि भर्तरिमृते पत्न्याऽपि आद्येदशमेह्नि (नवमेदिने) वा वपनं यथोचारं कार्यम्। ततः कर्तावपनानन्तरं स्नात्वा आहते वासवी परिधाय मृतस्य शरीर प्रक्षालनम्। अहत वस्त्र परिधान उत्तरीयस्य च। चन्दनेन सर्वाङ्ग प्रोक्षणम्। दुर्मरण निमित्तं प्रायश्चित्तं कर्तव्यम्। कर्ताऽपि पापयुग भवति। तदा सोऽपि स्व पापानुसारेण प्रायश्चित्त करणोक्तं प्रायश्चित्तं कृत्वा मृतस्यऔर्ध्व दैहिकं कुर्यात। यदि प्रेतस्य आत्मनश्च शुद्धिं अकृत्वा लोभादिना दाहादिकं करोति तत्सर्वं कृतमपि नोपतिष्ठते। उभयोः निश्चयेन नरक प्राप्तिर्भवति। अतः प्रायश्चित्तं कृत्वैव सर्वमौर्ध्व देहिकं कार्यम्।

इस तरह यह निश्चित हो जाता है कि कर्ता को मृतक प्राणी के समीप ही प्रथम प्रायश्चित्त कर्म करने बाद मृत प्राणी को पिंडादि दान करने चाहिये। तब अर्थी को घर से बाहर ले जाना चाहिये। उस समय इतना अवकाश न हो तो कर्ता व्यक्ति केवल संकल्पादि करके कार्य कर सकता है।

अथ सङ्कल्पः— शृंङ्गी, दंष्ट्री, नखी, शस्त्रघात, सर्पदंश, जलेमग्न, कंठग्राह, विषभक्षण, अग्निदग्ध, विप्रमारित, आत्मघात, चाण्डाल-हस्ते मरण, चौरमारित, शुत्रमारित, म्लेच्छादिहत, अष्टशल्यामरण, वृक्षारोहणादि, बन्दीगृह पाशमरण, विषूचिका, भूत- डाकिन्या शाकिन्यादि ग्रहै र्ग्रस्त, शकटादिहत, गजदन्त, पर्वतारोहणादि, विकल चित्तभ्रम, विद्युत्पात, पाषाणहत, कुष्टव्याधिमरण, महारोगी प्रपीडन, क्षयव्याधिमरण, पापानुपोषित, मूत्र पुरीषस्थ, अशौचमरण, अपस्मार रोगादि-भगंदर, जलोदर, गंडमाला, पाण्डुरोग, इत्यादि अनेक दुष्ट मरणे कृच्छ्र चान्द्रायण द्वयं धेन्वादिदान रूप-प्रत्याम्नाय पक्षेण प्रायश्चित्तं कृत्वा अथवा पंचदश प्राजापत्यान् कृत्वा शक्तौ सत्यां गवां दत्वा तत् प्रत्याम्नायेन द्रव्य दानेन तदानीमेव शुद्धिं सम्पाद्य दाहं कुर्यात्।

इसका तात्पर्य यह है दुर्मरण निमित्त प्रायश्चित्त का संकल्प तत्काल किसी ब्राह्मण को गोदान निमित्त प्रथम द्रव्यदान करे। और सूतक के बाद चान्द्रायण, प्राजापत्य या दुर्मरण निमित्त विहित दानादि सूतक के बाद करने का संकल्प वहीं लेकर फिर श्मशान में चिता पर दाह करते वक्त पंच सूक्तादि से मृतक का प्रोक्षण कर उसकी शुद्धि करके दाह करने से किसी भी तरह से पुत्तल विधान आदि क्रिया की आवश्यकता नहीं है। शव पर देह शुद्धि की क्रिया करने से सभी दुर्मरण दोष दूर हो जाते हैं।

एवं ऊर्ध्वोच्छिष्टात् धरोच्छिष्टोभयोच्छिष्टास्तास्पृश्या-स्पृष्ट खट्वास्था स्तरादिस्थ मरणे दोषशक्त्यानुसारेण त्रीन् षट् द्वादश पंचदश वा प्राजापत्यान्

विप्रानुज्ञानु पूर्वकं कृत्वा तदानीमेव तत्प्रत्याम्नायभूतं धेन्वादिकं कृत्वा शुद्धिं सम्पाद्य दाहादिकं उष्ट्रमृतस्य सर्पदंष्ट्र मरण जनित वा कुर्यात्। तत्र एवं प्रयोगः।

अमुक गोत्रस्य अमुक मृतस्य (अमुक पाप निवृत्यर्थं) दाहादि और्ध्वदैहिकं कर्मयोग्यता प्राप्त्यर्थं च पंचदशानां प्राजापत्यानां प्रत्याम्नाये प्रति प्राजापत्ये द्वादश ब्राह्मण भोजनानि अथवा आमान्नानि नाना गोत्रेभ्यो ब्राह्मणेभ्यः सम्प्रदास्ये। ब्राह्मणान् मनसि उद्दिश्य जल मध्ये जलं क्षिपेत्। एकैकां वा गां। अथवा प्रतिप्राजापत्यं अयुतं गायत्रीजपं। प्राणायाम शतद्वयं वा। तीर्थयात्रा पक्षेण च इति प्रयोगः।

द्वितीयः प्रकार

ततः कर्ता देश कालौ स्मृत्वा पित्रादेरूर्ध्वोच्छिष्टा धरोच्छिष्टोभयोच्छिष्ट स्पृष्ट्वाऽ स्पृष्ट मरण जनित पाप प्रत्यवाय परिहारार्थ पंचदश द्वादशी त्रीन् वा कृच्छ्रान् यथा शक्ति प्रायश्चित्तं अमुक प्रत्याम्नायेन सद्यः सूतकान्तेवां करिष्ये। इति संकल्प्य। तदैव द्रव्यादिना अशक्तौ सूतकान्ते वा कुर्यात्। कर्तव्यात्मा शुद्धौ देश काल स्मरणौ कृत्वा आत्म शुद्धि द्वारा पित्रादेरौर्ध्व देहाधिकार सिद्ध्यर्थं शक्त्या एतावदेव कृच्छत्रयं प्रायश्चित्तं करिष्ये। इति संकल्प्य तदेव सूतकान्ते वा कुर्यात। किंचित् दुर्मरणं जात तदा मरणानन्तरं च ऊर्ध्वोच्छिष्टा-धरोच्छिष्टोभयोच्छिष्ट स्पृष्टा स्पृष्टस्य मरण खट्वा मरण, बन्धन मरणा दिषु सत्सु त्रीन् षट्, द्वादश, पंचमदश वा कृच्छ्रान प्रायश्चित्त निमित्तान् सारेण ब्राह्मण वचनं गृहीत्वा अशक्तौ तदेव प्रत्याम्नाय तया हिरण्यादि दत्वा शुद्धिं सम्पाद्य दहनादि कुर्यात्। शक्त्यः भक्त्या पुत्रादयः पित्रादेः पापिनः सर्वात्मना शुद्धि इच्छेवः सर्वप्रायश्चित्तेषु इष्टतमं कृत्वा दहनादि कुर्युः। एवं कर्ताऽपि अधिकारी भवेत्। शक्त्यादि कृच्छ्ररूपां आत्मनः शुद्धिं कृत्वा संकल्पेन तदेव वा प्रत्याम्नायेन द्रव्येण संपाद्य दहनादि कुर्यात्। अन्यथा व्यर्थं भवति तत्सर्वम्।

इससे सिद्ध होता है कि दुर्मरण का जैसा प्रकार हो उसके अनुसार निर्णय सिन्धु, धर्म सिन्धु, स्मृति स्मृत्यान्तरों में विहित प्रायश्चित्त और दानादिकर्म जिसका उल्लेख हम आगे करेंगे। तदनुसार दान प्रायश्चित्तादि करके व उसके बदले में द्रव्य आदि दान करके प्राणी को पितर योनि में क्रिया द्वारा पहुंचाया जाता है। पर रुढ़िगत पुत्तल विधान की आवश्यकता देह के रहते नहीं रहती। **पुत्तल विधान तो केवल देह न मिलने पर ही होता है**। इससे निश्चित रूप से यही सिद्ध होता है।[1]

---

(1) अथकश्चिद् विदेशेवा वने चौरभये मृतः॥ न लब्धः तस्य देहश्चद् श्रृणुयात् यद्दिनेतदा ॥1॥
दर्भपुत्तलकं कृत्वा पूर्ववत्केवलं दहेत ॥ तस्य भस्म समादाय गंगातोये विनिःक्षिपेत् ॥2॥
ग. पु., अ 10, श्लो. 88-89

अथ षट् पिण्डा

यत्र स्थाने भवेन्मृत्युः तत्र श्राद्धं प्रकल्पयेत् ॥ –जिस स्थान पर मृत्यु हो प्रथम उसी स्थान पर एक पिण्ड दिया जाता है। वहां पर ही श्राद्धभूमि की कल्पना की जाती है। प्रथम, जैसा कि हम पहले लिख चुके हैं पांच पिण्ड गेहूँ के आटे के क्रिया कर्ता बनावे। फिर अगर दुर्मरण हो तो पहले बताये हुए के अनुसार संकल्पादि करके तब क्रिया प्रारंभ करे। और यदि श्वास निकलने के पूर्व धरती पर ले लिया हो तथा कन्दोरा, कछोटी, कपड़े आदि उतार लिये हों तो स्पर्शास्पर्श दोष नहीं हुआ हो तो सीधी क्रिया प्रारम्भ करें।

मृत स्थाने शव नामा पिण्ड दानम्, कुशोपग्रहः, आचमनं, प्राणायामं, बद्धशिखः मृतकस्यदक्षिणपार्श्वे दक्षिणाभिमुखोपविश्य, संकल्पः–क्रिया कर्म करने वाला व्यक्ति दक्षिण की तरफ मुँह करके हाथ में जल लेकर मंत्र रहित आचमन प्राणायाम करके संकल्प करे।

इहाद्य संवत्सराणां मध्ये अमुक नाम्नि संवत्सरे, अमुक मासे, अमुक पक्षे, अमुक तिथौ, अमुक वासरे (अपसव्यं) अमुक गोत्रस्य अमुकनाम मृत प्रेतस्य (स्त्री हो तो अमुकी नाम्नि मृत प्रेतायाः) दाहार्थं उत्क्रान्तादि पिण्ड प्रदान महं करिष्ये। (जल छोड़े) फिर जहाँ श्वास निकला है उस आतुर स्थान पर शव के दाहिने तरफ चार अंगुल का जल मण्डल करके उस पर अपसव्य करके अनामिका और अंगुष्ठ के मूल में होकर जल निकले– इस तरह अवनेजन के निमित्त जल निम्न ढंग से पढ़कर डाले।

अमुक गोत्रस्य अमुकी गोत्रायाः अमुक प्रेत मृत स्थाने अमुकी प्रेतायाः शव निमित्तं अवनेजनं मद्दत्तं तवोपतिष्ठताम्। –जल छोड़े।

फिर उसी स्थान में दक्षिण में अग्रभाग रहे। इस तरह दर्भ रखकर उस पर एक पिंड रखना।

(दक्षिणाग्रं कुशास्तरणं पिण्डदानम्) अमुक गोत्रस्य/अमुकी गोत्रायाः अमुक प्रेतस्य/अमुकी प्रेतायाः उत्क्रान्तौ शव निमित्तं एष पिण्डोमद्दतं तवोपतिष्ठताम। पिण्ड रखकर उस पर फिर पहिले की तरह जल चढ़ावे और पिण्ड पर मृतक के दक्षिण हाथ का अंगूठा लगावे। फिर उस पिंड को थाली में एक तरफ रख दे।

अमुक गोत्रस्य/अमुकी गोत्रायाः अमुक प्रेतस्य/अमुकी प्रेतायाः पिण्डे प्रत्यवने जनं मद्दतं तवोपतिष्ठताम्। जल छोड़े। **अनेन पिण्डदानेन प्रेतस्य सद्गति उत्तम लोक प्राप्तिः –यह बोलकर सभी पिंड उठाये जायेंगे। प्रत्येक पिंड देने के बाद यह बोलना जरूरी है।**

फिर दूसरा पिण्ड भी पहले की विधि से वहीं पर दूसरा चौका बनाकर दे दें। या द्वार के पास अर्थी को थोड़ा रोककर दें। किन्तु इसमें असुविधा बहुत रहती है।

कहीं द्वार छोटा भी होता है अतः द्वार देश का पिंड कुछ हटकर वहीं पर अर्थी के पास ही दे देते हैं सारा काम अप्सव्य से ही करें।

अमुक गोत्रस्य। अमुकी गोत्रायाः अमुक प्रेतस्य/अमुकी प्रेतायाः प्रेत द्वार देशे पान्थ निमित्तं अवनेजनं मद्दतं तवोपतिष्ठताम्। जल छोड़े। **फिर दर्भ बिछाकर अमुक गोत्रस्य/अमुकी गोत्रायाः अमुक प्रेतस्य/अमुकी प्रेतायाः द्वारदेशे पान्थ निमित्तं एष पिण्डो मद्दत्तं तवोपतिष्ठताम्।** पिण्ड रखे और प्रेत का अंगूठा लगवावे।

अमुक गोत्रस्य/अमुकी गोत्रायाः अमुक प्रेतस्य/अमुकी प्रेतायाः प्रेत द्वारदेशे देव पालके पान्थ निमित्तं पिंडे प्रत्यवनेजनं मद्दत्तं तवोप तिष्ठताम्। पिण्ड पर जल छोड़कर उसको उठाकर थाली में एक तरफ रख दे।

नोट: इस प्रकार शलाका सहित ये दोनों पिंड एक तरफ थाली में एक जगह अलग रख दें। शेष तीन पिंड भी आगे इसी तरह से दिये व रखे जायेंगे। फिर चिता में जलाते वक्त पांचों पिण्ड प्रेत के दक्षिण कोख में रखकर साथ में जलाये जायेंगे। अर्थी उठाने वाले या अबोट व्यक्ति जितने साथ में हों जूते न पहिनें। खड़ाऊं पहिन सकते हैं।

इन दो पिंडों के देने के बाद क्रियाकर्ता खांध[1] दे और जोर से मृतक प्राणी के संबंध को स्मरण कर ॐ कार की आवाज करे। द्वार से निकालते वक्त शव का मुख प्रथम निकाले पैर पीछे इस तरह चार खांधिये अर्थी निकालें। पिंड की थाली दूसरे के हाथ में देकर क्रियाकर्ता खांध लगावे। शव को उठाने के पूर्व प्राणी को नमस्कार कर फिर अर्थी उठावें— यह ध्यान रहे। एक आदमी हांडी में या चरवी[2] में अग्नि (धुकती हुई) लेकर अर्थी के आगे-आगे चले— आदमी सजाति का ही हो। उसके पीछे अबोट जल की चरवी हाथ में लेकर जिसमें दर्भ हो, ठीक अर्थी के आगे दर्भ से छींटे देते हुए चले। अर्थी के पीछे सभी बान्धव गण 'राम नाम सत्य है' कहते हुए चलें। एक या दो व्यक्ति अर्थी वाहक के कपडे व जूते एक कपड़े में बांधकर साथ लेकर चले। दूसरा आदमी घी राल शक्कर छाणें व तुलसी व चन्दन की शाखाएं लेकर एक कपड़े में बांधकर माचिस व कपूर भी साथ में लेकर चले।

मृतक प्राणी की पत्नी दरवाजे के बाहर न निकलकर अन्दर ही रोती हुई ठहरे। अर्थी के आगे चलने वाले जल सिंचन करने वाले प्राणी के आगे और अग्नि ले जाने वाले प्राणी के बीच में से कोई न निकले। यह ध्यान रहे। **(शवाग्नेरन्तराले न गन्तव्यम्) सर्वेबान्धवाः मुक्त केशाः वृद्ध पुरः सराः प्रेतमनुगच्छेयुः। यदि गृहे मृतः तर्हि ब्राह्मणो नगर पश्चिम द्वारेण नेयः। क्षत्रिय उत्तरेण। शूद्रो दक्षिणेन। वैश्य**

टिप्पणीः—

1. नीत्वा स्कन्धे स्व पृष्ठे अंके सदा तातेन लालितः। त्तदेव तदृणान्मुच्येन्मृतं स्व पितरं वहेत् ॥1॥

2. यस्यानयति शूद्रोऽग्नि तृण काष्ठ हवीं षिच। प्रेतत्त्वं च सदा तस्य शूद्रः पापेन लिप्यते ॥2॥

पूर्वेण। ततः यम सूक्तं च जपन्तं अरण्यं श्मशाने गच्छेयुः॥ (ततो अपेताध्यायः —प्रेत सूक्तम्) ततः ग्राम श्मशानयोर्मध्ये अर्ध पथिविश्रान्तौ भूतनाम्ना पिण्डदानम्। अवनेजनं। पिंण्डदानं। प्रत्यवने जनं। माषान्नं। लोह दक्षिणा। पि्ण्डोद्धरणम्। (विश्वनाथी)।

तीसरा पिंड विश्राम स्थल पर देवें। वहां सीढ़ी रखने के पूर्व दर्भ जल से उस स्थान को छींटे देवें फिर दक्षिणाभिमुख होकर कार्यकर्ता बैठकर पानी की छोटी चौकी बनाकर— कुश का अग्रभाग दक्षिण में रहे— इस तरह दर्भ रखें। हाथ में जल लेकर अमुक गोत्रस्य/अमुकी गोत्रायाः अमुक प्रेतस्य/अमुकी प्रेतायाः विश्रान्तौवायु निमित्तं अवनेजनं मद्दत्तं तवोपतिष्ठताम्। जल छोड़े। फिर पिण्ड हाथ में लेकर **अमुक गोत्रस्य/अमुकी गोत्रायाः अमुक प्रेतस्य/अमुकी प्रेतायाः विश्रान्तौ वायु नाम संज्ञकं एष पिण्डो मद्दतं तवोपतिष्ठताम्।** पिण्ड रखे और प्रेत का अंगूठा लगावे। **अमुक गोत्रस्य/अमुकी गोत्रायाः अमुक प्रेतस्य/अमुकी प्रेतायाः विश्रान्तौ वायुनाम प्रेतपिण्डे प्रत्यवनेजनं मद्दतं तवोपतिष्ठताम्। एष माषान्नं। लोहमयी दक्षिणा च मद्दत्ता तवोपतिष्ठंताम्। अनेन पिण्ड दानेन प्रेतस्य सद्गतिः स्वर्ग लोक प्राप्तिः**

नोट: अब प्रेत के खांधिये बदले जाते हैं। सिर की तरफ वाले पैर की तरफ और पैर वाले सिर की तरफ अर्थी को उठावें तथा अर्थी के पैर श्मशान की तरफ रहेंगे यह ध्यान रहे।

चौथा पिण्ड श्मशान में पहुँचने पर देवें। अर्थी को श्मशान भूमि में दक्षिण में सिर करके रखें। (श्मशान सन्निधौ भूमौशनैः शवस्य दक्षिण शिरस स्थापनम्) ततः चिता स्नाने मार्जनं। अर्थी रख देने के बाद चिता स्थान की भूमि को साफ करे, दर्भ जल से पवित्र करे, चिता लकड़ी की तैयार करे। तब अर्थी के पास चौथा पिंड देवे। **अमुक गोत्रस्य/अमुकी गोत्रायाः अमुक प्रेतस्य/अमुकी प्रेतायाः श्मशान स्थाने भूत संज्ञकं श्मशान निमित्तं अवनेजनं मद्दतं तवोपतिष्ठताम्। जल छोड़े। दर्भ धरे। अमुक गोत्रस्य/अमुकी गोत्रायाः अमुक प्रेतस्य/अमुकी प्रेतायाः श्मशान स्थाने भूतसंज्ञकं प्रेत निमित्तं एष पिंडो मद्दतं तवोपतिष्ठताम्। अमुक गोत्रस्य/अमुकी गोत्रायाः अमुक प्रेतस्य/अमुकी प्रेतायाः श्मशान भूमौ भूत संज्ञकं पिंडोपरि प्रत्यवनेजनं मद्दत्तं तवोपतिष्ठताम्। अनेन पिडं दानेन प्रेतस्य सद्गतिः स्वर्गलोक प्राप्ति। पिण्डमुद्धराणम्।** यह चौथा पिंड भी प्रेत का अंगूठा लगवाकर कुशा सहित थाली में रखें। अब अर्थी खोलें और खांपण हटावें। जनेऊ तथा लंगोटी आदि सब हटा लें। नर्म जगह पर घास रख दें। चिता को दर्भ से प्रोक्षण करें। घर पर अगर घी से स्नान न करवाया हो तो यहाँ पर सारे शरीर पर घी चुपड़ दें और शरीर के हिस्सों में मोती मूंगा सुवर्ण आदि न रखे हों तो यहाँ रख दें। आंखों में भी घी व शहद लगा दें। खांपण का कुछ हिस्सा फाड़कर उसमें दक्षिणा एक रुपया डालकर गांठ बांधकर श्मशानवासी पुरुष के लिये एक तरफ रख दें। **शव को चिता पर दक्षिण**

कर लिटा दें। मृतशरीर पर बड़ी-बड़ी लकड़ियां रख दें। चारों तरफ लकड़ी की कैंची बना दें। सिर की तरफ नीचे ज्यादा कुन्दे लकड़ी के रखें।

तत्र दक्षिण शिरां चितां काष्ठश्चिंनुयात्। ततः चितायां दक्षिण शिरं उत्तानं प्रेतं निदध्यात्। नेत्र आकाश की ओर रहें। **घृतेनाभ्यञ्जनं। प्रेताच्छादितं वस्त्रं द्विधाकृत्वा एकेन खण्डेन प्रेतशरीरस्य नर्म स्थानं आच्छादयेत्।** कुछ लोग नर्म स्थान पर कपड़ा न रखकर घास ही रखते हैं ताकि कपड़ा न जले। कहीं पर वस्त्रान्तदान भी करते हैं। देशाचारानुसार करे। (खंडान्तरं श्मशान वासिनामर्थे भूमौ निरस्येत्) मुखे हिरण्यं प्रक्षिप्य उपरि काष्ठपूरणं (विश्वनाथी)

अत्र पंचमपिण्ड प्रदानम्:— अमुक गोत्रस्य/अमुकी गोत्रायाः अमुक प्रेतस्य/अमुकी प्रेतायाः चितायां प्रेतनामकं पिण्डार्थे अवनेजनं मद्दतं तवोपतिष्ठताम्। अमुक गोत्रस्य/अमुकी गोत्रायाः अमुक प्रेतस्य/अमुकी प्रेतायाः चितायां प्रेत संज्ञकं एष पिंडो मद्दतं तवोपतिष्ठताम्। अमुक गोत्रस्य/अमुकी गोत्रायाः अमुक प्रेतस्य/अमुक की प्रेतायाः चितायां प्रेतसंज्ञकं प्रेतपिंडोपरि प्रत्यवनेजनं मद्दत्तं तवो पतिष्ठताम्। पिंडमुद्धरण। अनेन पिंड दानेन प्रेतस्य सद्गतिः स्वर्गलोक प्राप्तिः। अब यहाँ पर दो मत है। कोकिलमत से पाँचों पिण्ड इकट्ठे होकर शव के दक्षिण कोख में डालकर साथ-साथ जला देते हैं। पर विश्वनाथ के मत में पहले के तीन पिंड जल में डाल दिये जाते हैं और 2 पिंड शव के हाथ में रखते हैं।

(त्रयः पिण्डाः जले प्रक्षेप) अन्ये द्वेचिता स्थान पिंडता मध्ये प्रक्षेपः अथवा शव हस्ते पिंड धारणम्। (विश्वनाथः) या फिर 5 पिंड उस शव के कोख में रखकर साथ जलाते हैं।

शवदाह विधि

शवदाह—शव की अर्थी बनाने के बाद दो पिण्ड देकर, शव पर खांपण (वस्त्र) डालकर उसे बांध दिया जाता है। शव के नेत्र आकाश की तरफ रहें, पग के तलुवे सीधे रहें— इस तरह शव को लिटायें। सीढ़ी उठाते वक्त प्रथम मस्तक आगे और पांव पीछे रहे। क्रियाधिकारी व उत्तराधिकारी शव के कंधे लगावें। शव को उठाने के पूर्व उसे नमस्कार करें। (कुछ लोग दूसरा पिंड दरवाजे के पास दिलाते हैं)।

एक हांडी या चरवी में या बरतन में अग्नि धुकती हुई साथ में लें। फिर "राम नाम सत्य" अथवा शिव विष्णु के नाम लेते हुए शव की यात्रा निकाले।

अग्नि वहां ही तैयार कर लेना चाहिये। किसी के घर से नहीं मांगना चाहिये। उस अग्नि को कोई अन्य स्पर्श भी न करे। इसका ध्यान रखना चाहिये।

पुत्र पिता को ॐ कार उच्चारण के साथ खंध (स्कंध) देवे। रास्ते में "यम सूक्त" का पाठ करना चाहिए। कोई भी व्यक्ति जूता पहने हुए व बिना स्नान किये हुए शव को स्पर्श न करें।

(ब्राह्मण को गांव के पश्चिम द्वार से, क्षत्रिय को उत्तर द्वार से, वैश्य को पूर्व,

शूद्र को दक्षिण द्वार से श्मशान की तरफ ले जाना। फिर नदी या पवित्र स्थल पर चिता संस्कार करना। चिता स्थान पर शव का सिर दक्षिण की तरफ करके चिता पर सुलाना और वस्त्र आदि हटा लेना। नर्मस्थान पर घास डाल देनी चाहिये और लंगोट आदि हटा लेना चहिए।

शव का दाह-संस्कार करते वक्त उस भूमि को शुद्ध कर नमस्कार कर ध्यान करना।"

अयोध्या मथुरा माया, काशी कांची अवन्तिका।
पुरी द्वारावती चैति, सप्तैता मोक्षदायकाः॥

शव की दृष्टि आकाश की ओर अथवा उत्तर की ओर करें। फिर आँखों में घृत व मधु डाले। आँख में मोती, मुख में सोना, नाभि में चांदी का चौकड़िया, हृदय पर मूंगा रक्खे। स्त्री को काँचली 1 नालेर 1 मुख में मूंग की खिचड़ी घृत से भरकर घृत से स्नान कराकर मुख में सुवर्ण सहित डालें। (पहले घर पर ही स्नान कराते वक्त ये चीजें डाल दी हों तो चिता पर डालने की आवश्यकता नहीं है)।

फिर सिर के नीचे रत्नमात्र स्थन्दिल करे। (अंगुष्ठ से तर्जनी का नाम=एक रत्नि)

स्थडिलं कृत्वा, प्रादिश मात्रं। क्रव्यादग्निमुपसमाधाय।
आस्मात्वमधिजातोसि, त्वदयं जायतां पुनः।
असौ स्वर्गाय लोकाय स्वाहा ज्वलतु पावकः॥

घी की आहुति देकर अग्नि प्रज्वलित करें। क्राव्यादाय नमः अग्नि पूजन कर नमस्कार करें।

त्वं भूतभृज्जगद्योनिस्त्वं भूतपरिपालकः।
मृतः सांसारिकस्तस्मादेन त्वं स्वर्गतिं नय॥

फिर "लोमभ्यः स्वाहात्वचे स्वाहा०" मंत्रों से चिता जलावें। शव के पांच तरफ अग्नि लगावें। घी से भरा हुआ सिणिया लेकर परिक्रमा देता हुआ जोर से कहे कि आग आ रही है आप स्वर्ग चले जावें।"

चिता में चन्दन काष्ठ, पीपल या उत्तम काष्ठ रखने से प्राणी की वासना नष्ट हो जाती है।

(1) सिर के नीचे (2) पांवों की तरफ (3) दक्षिण की तरफ (4) वाम तरफ (5) मध्य में। यह पंचाग्नि हैं।

कृत्वा तु दुष्कृतं कर्म जानतावाप्यजानता।
मृत्युकालवशं प्राप्य नरं पञ्चत्वमागतम्॥
धर्माधर्मसमायुक्तं लोभमोहसमावृतम्।
दहेयं सर्व गात्राणि, दिव्यान्लोकान् स गच्छतु॥

इस समय बन्धुगण रुदन करें—

"चितायां गोढरोदनं कर्तव्यम्" (धर्मशास्त्र)

पुरोत्पीड़े तड़ागस्य, प्रतिवाह प्रतिक्रिया

अत्यन्त क्षुब्धं हृदयं, प्रलापैरवधर्यते॥ (नीति शास्त्र)

शव का मस्तिष्क अर्धदग्ध हो जावे तब बाँस की लकड़ी द्वारा या कंकर फेंककर शव के मस्तक को फोड़े (इसे कपाल-क्रिया कहते हैं) फिर उस पर घी डालें। **ॐ भूर्भुवः स्वः स्वाहा!** फिर चिता पूर्ण जल जाने के बाद चिता की परिक्रमा कर नमस्कार करें। नहाने के स्थान पर जाकर नहाकर घर की तरफ जावें।

प्रथम स्त्री वर्ग को जल भेजे ताकि वे प्रथम स्नान करके घर जावें। पश्चात् पुरुष वर्ग स्नान करें। नीम के पत्ते खावें।

निंब पत्रं भक्षयेत् आद्यायाचिकान्नं भक्षयेत्

गोत्री व कुटुम्बीजन तीर्थस्नान करके दर्भ सहित जल की अंजलि देवें। नाम गोत्रोच्चार करके जोर से उच्चारण कर स्नान करें। **दर्भजलैः पावयेत्।**

पीछे घर पर जाकर अन्य लोग बाहर बैठते हैं और क्रियाकर्ता बाहर बैठकर रोता है। फिर क्रियाकर्ता हाथ जोड़कर सबको कहता है कि घर पधारें। तब सब लोग शिव मन्दिर का दर्शन कर घर चले जाते हैं। फिर घर में रस राँधते हैं, मूंग में नमक और हल्दी नहीं डालते हैं **अक्षार लवणं भुंजेत्।** बिना नमक का भोजन कुटुम्बी करते हैं। डाब लेकर एक-एक पिडंली सब कुटम्बी देते हैं **अमुक गोत्राय प्रेताय इंद मौग्दली अंजली ते मयादत्तं तवो पतिष्ठताम्।** फिर शाम को घर के बाहर द्वार के आलों पर दोना या कुलड़ा भरकर दूध और जल रख देते हैं। एक कुलड़े में दूध और जल रखकर संकल्प करें। अप्सव्य करके रक्खें।

श्मशानानलदग्धोसि परित्यक्तोसि बान्धवैः।

इदं नीरमिदं क्षीरमत्र स्नाहि इदं पिब॥

फिर कम-से-कम तीन दिन ब्रह्मचर्य रखें, भूमि पर सोवें। रात को तापड़ बिछावें। लोग आवें, हरि स्मरण करें और फिर दस दिन तक क्रियाकर्ता एक समय अबोट भोजन करे। नित्य पिंडली देवे।

घृत आहुति के मंत्र—

लोमभ्यः स्वाहा 2। त्वचे स्वाहा2। लोहिताय स्वाहा2। मेदोभ्यः स्वाहा 2। मांसेभ्यः स्वाहा 2। स्नायुभ्यः स्वाहा 2। अस्थिभ्यः स्वाहा 2। मज्जाभ्यः स्वाहा 2। रेतसे स्वाहा 2। पायसे स्वाहा। आयासाय स्वाहा। प्रायासाय स्वाहा। संयासाय स्वाहा। वियासाय स्वाहा। उद्यासाय स्वाहा। शुचे स्वाहा। शोचते स्वाहा। शोचमानाय स्वाहा। शोकाय स्वाहा। तपसे स्वाहा। तप्यते स्वाहा। तप्यमानाय स्वाहा। तप्ताय

स्वाहा। धर्माय स्वाहा। निष्कृत्यै स्वाहा। प्रायश्चित्त्यै स्वाहा। भेषजाय स्वाहा। यमाय स्वाहा। अन्तकाय स्वाहा। मृत्यवे स्वाहा। ब्रह्मणे स्वाहा। ब्रह्महत्यायै स्वाहा। विश्वेभ्यो देवेभ्यः स्वाहा। द्यावा पृथिवीभ्याँ ሆ स्वाहा॥

—यम सूक्त—

ॐ तदेव॥ तदेवाग्निस्तदादित्या स्तद्वायुस्तदु चन्द्रमाः॥
तदेव शुक्रन्तद् ब्रह्मताऽआपः सम्प्रजापतिः॥1॥

सर्वे निमेषाज ज्ञिरे विद्युतः पुरुषादधि॥
नैन मूर्ध्वंन्नतिर्य्यञ्चन्न मध्ये परिजग्रभत्॥2॥

नतस्य प्प्रतिमाऽअस्तियस्यनाममहद्दचशः॥
हिरण्यगर्भऽइत्येषमामा हिं ሆसीदित्येषायस्मान्नज़ातऽइत्येषः॥3॥

एषोह॥ देवः प्प्रदिशोनुसर्व्वाः पूर्वोहजातःसऽउगर्भ्भेऽअन्तः। सऽएव
जातः सजनिष्यमाणः प्रत्यङ्, जनास्तिष्ठतिसर्व्वतोमुखः॥4॥

यस्माज्जात॥ न्नपुराकिञ्चनवयऽआबभूव भुवनानिव्विश्वा॥
प्रजापतिः प्प्रजयासँ ሆ रराणस्त्रीणिज्ज्योती ሆ षिसचतेस षोडशीः॥5॥

येनद्द्यौ॥ रुग्ग्रापृथवीचद्दढ़ायेनस्वस्तभित य्येननाकः॥
योऽअन्तरिक्षेरजसोव्विमानः कस्मैदेवायहविषाविधेम॥6॥

यङ्कन्दसी॥ ऽअवसातस्त्तभानेऽअभ्यैक्षेताम्मनसारेजमाने॥
यत्राधिसूरऽउदितोविभातिकस्मैदेवायहविषाव्विधेम॥
आपोहयद्बृहतीर्य्यश्चिच्चदापः॥7॥

व्वेनस्तत्यश्यन्निहितङ् गुहासद्द्यत्रव्विश्वंम्भवत्येकनीडम्॥
तस्मिन्निदँ ሆ सच्चव्विचैतिसर्व, ሆ सं ओ तः प्रोतश्चव्विभूःप्रजासु॥8॥

प्रतद्वोचेदमृतन्नुविद्वान्गन्धर्वोधा मव्विभृतङ् गुहासत्॥
त्रीणिपदानिनिहितागुहास्ययस्तानिव्वेदसपितुः पितऽसत्॥9॥

सनोबन्धुर्जनितासविधाताधामानिवेदभुवनानिविश्वा॥
यत्रदेवाऽअमृतमानशानास्तृतीयेधाम न्नद्ध्यैरयन्त॥10॥

परीत्यभूतानि॥ परीत्यलोकान्नपरीत्यसर्वाः प्रदिशोदिश-
-श्च उपस्थायप्रथमजामृतस्यात्मानात्मानमभिसंव्विवेश॥11॥

परिद्यावापृथिवी॥ सद्यऽइत्वापरिलोकान्परिदिशः परिस्वः॥
ऋतस्यतन्तुंव्विततंविचृत्त्यतदपश्यत्तदभवत्तदासीत्॥12॥

सदसस्पति ॥ मद्भुतम्प्रियमिन्द्रस्यकाम्यम् ॥
सनिम्मेधामयासिषँ ७ स्वाहा ॥13 ॥
या म्मेधान्देवगणाः प्रितरश्च्चोपासते ॥
तयामामद्यमेधयाऽग्नेमेधाविनङ् कुरुस्वाहा ॥14 ॥
मेधाम्मे ॥ वरुणोददातुमेधामग्निः प्रजापतिः ॥
मेधामिन्द्रश्चवायुश्चमेधान्धाताददातुमे स्वाहा ॥15 ॥
इदम्मे । ब्रह्मचक्षत्रच्चोभेश्श्रियमश्नुताम् ॥
मयिदेवादधतुश्श्रियमुत्तमान्तस्यै तेस्वाहा ॥16 ॥

(यजु अ 32 /मं० /से 16)

"यस्यानयति शूद्रोऽग्नि, तृण काष्ठ हवींषिच ।
प्रेतत्त्वं च सदा तस्य, शूद्रः पापेन लिप्यते" **(धर्म सिन्धु)**
नीत्वा स्कंधेस्वपृष्ठेंऽ के, सदा तातेन लालितः
तदेव तदृणान्मुच्येन्मृतं स्व पितरं वहेत् ॥ **(ग. पु.)**

धर्म सिन्धु के मत से शव का स्पर्श व अग्नि दूसरे शूद्रादि द्वारा लाना वर्जित है। पिता को खांध देकर ही पुत्र पिता के ऋण से मुक्त होता है।

॥ इति दाह कर्म विधि ॥

दश गात्र श्राद्ध

नमिया के दिन ही करते हैं। इसे अवयव श्राद्ध भी कहते हैं।

संकल्प— अत्राद्य. मासे. पक्षे. वासरे अमुक गोत्रस्य अमुक प्रेतस्य प्रथमेऽहनि शिरो निष्पत्त्यर्थं अवयव श्राद्धमहं करिष्ये। अमुक गोत्रस्य अमुक प्रेतस्य प्रथमे ऽहनि शिरो निष्पत्त्यर्थ पिंड प्रदान महं करिष्ये (संकल्प करे) **अमुक गोत्रस्य अमुक प्रेतस्य प्रथमेऽहनि शिरो निष्पत्यर्थं पिंड स्थाने अवनेजन मद्दत्तं तवो पतिष्ठताम्!** (पिंड के स्थान पर जल छोड़े)

अमुक गोत्रस्य अमुक प्रेतस्य प्रथमे ऽहनि शिरो निष्पत्यर्थ एष पिंडो मद्दतं तवोपतिष्ठताम्। (पिंड रक्खे) अमुक गोत्रस्य. प्रेतपिंडोपरि प्रत्यवनेजनं मद्दतं. (जल छोड़े) अमुक गोत्र. उर्णसूत्रं मद्दत्तं. (ऊॅन का तांता चढावे) अमुक गो. उशीरचंदनं मद्दत्तँ. (चंदन पुष्प चढावे)। अमुक गोत्र. भृंगराज पुष्पं मद्दत्तं. (पुष्प) अमुकगोत्रस्य रालधूपो मद्दतं. (राल का धूप) अमूक गोत्र. एष दीपोमद्दत्तं (दीपक) अमुक गोत्रस्य. द्राक्षनैवेद्यं मद्दत्तं (दाख का नैवेद्य) अमुक गोत्र. फलदक्षिणे मद्दत्तं (सोपारी व दक्षिणा) करिष्यमाण ब्राह्मणैक भोजनं यथाकाले अमुक गोत्राय अमुक प्रेताय क्षुधोपशमनार्थ मद्दत्तं तवोपतिष्ठताम् (हाथ जोड़कर जल छोड़े) अमुक गोत्र अमुक प्रेतस्य दाहजनित तृषोपशमनार्थं पिंडस्योपरि एष दुग्ध तिल तोयांजलिमद्दत्तां तवोपतिष्ठताम्। (पिंड पर दूध तिल मिश्रित जल की धारा दे।) फिर विष्णु से प्रार्थना करे।

अनादि निधनो देवः, शंख चक्र गदाधरः।
अक्षय्यः पुण्डरीकाक्षः, प्रेत मोक्ष प्रदोभव॥
नारायणः सुरश्रेष्ठो, लक्ष्मीकांतो वरप्रदः॥
अनेन तर्पणेनाथ, प्रेत मोक्ष प्रदोभव।
हिरण्य गर्भः पुरुषो व्यक्ताव्यक्त स्वरूपिणः।
अस्य प्रेतस्य मोक्षार्थं, सुप्रीतो भव सर्वदा॥

पीछे रांधी हुई खिचड़ी एक तरफ सेका हुआ बटिया में से गौ-ग्रास, श्वान-ग्रास वायस ग्रास की बलि निकाल कर शेष के दो भाग करके एक भाग गड्ढा खोदकर उसमें तेल छाँटकर प्रेत के उद्देश्य से उसमें कुछ अन्नादि डाले। पिंड गाड़ दे। शेष अन्न व खिचड़ी गरीब भिखारी आदि को बांट दे।

अमुक गोत्रस्य अमुक प्रेत तैलेनाभ्यंक्ष्व। कल्केनोद्वर्तय। उष्णोदकेन स्नाहि शीतोदकेन स्नाहि।" श्राद्ध परिपूर्णता का जल छोड़े। अद्य प्रथम दिवस निमित्तं अवयव श्राद्ध ब्राह्मणानां वचनात् श्री विष्णो प्रसादात् परिपूर्णमस्तु॥

पीछे पिंड निकालकर जल में विसर्जित करे या फिर वहीं भूमि में गाड़ दे। स्नान करे। विष्णु स्मरण करे। इस तरह श्रद्धा हो तो दस दिन तक क्रिया करे। इसी तरह-प्रथम दिन के स्नान पर द्वितीय आदि बोले— द्वितीयेऽहनि कर्णाक्षि मुख नासिका निष्पत्यर्थं। तृतीयेऽहनि ग्रीवा भुज वक्षो निष्पत्यर्थं।

चतुर्थेऽनि उदर नाभि लिंग गुदा कटि पृष्ठ निष्पत्यर्थं। पचमेऽहनि उरु जानु जंघा पादावयव निष्पत्यर्थं। षष्ठेऽहनि दंत रोम नख त्वग् वीर्य निष्पत्यर्थं। सप्तमेऽहनि रुधिर मांसास्थि मज्जा शिरावयव निष्पत्यर्थं। अष्टमेऽहनि सर्व मर्मावयव पादांगुलि निष्पत्यर्थं। नवमेऽहनि सर्वांग सम्पूर्णावयव निष्पत्यर्थं। दशमेंऽहनि क्षुत्पिपासा वयव निष्पत्यर्थं। (सकल्पों में अहनि के स्थान पर उपर्युक्त संकल्प जोड़कर प्रथम दिवस की तरह दस दिन श्राद्ध करे वह दशगात्र श्राद्ध कहलाता है।)

॥ इति दश गात्र श्राद्ध ॥

अस्थि-संचय संस्कार

(अथ तीया री विधिः)

दाह संस्कार कर्म होने के तीसरे दिन यदि वार हो तो चोथे दिन अस्थि संचय कर्म करे।

अस्थि संचय की सामग्री—

(1) दूध गाय का, (2) कोरा कुलड़ा, (3) जव का आटा, (4) गेहूँ का आटा, (5) तिल, जव, (6) राल, (7) घीरत, (8) शक्कर, (9) दिवटिया 2 (10) नेत्रबालो, (11) ऊन रा चुका, (12) सोपारियो, (13) पईसा2 (14) दर्भ, (15) तुलसीपत्र, (16) गंगाजल, (17) सोनारो तुष, (18) चांदी रो तुस, (19) भोज पत्र, (20) ऊन री कोथली या वस्त्र, (21) मृग छाला रो टुकड़ो, (22) ऊन या रेशम रा डोरा (23) मेट (मुलतानी मिटी), (24) घांणे, (25) (कांब दो एक आकडारी ने दूजी खेजड़ी री), (26) चंदन मूठो ने ओरसियो, (27) पुष्प ने सर्वोषधी, (28) दाखों, (29) पावड़ो या कोदाली, (30) छारणी, (31) दोना (32) तेल

अस्थि संचय कर्म कृत्वा, अपसव्य आलोचिता आज्ययेत्। जल दुग्ध सिंचयेत्। अंगुष्ठ अनामिकाभ्यां अस्थिमाहरेत्। गंगोदक दुग्ध प्रक्षाल्य चंदन तुलसी पत्र अर्चिता चितां पूर्व भागे चतुष्कोणं दक्षिणे घृतं (अपसव्यं) फिर दर्भ के विष्णु के चट बनावे। वहां महाविष्णु का पूजन करे।

संकल्पः— अत्राद्य. मासे. पक्षे. तिथौ. वासरे अमुक गोत्रस्य अ. प्रे. स्त्री हो तो प्रेताया अस्थि संचय निमित्तं विष्णु पूजनं करिष्ये।

इदं विष्णु र्विचक्रमे त्रेधा निदधे पदम्।
समूढ मस्य पँसुरे स्वाहा॥

महा विष्णु का पूजन कर दक्षिण मुख रोटला 1 एकतरफ सेके। खिचड़ी पकावे। अपसव्य कर घी के अन्दर अस्थियों की किरचियाँ रक्खे।

अग्निष्वाता. दिग्बंधन. सव्य। इहाद्य तिथौ अप्सव्यं अमुक गोत्र. प्रेतार्थं सव्यं, सद्गति स्वर्गलोकप्राप्त्यर्थं अस्थिसंचय निमित्तं घृत पिंडोदक श्राद्धमहं करिष्ये। अयोध्यादि रेखा। दर्भमास्तीर्य। जव के आटे का पिंड बनावे। अमुक गोत्र. अं. प्रेत अस्थि संचय निमित्तं अवनेजन पिंड इदं ते। गोत्र. प्रे. ऊर्णा सूत्राच्छादनं अ. गो. प्रे., धूपं, दीपं, नैवेद्यं पुंगीफलं, मुद्रार्पणं। यदंगममि संपद्यते तदंगमभिसंपद्यतां यास्त देहावयव प्राप्तिः। पिंडगाड़े अस्थि नौ स्थान की इकट्ठी करना। (शिर 1, छाती 2, हाथ 2, पसलियाँ 2, पांव 2)

प्रथम चिता जलती हो तो दूध जल मिश्रित करके उसे छांटे। पीछे बड़ या पलाश के पत्ते लेकर चिता भस्म से ढके हुए अस्थि भागों को दाएं हाथ के अंगूठे और कनिष्ठिका से बीने। उन सब को एक दोने में इकट्ठा करे। छारणी से राख छान ले। हड्डियों को दूध से धो दे। राख को इकट्ठा कर लें। श्मशान भेलु करे। चिता स्थान पर शेष मिट्टी का ढिगला बनाकर उसपर मिट्टी का कुलड़ा बगैर ढक्कन लगाये, जल से भरकर रख दे। ऊपर एक दिबटिया रख दे। उस पर धीरत खांड डालकर लड्डू बनाकर रख देवे। अस्थियों को घी में डाले।

इहाद्य. तिथौ इदं कर्कोदकदुग्धपूरित सूत्रवेष्ठितं मोदक सहितं प्रजापतिर्देवतां गंध पुष्पाद्यर्चितं अमुक गोत्र. अ. प्रे. क्षुधा तृषा दोष परिहारार्थ श्मशानवासिनः देवताभ्यः इदं ते। सव्य इहाद्य. अपसव्यं अ. गो. प्रे. अस्थि संचय घृत पिंडोदक श्राद्ध कृतस्य विधेर्यन्यूनातिरिक्तं तत्सर्व श्री विष्णोप्रसादात् परिपूर्णमस्तु अमुक गो. प्रे. स्वर्ग प्राप्तिर्भवतु। अग्रेदशक्रिया योग्यता प्राप्तिः॥

स्थापयेतत्र सजल मनाच्छाद्य मुखं घटं॥ **ग. पु.**

दसमो सारे तो 1 पिंड नित्य दशगात्र विधि से करे। नहीं तो नमिया के दिन 10 पिंड एक साथ करे।

एक गड्ढा ज़मीन में करके उस पर छारणी धरके अस्थियाँ डालकर गंगाजल से धो डाले। फिर उसे दूध से भी धो दे। फिर वह गड्ढा मिट्टी से भर दे। फिर बीनी हुई अस्थियों को घी से प्रोक्षण करके उन्हें भोजपत्र में रक्खे या उसमें भोजपत्र डाले।

उन अस्थियों को रेशम के वस्त्र से लपेटे और फिर ऊन के वस्त्र से लपेटे। फिर मृगचर्म से लपेटे या उस पर मृगचर्म बांधे। फिर ऊन या रेशम के डोरे से बांधे। गोला बनावे। उसे रेशम की कोथली में डालकर मेट लपेट कर गोला बनावे। अस्थि के भीतर सुवर्ण, चांदी व पैसे डाले। सुगन्धित द्रव्य डाले। फिर स्नान करके गंगाजल रेणुका बिखेरकर तब वहाँ श्राद्ध करे।

पश्चात् स्नान करके अस्थि का गोला थाली में रखकर घर की [illegible] वापस उलटकर न देखे। अगर श्रद्धा हो तो उसी दिन एक आदमी अ[illegible]कर गंगाजी जावें। नहीं तो घर में सुरक्षित स्थान पर पोल या दरवाजे के भीतर एक खड्डा खोदकर उसमें पीपल का पत्ता धरके गंगाजल दूध आदि से प्रेक्षण करके रेणुका बिखेरकर उस अस्थि के गोले को रख दे और गड्ढा पूरकर गोबर से लेपन कर दे। वापस उखेलकर न देखे।

यक्षकर्दम—सुगंधित द्रव्य—

कंकुमागरु कस्तूरी कर्पूरं चंदन तथा।
महा सुगन्धि रित्युक्तं नाम तो यक्षकर्दमः॥ (धन्वतरिः)
अंतर्दशाहं यस्यास्थि गंगातोये निमज्जति।
न तस्य पुनरावृत्ति ब्रंहन लोका त्कदाचन॥ (ग. प्र.)

अस्थि संचय कर्म करके चतुर्थ दिवस श्राद्ध करें।

उठमणो (रस्म पगड़ी)

पीछे घर आकर उठमणा करे। रवि और मंगलवार को उठमणा नहीं होता। आंगन में चौका देकर घृत दीपक करे। कुंआरी कन्या खडी रहे। मस्तक पर छारणी में दूर्वा सोपारी तोड़कर रक्खे। सभी कुटुम्ब के लोग आवें। शिला पर मूंग लोडे से बांटे। सीधा सामान (भोजन सामग्री) विष्णु मंदिर के संत को देवे या यजमान का स्वयं लेकर विष्णु मंदिर पहुँचावे। वापस आकर छावडी में से दूर्वा लेकर भेंट करे। दूर्वा को बाहर आकर पीपल व जल में प्रवेश करे या देवस्थान में ले जाकर चढ़ा देवे। देवदर्शन कर सभी अपने-अपने घर जावें। इस तरह यह उठमणा करने से दाह संस्कार करने का दोष मिट जाता है।

॥ इति अस्थि संचय॥

अथ नमिया की विधि

तिल, यव, दूध, दही, तुलसीपत्र, शंख, घण्टा, चंदन का मूठा, ओरसिया, कटोरी, पंचपात्र आदि सामग्री, काचोसूत, तांबे की बड़ी परात, जनेऊ जोड़ा 2 आटा जव का, आटा गेहूँ का 1 किलो, घृत 250 ग्राम, खांड, चावल दाल की खींचड़ी 250 ग्राम, अंगोछा, धूप, बत्तीसा, धूप, आसापुरी, अगरबत्ती, सुपारियां 5, माटी का कुलड़ा 1, दिवोटिये 2, शहद, गंगाजल, ऊन के चुके, रूई आगपेटी आरणिया, छाणा, थाली बटका, दर्भ, कबूतरों को डालने के लिए धान, आंवला और तिल इकट्ठे कर लोटे में ले ले।

तीर्थ स्थल पर जाकर, या तालाब के किनारे, तथा कुयें के पास जाकर जमीन साफ कर,गोबर और जल से उसे पवित्र करे। फिर स्नान कर घी का दीपक जलावे। पूर्व में विष्णु का दर्भ का चट सिर 2 का करे। पूर्व में भगवान की चौकी, दक्षिण में खण्ड्डे, 10 ऊपर कंकर 10. बटिया गेहूँ का आटा का 10 करे, खिचड़ी पकावे। हाथ धोकर चंदन घिसे, पूर्व मुख बैठकर विष्णु पूजन करे।

आचमनं. इहाद्यतिथौ. (अपसव्यं) अमुक गोत्रस्य प्रेतस्य प्रेतत्व निवर्त्यर्थ असद्गति विनाशनार्थं (सव्यं) सद्गति प्राप्त्यर्थं प्रथमादि नवम दिवस निमित्तं आकर्षण आगामी दशम दिवस पर्यन्तानां अवनेजनादि घृत पिंडोदक श्राद्ध प्रारम्भ निमित्तं पापघ्न तीर्थे विष्णो न्यास पूर्वकं षोडशोपचारी पूजन महं करिष्ये।

नं.	**मंत्र**	**न्यास**	**सामग्री**	**भेंट करते वक्त**
1	ॐ सहस्रशीर्षा.	बायां हाथ	पुष्प	ध्यानं समर्पयामि
2	पुरुषएवेद.	दायाँ हाथ	दर्भ	आसनं समर्पयामि
3	एतावानस्य.	बायां पांव	जल	पाद्यं समर्पयामि
4	त्रिपादूर्ध्वं.	दायां पांव	अर्घ्य गंध	अर्घ्यं समर्पयामि
5	ततोविराड.	बायां जानु	जल	आचमनीयं समर्पयामि
6	तस्माद्यज्ञा.	दायां जानु	स्नान	स्नानं समर्पयामि
7	तस्माद्यज्ञत्सर्व.	बायीं कटि	मोली	वस्त्रं,उपवस्त्रं समर्पयामि
8	तस्मादश्वा.	दायीं कटि	यज्ञोपवीत	यज्ञोपवीतं समर्पयामि
9	तंयज्ञं.	नाभि	चंदन	तुलसी पत्रं समर्पयामि
10	यत्पुरुष.	हृदय	पुष्प	पुष्पाणि. समर्पयामि
11	ब्राह्मणोस्य.	वामस्कंध	धूप	धूपं समर्पयामि
12	चन्द्रमामनसो.	दक्षिणस्कंध	दीपक	दीपं समर्पयामि
13	नाभ्या आसी.	कंठ	नैवेद्य	नैवेद्यं समर्पयामि

14	यत्पुरुषेण.	मुख	फल	फल ताम्बूलं समर्पयामि
15	सप्तास्या.	दोनों नेत्र	प्रदक्षिणा	प्रदक्षिणा समर्पयामि
16	यज्ञेन यज्ञ.	मस्तक	नमस्कार	मंत्रपुष्पांजलि समर्पयामि

स्नानों में विविध स्नान, दूध, दही, घी, शहद, शक्कर, पंचामृत, गंगोदक, सुगंधित जल, आदि के कराये जाते हैं। इसी तरह चंदन गंध अनुलेपन के वक्त अबीर, गुलाल, सौभाग्य परिमल द्रव्य आदि चढ़ाये जाते हैं। फल, पुंगीफल, ताम्बूल, एलालवंग, दक्षिणा, भी अलग-अलग 2 मंत्रों से चढ़ाई जा सकती है। परन्तु षोडषोपचार उपर्युक्त ही है।

ॐ वरुणस्योत्तम्भनमसि वरुणस्य स्कम्भसर्जनीस्थो वरुणस्य ऋतसदन्यसि। वरुणस्य ऋतसदनमसि वरुणस्य ऋतसदन मासीद॥ (वरुण स्नान मंत्र)

ॐ पयः पृथिव्यां पय ओषधीषु पयो दिव्यन्तरिक्षे पयो धाः। पयस्वतीः प्रदिशः सन्तु मह्यम्॥ (दूध का स्नान)

ॐ दधि क्राव्णो अकारिषं जिष्णोरश्वस्य वाजिनः। सुरभिनो मुखा करत्प्रण आयू ँ षि तारितषत्॥ (दधि स्नान)

ॐ घृतं मिमिक्षे घृतमस्य योनिर्घृते श्रितो धृतम्वस्य धाम। अनुष्वधमावह मादयस्व स्वाहाकृतं वृषभवक्षि हव्यम्॥ (घृत)

ॐ मधुव्वाता ऋतायते मधुक्षरन्ति सिन्धवः।

माध्वीर्नः सन्त्वोषधी। मधु नक्त मुतोषसो मधुमत्पार्थिवं ँ रजः। मधुद्यौरस्तुनः पिता। मधुमान्नो वनस्पति र्मधुर्मा अस्तु सूर्यः। माध्वीर्गावो भवनतु नः। (मधु)

ॐ अपां ँ रस मुद्वयसं ँ सूर्ये सन्त ँ समाहितं। अपां ँ रसस्य यो रसस्तं बो गृह्णाम्युत्तमुपयामगृहीतो ऽसीन्द्राय त्वा जुष्टं गृह्णाम्येष ते योनिरिंद्राय त्वा जुष्टतमम् (शक्कर)

ॐ पंच नद्यः सरस्वतीमपियन्ति सस्रोतसः। सरस्वती तु पञ्चधा सो देशेभवत्सरित्॥ (पंचामृत)

पूजन परिपूर्णम्। यजमान दक्षिण मुख बैठे। आचमनं। इहाद्यतिथौ. (अपसव्य) गोत्रस्य. प्रेतस्य (स्त्री हो तो प्रेताया) प्रेतत्व निवृत्यर्थं यथा शास्त्रविहित विभाग देहाऽवयव प्राद्यर्थ प्रथमादि नवम दिन निमित्तं आगामी आकषर्ण, दशमदिनस्य घृतपिंडोदक दान (यजमानो) करिष्ये।

दर्भ तिरभांणा में फेर करे 4 टुकड़े चारों तरफ फेंके। तिरभांण (तांबे की परात) में दूध, जल, यव, तिल आदि डाल दें।

अग्निष्वाता पितृगणाः प्राची रक्षंतु में दिशं।
पथा बर्हिषदः पांतु, याम्यां ये पितरस्तथा।
प्रतीचीमाज्यपास्तद्वदुदीचीमपि सोमपाः॥
ऊर्ध्वंतस्त्वर्यमारक्षेत्कव्यवाडनलोप्यधः।

रक्षोभूत पिशाचेभ्य स्तथैवा सुर दोषतः।
सर्वत श्चाधिप स्तेषां यमो रक्षां करोतु में।

निहन्मि सर्व यदमेध्यवद्भवेत् हताश्च सर्वे सुरदानवा मया यक्षांश्च रक्षांसि पिशाच गुह्यका, हताः मया यातुधानाश्च सर्वे॥ (सव्यं) उदकोपस्पर्शनं। कानों के जल लगावें। ध्यान करें।

श्राद्ध भूमौ गयांध्यात्वा, ध्यात्वा देवं गदाधरं।
ताभ्यां चैव नमस्कारं, ततः श्राद्धं प्रवर्तयेत्॥
सप्तव्याधा दशारण्ये, मृगाः कालंजरे गिरौ।
चक्रवाकाः सुरद्वीपे, हंसाः सरिस मानसे॥
तेऽपि जाताः कुरुक्षेत्रे, ब्राह्मणां वेदपारगाः।
प्रस्थिता दीर्घमध्वानं, यूयं तेभ्योऽवसीदथ॥

उपर्युक्त (श्राद्ध प्रार्थना) करके थाली में जौ का आटा लेकर तिल, जौ, दूध, दही, घृत, शहद, शक्कर, गंगाजल डालकर दस पिंड करे। फिर दस खड्डों के आगे तिरभाणा का जल छांटे। उस खड्डों के आगे 10 लकीरें खीचे। उसपर दर्भ की 10 शलाकाएँ रखे। अवनेजन जल प्रत्येक शलाका पर डालकर 10 पिंड क्रमशः रखें आयोध्यादि रेखा करें। तिल यवान् विकीर्य। तुलसीपत्र च रेणुकाः। फिर दशगात्र श्राद्ध में प्रदर्शित ढंग से श्राद्धकर्म करें। फिर ऊन का सूत, चंदन, तुलसी चढावें, राल का धूप करें। खांड का नैवेद्य रखें फिर तिल जव दर्भ डालकर शंख में द्रव्य डालकर पिंडों पर अंजलियाँ दें। प्रथम पिंड पर 1 दूसरे पर, 3 तीसरे पर 5 इसी क्रम से दो-दो अंजलि ज्यादा दें। सबसे अंतिम पर 19 अंजलि होगी। एकाच मंत्र से अंजलि दें।

एकाचमे तिस्रश्चमे तिस्रश्चमे पंचचमे पंचचमे सप्तचमे सप्तचमे नवचमे नवचमे ऽकादशचमे ऽकादशचमे त्रयोदशचमे त्रयोदशचमे पंचमदशचमे पचंमदशचमे सप्तदशचमें सप्तदशचमे नवदशचमे नवदशचमे ऽएकविँ् शतिशचमे ऽएकविँ् शतिश्चमे त्रयोविँ् शतिश्चमे त्रयोविँ् शतिश्चमे पञ्चबिँ् शतिश्चमे सप्तविँ् शतिश्चमे सप्तविँ् शतिश्चमं नवविँ् शतिश्चमे नवविँ् शतिश्चमे ऽएकत्रिँ् शच्चमे त्रयस्रिँ् शच्चमें त्रयस्त्रिँ् श ँ् शच्चमें यज्ञेन कल्पन्ताम्॥

फिर अनादि निधनोदेव. से अंजलि देवे फिर पिंडों को पूजकर खड्डों में पूज देवे। उन पर 10 पीपल के पान रखें। उस पर एक-एक बटिया और खिचड़ी रखें। कुलड़ा में पानी और दूध डालकर रखें। काचे सूत से वेष्ठित कर ऊपर दिवटिया रखे। तिल जौ नीचे रखकर एक कुलड़ा नवमें खड्डे में रखे।

इहाद्य तिथौ. इदं कर्क दुग्धोदक पुरीतं क्षप्रचटीका सहितं गंध पुष्पाद्यर्चितं शास्त्रोक्त फलावाप्त्यर्थ प्रथमादि नवम दिवस निमितं आकर्षण आगमी दशम दिवस पर्यतानां गोत्राय प्रेताय नैवेद्यं इदं ते। असद्गति विनाशः (सव्यं) सद्गति प्राप्तिः।

चूणधान पक्षियों को डाले। शंख से कुलड़े में छेद करे। गायों को घास डलावे। औरतों के लिए दर्भ और तिलकूटा आंवले सहित भिगोया हुआ भेजावे।

भद्र कर्णेतिविसर्जनं। देही शुध्यर्थ अग्रे नारायण बलि व प्रायश्चित्त श्राद्ध योग्यता प्राप्तिः॥

चौके में से बरतन मांजकर बाहर रखे। चट खोले। एक पांव चौके में, दूसरा बाहर रखकर स्नान करे। पुराना अंगोछा यज्ञोपवीत चौके में रखे। नया जनेऊ पहने। फिर सब मनुष्य तिल कूटा सिर पर लगाकर स्नान करे। औरतें पहले घर जावें। पीछे आदमी घर जावे। नमिये के दिन नमिये का चौका नहीं सराया हो तो एकादशाह के दिन पहले नमिया का चौका सारे।

जिन सम्बधियों को भद्र होना हो वे स्नान के पहले भद्र हो जावे। सूतकी केश उतरवा ले। अगर पति की मृत्यु हुई हो तो स्त्री अपने चूड़े को फोड़ावे। विधवा स्त्रियां आकर यह कर्म घर पर कर डालती हैं। जो निमिये के दिन भद्र नहीं होवे वे एकादशह के दिन तक नारायण बलि के पहले भद्र हो सकते हैं। स्त्री भी अपने पति के शोक में केश विसर्जित कर सकती है।

पत्नीं च वपनं कुर्यादिति व्यासेन भाषितम्॥

स्त्री को भी पिंडादि दान करने का अधिकार है तथा प्रथम दिन से जो श्राद्ध क्रिया कर्म करे उसे ही एकादश दिन तक काम करना चाहिए। चाहे वह सगे न भी हों।

असगोत्रो सगोत्रो वा स्त्री स्याद्यदिवा पुमान् प्रथमें ऽहनि यो दद्यात्स दशाहं समापयेत् —(याज्ञवल्क्य)

पुरुष वर्ग स्नान करके दर्भ हाथ में लेकर 3 तीन अंजलियाँ देवें।

(अपसव्यं) गोत्र. प्रेत. उदकांजलि इदं ते।

पीछे घर आकर मूंग के रस की पिंडली देवे।

(अपसव्यं) अमुक. गो. प्रे. मौद्गल पिंड इदं ते।

स्नान करके भोजन करे।

॥ इति नमिया विधि संपूर्ण॥

अथ एकादशाह सामग्री

सामग्री—कंकु, मोली, केशर, कपूर, चंदन, धूप बत्तीसा, धूप-गुग्गुल, अबीर गुलाल, धूप आसापुरी, ऊदबत्ती, पंचमेवी, कलश 2 तांबे के, कलश 2 पीतल के मिट्टी के कुलड़े 5, दीये मिट्टी के 5, लाल कपड़े सवा हाथ के 4, सफेद, कपड़े 6, अंगोछे 2, धोती 1, दुपट्टा 1, नालेर 2, सिदरूप और खोपरेल के 6, कांकणमीढ़ल

2, चावल सवा दो किलो 2, तिल 450 ग्राम, जौ 250 ग्राम, सरसों, गेहूँ, मूंग, ज्वार, उड़द, 450 ग्राम प्रत्येक, सोने की टिकड़ियाँ 4, मूर्तियाँ 5, (सोने की 1 चांदी की 1 तांबे की 1 शीशे की 1 लोहे की 1), चांदी की सीढ़ी निःसरणी, मेवा की सामग्री, सुपारियाँ 101, आटा जौ का 2 किलो, गेहूँ का 250 ग्राम, घृत 1/2 किलो, गुड़ 250 ग्राम, दर्भ, तुलसी पत्र पुष्प, दूध 1 किलो, दही टकाभर, गंगाजल, रेणुकामाटी, शहद, कॉसी का छलिया 1, कच्चासूत, जनेऊ जोड़े, 16 अर्घ्य तांबे के, 16 कटोरी पीतल की 4, शालिग्राम की मूर्ति, शंख, चक्र, घण्टा आदि, तांबे की परात, पंचपात्र आदि पूजा-सामग्री, रुई, आंगपेटी, छाणा आदि रोकड़ रुपया 1 नोट व रेजगी,। सूरजपद, टोगडा टोगड़ी के लिए पाग ओरणा आदि वस्त्र, सोने का तुष, पीपल के पान 25-30, नागर वेल के पान 5, आम के पान, आसोपाला के पान 5, बडकेपान 5, द्रोप, समिधाएं—आकड़ा पलाश खैर, आंधीझाडा (अपामार्ग) पीपल, उमरा, खेजड़ी, पंचगव्य-गौमूत्र, गोबर, घी, दूध, दही, सत्येश की सोने की मूर्ति 1, सत्यभामा की चांदी की मूर्ति 1, पीताम्बर, छाता, पगरखी, सुखशय्या आदि।

एकादशाह विधि

तीर्थ स्थल पर जाकर 5 चौके करे। जल व गोबर से जमीन पवित्र करे। बरतन मांजकर स्नान करे। प्रथम प्रायश्चित्त दान का चौका करे।

प्रायश्चित में वैष्ण व श्राद्ध

स्नानं शिखावंधनं। आचमनं। नूतन यज्ञोपवीत धारणं। पूर्वाभिमुख चट-2 शिरका करके पूर्व की तरफ रखे। एक शिर का चट करके पूर्वाभिमुख ब्राह्मण निमित्त रखे। पूर्वोक्त ढंग से विष्णुपूजन करें। फिर पूर्वाभिमुख द्वितीय चट पर वैष्णव श्राद्ध करे।

सव्येन यवं सृहित्वा। देवे क्षणः क्रियतां।
अक्रोधनैः शौचपरैः सततं ब्रह्मचारिभिः
भवितव्यं भवद्भिश्च. मया च श्राद्ध कारिणा।
सर्वायास विनिर्मुक्तैः कामक्रोध विवर्जितैः।
भवद्भिः (प्रेतकार्यश्च) पितृकार्य च संपाद्यं में प्रसीदत॥
ब्राह्मणैः प्रसन्नास्मः इति कथनीयं। ततः प्रायश्चित्त
श्राद्धांग भूत देव मंडलाद्यर्चनं करिष्ये। कुरुष्व।
विष्णुरूप ब्रह्मन् एतत्ते पाद्यं पादाववनेजनं, पाद प्रक्षालनं
पादपूजनं इदमत्र चदनंपुष्पम्। स्वपाद प्रक्षालनं, आचमनं।
प्रसादं कृत्वा। प्रायाश्चित्तांग भूतेन वैष्णव श्राद्ध कारयिध्वं

कुरु। गायत्री मंत्र स्मरण। अपसव्यं।

अग्निष्वाता. पढ़कर दर्भ चारों दिशाओं में डाले, नमस्कार करे। श्राद्ध प्रार्थना करे।

श्राद्धभूमौ. वसीदथः। इहाद्यतिथौ. प्रायश्चित्तांग भूतेन वैष्णव श्राद्धमहं करिष्ये। प्रायश्चित्तांग भूतेन वैष्णव श्राद्ध प्रारम्भ निमित्तं विष्णुरूपाय ब्राह्मणो इदमासनं हस्त प्रक्षालनं, इदमत्र चंदनं पुष्पम्। यथादत्तं गधाद्यर्चनं इमे वासांसि, यज्ञोपवीते, बहुदैवतं इदते। सूर्य पूजनं। इदमर्चितवोज्योति सूर्योज्योतिः। एततवो पुष्पम्। अस्य प्रायश्चित्तांग भूतेन वैष्णवश्राद्धस्यार्चन विधेपरिपूर्णतास्तु। आचमनं। यथा दास्यमानं यथासंपन्नं भोजनं प्रायश्चित्तांग भूतेन वैष्णव श्राद्धेन विष्णुरूपाय ब्राह्मणाय स्वाहा। प्रायश्चित्तांग भूतेन वैष्णव श्राद्ध परिपूर्णार्थ विष्णोः पूजनं यजमानो करिष्यति। विष्णु पूजन करे। **पूजनांते। विष्णु रूपाय ब्राह्मणाय इदमासनं हस्तप्रक्षालनं इदंमत्र चंदन पुष्पम्। धूपं, दीपं, नैवेद्यं च विष्णुरूपाय ब्राह्मणाय स्वाहा। वैष्णव श्राद्धं परिपूर्णम्। आचमनं। नमस्कारं। चटे सुप्रोक्षतादि करणं। सुप्रोक्षितं दीर्घमायुः शांन्तिः पुष्टिः तुष्टिः प्रेतस्य सुकृतिः। इहाद्य तिथौ. एकादशाह क्रिया योग्यता प्राप्त्यर्थ अस्मत् देह शुध्यर्थं प्रायश्चित्तदान प्रतिग्राही ब्राह्मणस्य पूजनं करिष्ये। इदमत्र कुंकुमं च अक्षताः, वरुणमह करिष्ये। दान प्रतिग्राही ब्राह्मन् एतत्ते पाद्यं, पादावनेजनं, एष ते अर्घ्यः। पाद प्रक्षालनं पादपूजन इदमत्र चंदनं पुष्पम् तिलकं कुर्यात्। व्रतेन दीक्षामाप्नोति दीक्षयाप्नोति दक्षिणाम्। दक्षिणा श्रद्धा माप्नोति श्रद्धया सत्यमाप्यते।** वरुणी करे। **त्वऋत्विज्ञी भव। वृतोस्मि।**

प्रायश्चित्त प्रार्थना करें।

आब्रह्म स्तंब पर्यतं, भवद्वश मिदं जगत्।
यक्षरक्षपिशाचादि सदेवा सुर मानुषं।
सर्व धर्म विवित्तारो गोप्तारः शासकानधाः।
मम देहस्य संशुद्धिं कुर्वन्तु द्विज सत्तमाः॥
पूज्यैः कृतः पवित्रोऽहं भविष्याम्यनधस्तथा।
प्रसाद, क्रियातांमद्य मामानुज्ञां प्रयच्छथ॥
पुराकृतं मया घोर ज्ञातमज्ञात किल्विषम्।
जन्मतोऽद्यदिनं यावत् तस्मात्पापात्पुनं तु मां॥

मम इह जन्मतः अद्यदिनं यावत् वाग्मनः काय कृतानां बुद्धिपूर्वाणं सकृदभ्यास विषमानां मम पातकादि पातका-नां, समरहस्य वर्जितानां, गुरु लघु पापानां शोधनार्थ प्रति वधकी भूतं इहजन्मनि जन्मान्तरे वा अष्टकापर्वादि पैतृक नैमित्तिक करणे वा पर द्वेषेनवा गुरु द्वेषेनवा बालघातेन, स्त्रिरत्नापहरणेनवा वस्त्र वियोजनेन वा पितृमातृ द्वेषेन वाजनित चतुर्विधं वध्यात्व हरणार्थ अगम्यागम्यं अभक्ष्याभक्ष्य अपेयापेय बालाभ्यासे, यौवने, विषयानां सद्योपस्थितानां, कुरंगादि चतुष्पद हननादि समस्त पापानां शोधनार्थ प्रायश्चित्तपहार्थे इदं द्रव्यं अग्निर्दैवतं गंध-पुष्पाद्यर्चितं

वेदशास्त्रोक्त फलावाप्त्यर्थ गोत्राय प्रवराय वेद शाखाध्यायिने ब्राह्मणाय अहं संपर्ददे।

कांसे के पात्र में सोने का तुस और घी भरकर पैसे डाल कर कांस्य पात्र चट के आगे रखें और किसी अभ्यागत को दे दें।

अनेन प्रायश्चित्तेन अहं निष्पापो भूयाम्। तीन बार बोलें। **त्वं निष्पापः संजातः।** ब्राह्मण 3 बार कहे। **प्रतिग्राही ब्राह्मणकहे त्वं सपापः न अहं सपापः। अस्य प्रायश्चित्तांग भूतेन वैष्णव श्राद्धस्य प्रतिष्ठा सिध्यर्थ यथादास्य मानं दक्षिणाभिमुखवासं च विष्णुरूपाय ब्राह्मणाय स्वाहा। पुनः पृच्छा प्रयोगः। अस्य प्रायश्चित. वचनात् परिपूर्ण मस्तु। भद्रंकर्णेति विसर्जनम्। अग्रे नारायणबलि कर्म योग्यता प्राप्तिः॥**

स्नान करे, यज्ञोपवीत बदले। पहना हुआ अंगोछा वहीं छोड दे। उसे न छुए। वह अंगोछा किसी को दे दे।

॥ इति प्रायश्चित्त वैष्णव श्राद्धम्॥

अथ नारायण बलि कर्म

दूसरा चौका नारायण बलि का है। कलश 2, सत्येश की सोने की मूर्ति 1 सत्यधामा की मूर्ति 1, चांदी की थापे। कलश पर वस्त्र सवा हाथ के रखे। उस पर तिरभाणा रखे। अष्ठदल चावलों का बनाकर कलश स्थापना करे। रेशमी वस्त्र या मुगटा (पिताम्बर) मूर्ति पर आच्छादित करे। पहले मूर्तियों का अग्न्युत्तारण करावे। पीछे उन मूर्तियों को कलश पर स्थापन करे। पूर्व में भगवान चौकी करे।

आचमनं प्राणयामं। प्रयोगः (अपसव्यं) गोत्रस्य प्रेतस्य प्रेतत्व निवत्यर्थ असदगति विनाशनार्थ सद्गति स्वर्गलोक प्राप्त्यर्थ मरण काले शौचाशौच स्पर्शास्पर्श अकृत स्मरणादि तद्दोष परिहारार्थ नारायण बलि हवन कर्म प्रारम्भ निमित्तं (सव्यं) महा विष्णोः प्रीत्यर्थ षोडशोपचारैः पूजनं (यजमानः) अहं करिष्ये।

फिर पहले की विधि से न्यास-ध्यान सहित विष्णु-पूजन करें।

पूजनं परिपूर्णं।

अर्घ बंधनं। आशुः शिशान। 17 मंत्र पठनं। इहाद्यति-थौ० गो० प्रे० प्रेतत्व निवृत्यर्थ असद्गति बलि प्रारंभ निमित्तं (सव्यं) सदगति प्राप्त्यर्थं नारायण बलि प्रारंभ निमित्तं (एवं सर्वत्र) आचार्य बह्मणेभ्यः अर्घ्यं अहं करिष्ये। अर्घो अर्घो अर्घ्यः (प्रथमः) आचार्य एतत्ते० (चंदनपुष्पम् तक बोले एवं सर्वत्र) (2) ब्रह्मन् एतत्ते० (3) समस्त ऋत्विज् एतत्ते०। स्वपाद प्रक्षालनं। आचमनं। इहाद्य तिथौ० गो० प्रे० प्रे-निमित्तं वरुणमहं करिष्ये। गोत्रं त्रिप्रवरं ब्रह्मण वृणे। व्रतेन दीक्षामंत्रः। यूयं ऋत्विजाः भवन्तु। वृतास्मः। इदमत्रचंद० यथादत्तं०। इदमर्चितं। अस्य वरुण श्राद्धस्यार्चनविधे०। आचम० यथादास्यमानं ब्रह्मणे सुप्रोक्षतादि०। यथादास्य०

कुंडल मुद्रिका०। इममेवरुण मंत्र। अथ वरुणाय धर्मपतये०। अस्य ऋत्विक्। श्राद्ध परिपूर्ण। श्री वरुण प्रसादात्०।

दौ चौकी करें। एक बीच में हवन की, दूसरी ईशान कोण में स्थापना की। दक्षिण में ब्रह्माजी स्थापे। प्रथम विष्णु पूजन, फिर अर्घ्यबन्धन कर ब्रह्मा आचार्य ऋत्विज वरण करे और पूजनकर अग्नि स्थापे। उसपर थोड़े-से चावल पकावे। लाल वस्त्र पर चावलों से अष्टदल बनावे। उसमें अष्टदेवता और आठ पटरानियाँ स्थापे। रुद्रकलश स्थापे।

श्री फलं गृहीत्वा। स्वस्तिवाचनं कुर्यात्। पीछे आचार्य प्रार्थना, अस्य यज्ञस्य निष्पत्तौ भवन्तोऽभ्यर्थितो मया सुप्रसादं प्रकर्तव्यं नारायण बलिकर्म विधानतः॥ पचभूसंस्कार करे। त्रिदर्भैः परिसमूह्य गोमयेनोपलिप्य। खदिर कीलेन वा श्रुवेण उल्लिख्य। अनामिकांगुष्ठेनो ल्लिखित पांसूनां मृदमुद्धृत्योर्ध्व प्रक्षिप्य। उदकेनाभ्युक्ष्य। आदित्यनामाग्नि उपसमाधाय। आवोदेवा मंत्रः। इति वैश्वानर आवाहन पूजनं दक्षिणतो ब्रह्मासनं। उत्तरतः प्रणीतासनं। तत्र ब्रह्मोपवेशनं। यावत्कर्म समाप्यते तावत्त्वं ब्रह्माभव। ब्रह्मानुज्ञात उत्तरे प्रणीताप्रणयनम्। (प्रणीता में जल डाले) ईशानादि पूर्वाग्रदर्भैरेकमुष्टया परिस्त रणं (स्थडिल के चारों तरफ़ दर्भ रखे। अग्र उत्त में मूल दक्षिण में अग्र, पूर्व में मूल, पश्चिम रहे इस तरह दर्भ रखें।

पात्रा सादनम्। (सामग्री जमावें) **पवित्र छेदना दर्भास्र यः** (तीन दर्भ रखे) **पवित्रे द्वे।** प्रोक्षणी पात्र में दो प्रादिश मात्र दर्भ रखे। **प्रोक्षणीपात्रं। आज्य स्थाली** (घी का बर्तन) **चरुस्थाली** (चावल पकाने का बर्तन) **सम्मार्जन कुशा पंच।** पांच दर्भ की शलाका एक तरफ रखे। **उपयमन कुशः सप्त।** सात शलाका एक तरफ। **समिधस्तिस्रः।** तीन दर्भ समिधार्थ रखें। **स्रुवः। श्रुचः। आज्यं** (घी)। **तदुलाः** (चावल) **पूर्णपात्रम्** (ब्रह्मा को देने का चावल से भरा कटोरा।)। **दक्षिणा वरोवा।** रेजगी आदि सब उत्तर की तरफ रखे। **तत पवित्र छेदनै. पवित्री करणम् द्वयो रुपरित्रीणि निधाय। द्वयोर्मूलेन प्रदक्षिणी कृत्य एकीकृत्य छेदयेत्।**

प्रणीता में रखी हुई तीन दर्भ की पवित्रियों को जीमणे हाथ में रखकर दो प्रोक्षणी पात्र की पवित्रियों को आड़ा रखकर आटा देकर तोड़ दे। तीन फेंक दे और दो हाथ में रखकर उससे सारे सामान का प्रोक्षण करे।

तृ द्वि छिद्य तृ त्याज्या द्वि ग्राह्या। स पवित्रः प्रणीतोदकेन प्रोक्षण्याः त्रिवारं जलपूरणं। सव्यहस्त करणं। पवित्राभ्यामुत्पवनम्।

फिर प्रोक्षणी पात्र डाबे हाथ में लेकर उन दोनों पवित्रियों से सारे सामान को पवित्र करें।

ताभिस्तासां प्रोक्षणं। आज्यस्थाली. चरुस्थाली. संमार्जन कुशा० उपयमनकुशा० समिध० स्रुव० श्रुच० आज्यं० तदुला. पूर्णपात्र. असंचरे प्रोक्षणी निधानम् सपवित्रम्।

स्थडिल के अग्निकोण में प्रोक्षणी पात्र रख देवे। फिर बर्तनों में समान रखे।

आज्य स्थाल्यामाज्य निर्वापः। घी डालें। **चरु स्थाल्यां चरु निर्वापः।** चावल पकने हेतु बर्तन में डाले। **प्रणीतो दक मासिच्य। दक्षिणतः आज्याधिश्रयणं।** चावलों को तीन बार खाड़ें, धोएं और फिर प्रणीता जल डालकर मध्य में रखें। दक्षिण को तीन तरफ घृत पात्र गर्म करने हेतु रखें।

तदुलास्त्रिखडनं, त्रिउत्पवनं, त्रिप्रक्षालनं। दक्षिणतः अंगाराधिकरणं, तत्र आज्याधिश्रयणं। मध्ये वैष्णव चरो रधिश्रयणं गृहीताल्मुकेन उभयोः पर्यग्नि करणं। उदको पस्पर्शनं। अत्रावसरे अष्टदले अष्टदेव्यास्थापनं।

फिर अष्ट दल पर आठ देवियाँ थापे। आशु शिशान 17 मंत्र पढ़े।

देवता स्थापनं। पूर्वे मंडलं कृत्वा षट्कोणश्च वर्तुला कारच अष्टदले द्वादशदलं चतुरस्तं चतुर्द्वारं यत्र नारायणी बलि। प्रथम षट्कोणे आग्नेयां सत्येशस्यावयवान्।

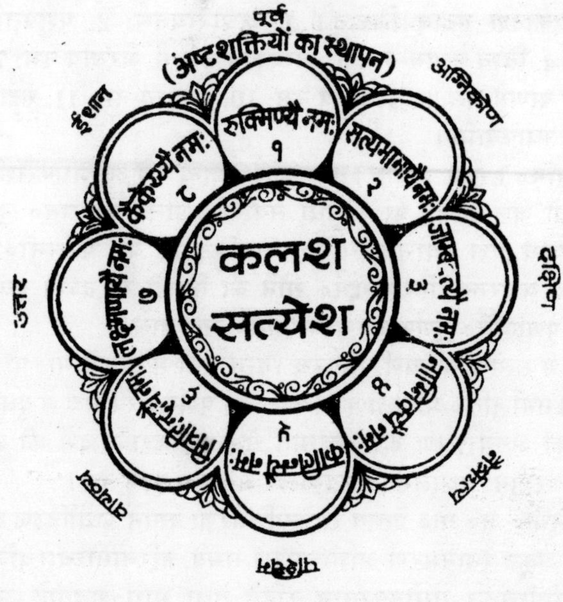

ईशाने सत्येशस्य शिरं, नैऋत्ये सत्येशस्यायुधान्, वायव्ये सत्येशस्य कवचं, पूर्वे सत्येशस्य नेत्रे, पश्चिमे सत्येशस्य अस्थिनि। अष्टादले शुक्ल पक्षे द्वादश देवताः। पूर्वादि भागेषु 1. केशवं 2. नारायणं 3. माघवं 4. गोविन्दं 5. विष्णुं 6. मधुसूदनं 7. त्रिविक्रम 8. वामनं 9. श्रीधरं 10. ऋषिकेशं 11. पद्मनाभं 12. दामोदरं॥ अथवा कृष्ण पक्षे, 1. संकर्षणं, 2. वासुदेवं, 3. प्रद्युम्नं, 4. नारसिंहं, 5. पुरुषोत्तमं , 6. अधोक्षजं 7. नरसिंह 8. अच्युतं 9. जनार्दनं 10. उपेन्द्रं 11. हरिं, 12. कृष्णं॥

पूर्वेनारायणं देवं 1 आग्नेयां च त्रिविक्रमं 2॥
दक्षिणे श्री नृसिंहं च 3 नैऋत्यां मधुसूदनं 4॥
पश्चिमस्यां ऋषिकेशं 5 वायव्यां श्रीधरन्यसेत् 6॥
उत्तरे वामदेवंच 7 ईशान्यां चजनार्दनः 8॥

उपर्युक्त देवता युजते के 8 मंत्रों से स्थापना करके उनके पास देवियाँ स्थापित करें।

पूर्वे रुक्मिणी 1. आग्नेयां सत्यभामा 2. दक्षिणे जाम्बुवता 3. नैऋत्ये कालिन्दी 4. पश्चिमे नाग्नजिति 5. वायव्ये मित्रविंदा 6. उत्तरे लक्ष्मणा 7. ईशाने चारुहासिनि 8. अष्टदल मध्ये कलशः।

कलश पर 11 रुद्र की बिन्दियाँ देवें।

कलशे एकादश रुद्रान् लिखेत्॥ 1. अघोरायनमः 2. पशुपतयेनमः 3. विरूपायनमः 4. विश्व रूपाय नमः 5. त्र्यम्बकाय नमः 6. भैरवाय नमः 7. कपर्दिने नमः 8. शूल पाणये नमः 9. ईशानाय नमः 10. महेशाय नमः 11. रुद्राय नमः ॥ मध्ये जाह्नवीं स्थापयामि।

भूरसि भूमि० । भूमि प्रार्थना। **धान्यमसि०** धान्य रखे **आजिघ्रकलशं०** । कलश रखे। **वरुणस्यो** जल डाले। **या ओषधी** सर्वोषधि डाले। **काण्डात्०** दूर्वा डाले। **अश्त्थेवो०** पांच पत्ते **स्योनापृथिवि०** सप्तमिट्टी। **याः फलिनी०** सुपारी। **परिवाजपति०** पंचरत्न। **हिरण्यगर्भ०** सोने की टिकडी या द्रव्य। **युवासुवासा०** मोली बांधे। **पूर्णादर्वि०** पूर्णपात्र। **तत्त्वायामि०** जल डाले।

पूर्णपात्र में सत्येश की स्वर्ण मूर्ति रखे। वाम भाग में सत्यभामा। षोडशोपचार से पूजन करे। मनोजूति० प्रतिष्ठा करे। कलश का पूजन करे। पात्र में दूध और जल लेकर मूर्ति का अग्न्युत्तारण करे, पंचामृत से स्नान करावे। दर्भ की शलाका से नेत्रोन्मीलन करें पुनः प्रक्षालन। समुद्रस्यत्वा अनुवाक पठन करें।

इहाद्य तिथौ० अ० गो० प्रेतस्य रोगोत्पत्तिमरणा वसाने ऊर्ध्वोच्छिष्ट अधोच्छिष्ट उभयोच्छिष्ट अकृत स्नानमरण आशौचमरण समये, हरिनामोच्चारवर्जित तुलसी तिल कुश गोपीचंदन गंगोदकस्नान रहिते तथा मार्गे शववाहे आशौचदेशे अमेध्यकेशास्थीत्यादिनाना स्पर्श दोष परिहारार्थ परकाष्ठे परग्निदहने तथा चितामध्ये कीट पतंग ज्वलित तद्दोष परिहारार्थ दुर्गतिनिवारणार्थ (सव्यं) तथ च मम देह शुद्ध्यर्थ एकादशाह कर्माधिकारार्थ सत्येश विष्णोः अष्टौ पट्टमहिषीसहितं च पूजनमहं करिष्ये।

संकल्प। 1 गंध 2 पुष्पं 3 धूपं 4 दीपं 5 नैवेद्यं पंचोपचार संकल्प करके सबका पंचोपचार व षोडशोपचार पूजन करले।

एभिः पंचोपचारैः पूजनकृतस्यविधेर्यन्यूनामतिरिक्तं तत्सर्व भवतां ब्राह्मणानां वचनात् श्री सत्येशाद्रिन्नां प्रसादात् परिपूर्णमस्तु। जल छोड़े। हाथ जोड़े। दिग्पाल पूजा। **पूर्वे इन्द्रायनमः, आग्नेयां आग्नये नमः। दक्षिणे यमायनमः। नैऋत्ये नैऋत्यायनमः। पश्चिमे वरुणाय नमः। वायव्ये वायवे नमः। उत्तरे कुबेराय नमः। ईशाने ईशानाय नमः। ईशानपूर्वमध्ये ब्रह्मणे नमः। नैऋत पश्चिम मध्ये विष्णवे नमः॥**

कुंकुम अक्षत से पूजन करे। बलिदान रखे। मूँग, उड़द, ज्वार से दधि गुल पंचमेवा मिश्रित करके चढ़ावें।

बलि गृह्णन्तुमेदेवा० भूतप्रेतसुखावहाः। अथ होमानु क्रमःश्रृते चरौः श्रुव प्रतपनं। (चावल पकने पर श्रुव तपावे।) **सन्मार्जन कुशैः स्रु वश्रु चोः संमार्जनम्। संमार्जनकुशा लेकर श्रुवे को साफ करें। अग्रेरग्रं मूले दंड। दर्भ के अग्र भाग से अग्र भाग और मूल से दंड को साफ करे। प्रणीतो दकेनाभ्युक्षणं**। प्रणीता के जल से छांटे। **पुनः प्रतापनं**। फिर तपावे। **दक्षिणतो निधानं**। श्रुवा और स्रुचि दक्षिण में रखें। **आज्योद्वासनं। चरोद्वासनं आज्यावेक्षणं अपद्रव्य निरसनम्। आज्य लिप्ताभ्यां पवित्राभ्यां प्रोक्षण्याः**

प्रत्युत्पवनं। उपयमनुकुश ग्रहणं। समिधादानं। तिष्ठत्समिधोऽभ्याधाय स्वाहा।

चावलों के पात्र को घी के पात्र से उत्तर की ओर घुमाकर उठावें, वायव्य कोण में रखें। इसी तरह घी के पात्र को चरु के पात्र से पूर्व की ओर उठावें। फिर घी का पवित्री से निरीक्षण कर कचरा हो तो निकाल दें। फिर प्रोक्षणी से प्रत्युत्पवन करे। उपयमनु कुशा डाबे हाथ में धारण करे। 3 दर्भ की समिधा चुपचाप खड़े होकर घी में होम दें।

प्रोक्षणी शेषोदकेन अग्नें प्रदक्षिणं। पर्युक्षणं। सपवित्रांम्बु हस्तेन वह्नि कुर्यात्प्रदक्षिणं। हव्यवाट् सलिलं दृष्ट्वा आदित्यनामाग्नि संमुखो भवेत्। दक्षिण जानुनिपात्य व्रह्मान्वारंभे श्रुवेण होमः॥

चक्षुषि 4ॐ प्रजापतये स्वाहाः इदं प्रजापतये न मम। त्यागः। ॐइन्द्राय स्वाहा इदं इन्द्राय। अग्नये स्वाहा। इदमग्नये। सोमाय स्वाहा इदं सोमाय। वरुणस्योत्तं० इद्र वरुणायादित्यादितये।

अथ अग्नि पूजा– पूजन कर हवन करे। समिधा, घृत, चावल, तिल का क्रम पूर्वक हवन करें। युंजते मंत्र 8 सहस्रशीर्षा 16 प्रथम समिधा फिर घी इस तरह क्रम है। योग 213 आहुतियां हैं। फिर लोमभ्यः० मंत्रों से घृत आहुतियां दें।

फिर चरु होम करे।

इदं विष्णु० ॥1॥ अपोदेवा मधुमती रगृभ्ण न्नूर्ज स्वती राजस्वश्चितानाः। याभिर्मित्रा वरुणावभ्यषिञ्चन्नया-भिरिन्द्रमनयन्नत्यरातीः ॥2॥ अपोदेवीरूपसृज मधुमती रयक्ष्माय प्रजाभ्यः॥ तासामास्थाना दुज्जिहतामोषधयः सुपिप्पलाः ॥3॥ विष्णोर्नुकं ॥4॥ त्रिणीपदा ॥5॥ विष्णो रराट ॥6॥ अद्भ्यः संभृतः ॥7॥ प्रायश्चित्तहोमः॥ तिलाहुति 108 तद्विप्रासो मंत्र से आहुति देना। ततः स्विष्टकृत नवाहुतयः॥ ॐ भूः, स्वाहा इदं अग्नये। ॐ भुव, स्वाहा इदं वायवे। ॐ स्व, स्वाहा इदँ सूर्याय। ॐ त्वन्नो अग्ने० इदमग्निवरुणाभ्यां। ॐ सत्वन्नो० इद म०। ॐ अयाश्चाग्ने० इदमग्नये अयसे न मम। ॐ येतेशतं० इदं वरुणाय सवित्रेविष्णवेविश्वेभ्यो देवेभ्यो मरुद्भ्य, स्वर्केभ्यश्च न मम। ॐ उदुत्तमं० इदं वरुणायादित्यादितये। ॐ प्रजापतये स्वाहा इदं प्रजापतये न मम। इतिनवाहुतयः॥ लक्ष्मीहवनं मनसकाम० ॥ पूर्णाहुतिः॥ नारियल या सोपारी से करें। पूर्णाहुति मंत्र। स्वाहा प्राणेभ्य, साधिपतिकेभ्य। पृथिव्यै स्वाहा। अग्नये स्वाहा। अन्तरिक्षाय स्वाहा। वायवे स्वाहा। दिवे स्वाहा। सूर्याय स्वाहा। दिग्भ्य, स्वाहा। चंद्राय स्वाहा। नक्षंत्रेभ्यः स्वाहा। अद्भ्यः स्वाहा। वरुणाय स्वाहा। नाभ्यै स्वाहा। पूताय स्वाहा। वाचे स्वाहा। प्राणाय स्वाहा 2 चक्षुषे स्वाहा 2 श्रोत्राय स्वाहा 2।

इन मंत्रों को बोल कर

मृडाग्नये स्वाहा। इदं मृडाग्नये न मम।

कहते हुए नालेर होम दें। फिर स्वाहा: प्रोणेभ्य: मंत्रों से ही दूर्वा अक्षत होमें। सुप्रोक्षित करें। संकल्प करें, न्यूनातिरिक्त दोष परिहार पूर्णपात्र दान ब्रह्मा को करे। अन्य यथाशक्ति दानादि संकल्प करके हाथ जोड़े। अग्रे एकादशाह कर्म योग्यता प्राप्ति:॥

॥ इति नारायणबलि कर्म ॥

एकादशाह विधि

ऊर्ध्व देही क्रिया

तीसरा चौका उर्ध्वदेही का होता है। इस चौके में तीन चौके होते हैं। पूर्व में विष्णु की चौकी कर उसका पूजन करें। दक्षिण में एक लम्बी चौकी पर पांच कलश रखें। उन पर 5 खोपरे की नालेर,5 वस्त्र, ओढ़ कर सूत्र वेष्ठित करें। 5 दिवटिये 5 जनेऊ जोड़े और 5 मूर्तियां क्रमशः रखें।

1 ब्रह्मा	2 विष्णु	3 रुद्र	4 यम	5 प्रेत-देवता
सोना	चाँदी	तांबा	लोहा	सीसा-मूर्तियाँ
चावल	मूंग	गेहूँ	उड़द	जौ-धान
सफेद	पीला	लाल	काला	काला-वस्त्र
पूर्व	पश्चिम	उत्तर	दक्षिण	दक्षिण-मुख करे

पाचों कलशों का विधिवत 5 सूक्तों से पूजन करें। कलश-स्थापना के मंत्र पूर्वोक्त ही हैं, जो सत्येश पूजन में दिये थे। प्रेत क्रिया अपसव्य से करें।

आचमन प्राणायामं। उपकल्पित उपहाराणां पवित्रता देशकालसंकीर्त्य एवं ग्रह गुण विशेषणविशिष्ठायां पुण्य तिथौ गोत्रस्य (स्त्री हो तो गोत्रायाः) प्रेतत्व निवर्त्यर्थम् असद्गति विनाशनार्थम् (सव्यं) सद्गति स्वर्गलोक प्राप्त्यर्थम् ऊर्ध्वदेही क्रिया प्रारम्भ निमित्तं विष्णो षोडशोपचारै पूजनं (यजमानः) अहं करिष्ये।

देहन्यासादि से लेकर पूर्वोक्त ढंग से विष्णु का षोडशोपचार पूजन करें। फिर पंचकलश स्थापन कर पूजन करें। मूर्तियों का अग्न्युत्तारण कर उनकी प्राण-प्रतिष्ठा करें जिसकी विधि सत्येश पूजन में दी गयी है।

इहाद्यतिथौ० ब्रह्म विष्णुरुद्रयम्तत्पुरुष देवतानां आवाहनं करिष्ये। ब्रह्मआवाहन। ॐ अग्निमीले पुरोहितं यज्ञस्व देव मृत्विजम्। होतारं रत्न धातमम्॥ 1॥ आब्रह्मन ब्रह्मसूक्त मंत्र 22 वा। ब्रह्म कलशे ब्रह्माणं आवह यामि स्थापयामि। विष्णु आ०। इदं विष्णु० इषेत्वो० विष्णुकुंभे विष्णुं आ० स्था०। रुद्र आ०। ॐ अग्न आयाहि वितये गृणानो हव्यदातये। निहोतासत्सि बर्हिषि॥1॥ नमः शंभवा०॥ रुद्रकुंभे रुद्रं आ० स्था०। यम आ०। ॐ शन्नो देवी०॥ ॐ यमायत्वा मखायत्वा सूर्यस्यत्वा

तपसे देवस्त्वा सवितामध्वा नक्तु पृथिव्याः सँस्पृश स्पाहि। अर्चिरसि शोचिरसि तपोसि। यमकुंभे यमं आ० स्था०। (अपसव्यं) तत्पुरुष आ०। ॐ अक्रन् कर्म कर्मकृतः सहव्वाचा मयोभुवा। देवेभ्यः कर्म कृत्वास्तं प्रेतसचाभुवः ॥1॥ ओम् प्रेतजायता नर ऽइन्द्रोवः शर्मयच्छतु। उग्रावः सन्तु बाहवो ना घृष्या यथासथ॥ अ० गोत्र अमुक प्रेत तत्पुरुष विष्णु रूपास्मिन्कलशे इहागच्छ इहतिष्ठ आवा स्था०। सव्य प्रतिष्ठा प्रयोगः। अद्यतिथौ (अपसव्यं) गोत्रस्य प्रेतस्य प्रेतत्व नि० ब्रह्मा विष्णु रुद्र यम तत्पुरुष पंचदैवताता सकलशानां प्रतिष्ठापनं पूजनं च करिष्ये।

पूजन करके वेदपाठी ब्राह्मण का वरण करें। शक्ति हो तो संहितापारायण, भगवद्गीता-पठन, गायत्रीजप के लिए अलग ब्राह्मण बुलावें। इससे मंत्रों की न्यूनता का दोष कम हो जाता है। प्रेत को गति मिलती है। मंत्राधीनाश्च देवताः। देवता पारायण पाठ से प्रसन्न होते हैं। फिर पंच सूक्तों का पठन करावें। ब्रह्म, विष्णु, रुद्र, यम, प्रेत ये 5 सूक्त क्रमशः पढ़ें। फिर पूर्वमुख चट 1 विष्णु श्राद्ध का करें। विष्णु रूप ब्राह्मण। एतत्ते० पूजन करें। आचमन करके। वैष्णव श्राद्ध हेतु विष्णु तर्पण करें। ॐ भूर्भुवः० (अपसव्यं) अग्निष्वा ता० श्राद्धभूमौ० इहातिथौ० गो० प्रे० प्रे० नि० विष्णु तर्पण प्रारम्भ निमित्तं वैष्णव श्राद्ध यजमान० सुप्रोक्षित करे। दक्षिणाभि मुख बैठकर विष्णुतर्पण करें।

अथ पंचसूक्त प्रारम्भः

(1) अथब्रह्मसूक्तप्रारंभः॥ तेजोसिपंचाग्नयएकाहिंकाराय द्वेतत्सवितुर्दशवि भूर्मात्रैकाकायद्वेआब्रह्मॅ्स्रयोदशशेषादेकै कोन्विंॅशतिश्चतुस्त्रिँ्शत्॥ तेजोसि शुक्रममृतंमायुष्पाऽ आयुर्म्मेपाहि॥ देवस्यत्वासवितुःप्रसवेऽश्विनोर्वाहुभ्या म्पूष्णोहस्ताभ्यामाददे ॥1॥

इमामगृभ्णन्त्रशनामृतस्यपूर्व ऽआयुषिविदधेषुकव्या॥ सानोऽस्मिन्त्सुतऽआब भूवऽऋ तस्यसामत्सरमारपन्ती ॥2॥

अभिधाऽअसिभुवनमसियन्ता सिधर्ता॥ सत्त्वमग्निंवैश्श्वानरँ्सप्प्रथसडगछ स्वाहाकृतः ॥3॥

स्वगात्वादेवेभ्य÷प्प्रजापतयेब्रह्म न्नश्वम्भन्त्स्या मिदेवेभ्य÷ प्रजापतयेतेन राध्द्दयासम्॥ तम्बधानदेवेभ्य÷प्रजापतयेतेनराध्नुहि ॥4॥

प्रजापतयेत्वा॥ जुष्टम्प्रो
क्षामीन्द्राग्निभ्यान्त्वाजुष्ठम्प्रोक्षामिव्वायवेत्वाजुष्टम्प्रोक्षामि
व्विश्श्वेंभ्यस्त्वादेवेभ्योजुष्टम्प्रोक्षामिसर्वेम्यस्त्वादेवेभ्योजुष्टम्प्राक्षामि॥
योऽअर्व्वन्तञ्जिघाँ्सतितमभ्य्मीतिवरुणः॥ परोमर्त÷परः श्श्वा ॥5॥

अग्नयेस्वाहासोमायस्वा-
हापाम्मोदायस्वाहासवित्रेस्वाहाव्वायवेस्वाहाव्विष्णवेस्वाहेन्द्रा
यस्वाहावृहस्पतयेस्त्राहामित्रा यस्वाहाव्वरुणायस्वाहा ॥6 ॥

हिङ्कारायस्वाहा ॥ हिंकृतायस्वाहाक्रन्दतेस्वाहावक्रन्दायस्वाहा
प्प्रोथतेस्वाहाप्प्रप्प्रोथायस्वाहागन्धायस्वाहाग्घ्रातायस्वाहा
निर्विष्टायस्वाहोपविष्टायस्वाहासन्दितायस्वाहावल्गतेस्वाहा
सीनायस्वाहाशयनायस्वाहास्वपतेस्वाहाजागग्रतेस्वाहाकूजते
स्वाहाप्रबुद्धायस्वाहाव्विजृम्भमाणायस्वाहाव्विचृत्तायस्वाहासँ्
हानायस्वाहोपस्त्थितायस्वाहायनायस्वाहाप्प्रायणाय स्वाहा ॥7 ॥

यतेस्वाहा ॥ धावतेस्वाहोद्द्रावायस्वाहोद्द्रु-तायस्वाहाशूकारायस्वाहा
शूकृतायस्वाहानिषण्णायस्वाहो-त्थितायस्वाहाजवायस्वाहाबलायस्वाहाव्विवर्तमानायस्वाहा
व्विवृत्तायस्वाहाव्विधून्वानायस्वाहाव्विधूतायस्वाहाशुश्श्रु-
-षमाणायस्वाहाशृण्वतेस्वाहेक्षमाणायस्वाहेक्षितायस्वाहाव्वी-क्षितायस्वाहानिमेषायु
स्वाहायदत्तितस्मै स्वाहायत्पि बतितस्मैं स्वाहायन्मूत्त्रंकरोतितस्मैस्वाहा
कुर्वतेस्वाहाकृताय—स्वाहा ॥8 ॥

तत्सवितुर्व्वरेण्यम्भर्गोदेवेस्य धीमहि ॥ धियोयोनः प्प्रचोदयात् ॥9 ॥

हिरण्यपाणिमूतये ॥ सविता रमुपह्वये ॥ सचेतादेवतापदम् ॥ 10 ॥

देवस्यचेततो ॥ महीम्प्रसवितुर्हवामहे । सुमति ऺ सत्यराधसम् ॥11 ।

सुष्टु तिँ् सुमतीवृधोरातिँ् सवितुरीमहे ॥ प्रदेवायमतीविदें ॥12 ॥

रातिँ् सत्पतिम्महेसविताःरमुपव्ह्ये ॥ आसवन्देववीतये ॥13 ॥

देवस्यसवितुर्म्मतिमासवव्विश्श्वदेव्यम् ॥ धियाभगम्मनामहे ॥14 ॥

अग्निँ् स्तोमेन ॥ बोधयसमिधानोऽअमर्त्यम् ॥ हव्वयादेवेषुनोदधत ॥15 ॥

सहव्यवाडमर्त्यउशिग्ग्दूतश्चनो हितः ॥ अग्निर्धियासमृण्वति ॥16 ॥

अग्निन्दूतम्पुरोदधेहव्व्यवाहमुपंब्लुवे ॥ देवाँ ॥2 । ऽआसांदयादिह ॥17 ॥

अजींजनोहिपवमानसूर्य्यव्विधारेशक्मनापय÷ ॥ गोजीरया रँ् हमाणः पुरन्ध्या ॥18 ॥

व्विभूर्म्मात्रा ॥ प्रभूः पित्राऽश्श्वो ऽ सिंहयोऽ स्यत्योसिमयोऽस्यर्व्वासिसप्तिरसिव्वाज्ज्यसिवृषा ऽ सिनृमणाअसि ॥ ययुर्नामासिशिशुर्न्नामास्यादित्यानाम्प त्वाऽन्विहिदेवाऽआशा पालाऽएतन्देवेव्भ्योश्श्वम्मेधायप्प्रोक्षि तँ् रक्षतेहरन्तिरिहरमतामिहघृतिरिहस्वघृतिः स्वाहा ॥19 ॥

कायस्वाहाकस्मैस्वाहाकतमस्मैस्वाहास्वाहाधिमाधी ताय स्वाहामन÷प्रजापतयेस्वाहाचित्तंव्विज्ञातायादित्यैस्वाहा दित्यैमह्यैस्वाहाऽदित्यैसुमृड़ीकायैस्वाहासरस्वत्यैस्वाहासरस्वत्यै पावकायैस्वाहासरस्वत्यैस्वाहासरस्वत्यैबृहत्यै स्वाहापूष्णेपूष्णेप्रपत्थ्याय स्वाहापूष्णेनरन्धिषायस्वाहात्वष्ट्रेस्वाहात्वष्ट्रे तुरीपायस्वाहात्वष्ट्रे पुरुरुपायस्वाहाव्विष्णवेस्वाहाव्विष्णवेनिभूयपाय स्वाहाव्विष्णबेशिपिविष्ट्वायस्वाहा ॥20॥

विश्वोदेवस्य ॥ नेतुर्म्मर्तोव्वुरीतसक्ख्यम् ॥ व्विश्वोरायऽइषुद्ध्यतिद्युम्मनंव्वृणीतपुष्य्यसेस्वाहा ॥21॥

आब्रह्मन्त्राह्मणोब्रह्मवर्च्चसीजायतामाराष्ट्रे राजन्यः शूरऽइषव्योऽतिव्याधीमहारथोजायतान्दोग्ध्रीधेनुर्व्वोढानड्वा नाशुःसप्तिःपुरन्धिर्य्योषाजिष्णूरथेष्ठाः सभेयोयुवास्ययजमान स्यव्वीरोजायतान्निकामेनिकामेनः पर्ज्जन्योव्वर्षतुफलवत्यो नऽऔषधयः पच्व्यन्तांय्योगक्षेमोनः कल्प्यताम् ॥22॥

प्राणायस्वाहा ॥ – ऽपानायस्वाहाव्व्यानायस्वाहाचक्षुषेस्वाहाश्रोत्रायस्वाहाव्वाचेस्वाहामनसेस्वाहा ॥23॥

प्राच्यैदिशे स्वाहाऽर्व्वाच्यैदिशेस्वाहादक्षिणायैदिशेस्वाहाऽर्वाच्यैदिशेस्वाहाप्र तीच्यैदिशेस्वाहाऽर्व्वाच्यैदिशे स्वाहोदीच्यैदिशेस्वाहाऽर्व्वाच्यैदिशेस्वाहोर्ध्वायैदिशेस्वाहाऽर्वाच्यैदिशे स्वाहाऽर्व्वांच्यैदिशेस्वाहा ॥24॥

अद्भ्यः स्वाहाव्वार्भ्यःस्वाहो दकायस्वहातिष्ठन्तीभ्यःस्वाहास्रवन्तीभ्यः स्वाहास्यन्मानभ्यःस्वाहाकूप्याभ्यः स्वाहासूद्याभ्यः स्वाहाधार्याभ्यः स्वाहार्णवायस्वाहा समुद्रायस्वाहासरिरायस्वाहा ॥25॥

व्वातायस्वाहा ॥ धूमायस्वाहाऽभ्रायस्वाहामेघायस्वाहाव्विद्योतमानायस्वाहास्तन यतेस्वाहाऽवस्फूर्जतेस्वाहाव्वर्षतेस्वाहाऽववर्षते वर्षतेस्वाहाशी स्वाहा ग्र ध्रंव्वर्षतेस्वाहोद्गृह्णतेस्वा बाहोद्गृहीतायस्वाहापुष्णतेस्वाहाशीकायतेस्वाहाप्पुष्वाभ्यः स्वाहा ह्रादुनीभ्यः स्वाहानीहारायस्वाहा ॥26॥

अग्नयेस्वाहा। सोमायस्वा– हेन्द्रायस्वाहापृथिव्यैस्वाहान्तरिक्षायस्वाहादिवेस्वाहादिग्भ्यः स्वाहा ऽऽ शाभ्यः स्वाहोर्व्यै दिशेस्वाहाऽर्व्वाच्यैदिशेस्वाहा ॥27॥

नक्षत्रेभ्यःस्वाहा ॥ नक्षत्रियेभ्यःस्वाहाऽहो रात्रेभ्यःस्वाहा धर्मासेभ्यःस्वाहामासेभ्यः स्वाहाऽऋतुभ्यः स्वाहाऽऽर्तवेभ्यः स्वाहा संव्वत्सरायस्वाहा द्यावापृथिवीभ्यां स्वाहाचन्द्रायस्वाहासूर्य्यायस्वाहारश्मिभ्यः

स्वाहाव्वसुब्भ्यःस्वाहारुद्रेब्भ्यः स्वाहाऽऽदित्येब्भ्यः स्वाहामरुद्भ्यः स्वाहा व्विश्वेब्भ्योदेवेब्भ्यः स्वाहामूलेब्भ्यः स्वाहाशाखाब्भ्यः स्वाहाव्वनस्पतिब्भ्यः स्वाहापुष्पेब्भ्यः स्वाहाफलेब्भ्यःस्वाहौषधीब्भ्यः स्वाहा ॥28 ॥

पृथिव्व्यैस्वाहाऽन्तरिक्षायस्वाहादिवेस्वाहासूर्य्यायस्वाहाचंद्रायस्वाहा न क्षत्त्रेब्भ्यःस्वाहाऽद्भ्यःस्वाहौषधीब्भ्यःस्वाहाव्वनस्पतिब्भ्यः स्वाहापरिप्प्लवेब्भ्यःस्वाहाचराचरेब्भ्यः स्वाहासरीसृपेब्भ्यः स्वाहा ॥29 ॥

असवेस्वाहा ॥ वसवेस्वाहाव्विभुवेस्वाहाव्विवस्वते स्वाहाग़णश्रियेस्वाहाग़णपतयेस्वाहाऽभिभुवेस्वाहाऽधिपतये स्वहाशूषायस्वाहासँ सर्प्पायस्वाहाचन्द्राय स्वाहाज्योतिषेस्वाहामलिम्म्लुचायस्वाहादिवापतयतेस्वाहा ॥30 ॥

मधवेस्वाहामाधवायस्वाहाशुक्रायस्वाहाशुचयेस्वाहानभसेस्वाहानभस्यायस्वाहेषायस्वाहोर्ज्जायस्वाहा सहसेस्वाहासहस्यायस्वाहातपसेस्वाहा तपस्यायस्वाहाऽ ॐ हसस्पतयेस्वाहा ॥31 ॥

व्वाजायस्वाहा ॥ प्प्रसवायस्वाहाऽपिजायस्वाहाक्रतवेस्वाहास्वः स्वाहामूर्ध्न्येस्वाहाव्व्यश्नुविने स्वाहाऽन्त्यायस्वाहाऽन्त्यायभौवनायस्वाहाभुवनस्यपतयेस्वाहाधिपतये स्वाहाप्प्रजापतयेस्वाहा ॥ 32 ॥

आयुर्य्यज्ञेनकल्पताँ ॐस्वाहाप्प्राणोय ज्ञेनकल्प्पताँ स्वाहाऽपानोयज्ञेनकल्प्वताँ ॐ स्वाहाव्वानोयज्ञेनकल्पताँ स्वाहोदानोयज्ञेनकल्प्पताँ स्वाहासमानोयज्ञेनकल्प्पता ॐ स्वाहाचक्षुर्य्यज्ञेनकल्प्पताँ स्वाहाश्श्रोत्रंय्यज्ञेनकल्प्पताँ ॐ स्वाहाव्वाग्ग्यज्ञेनकल्प्पताँ स्वाहा मनो यज्ञेन कल्प्वतां ॐ स्वाहाऽऽत्मायज्ञेन कल्प्पतां ॐ स्वाहा ब्रह्माय ज्ञेन कल्पतां स्वाहाज्जोतिर्य्यज्ञेनकल्प्पताँ स्वाहास्वर्य्यज्ञेनकल्पतां स्वाहापृष्ठं यज्ञेनकल्प्पताँ ॐ स्वाहायज्ञोयज्ञेनकल्प्पवताँ स्वाहा ॥33 ॥

एकस्मैस्वाहाद्वब्भ्याँ स्वाहाशतायस्वाहैकशतायस्वाहा व्व्युष्टयैस्वाहास्वर्ग्गायस्वाहा ॥34 ॥ इति ॥ *(यजु अ 22 मं 1 से 34)*

अथविष्णु सूक्त प्रारंभः

ॐ सहस्रशीर्षापुरुषः॥ सहस्राक्षः सहस्रपात्॥ सभूमि सर्व्वतस्पृत्वात्यतिष्ठद्दशाङ्गुलम्॥1 ॥

पुरुषऽएवेदँ सर्वय्यद्भूतंयच्चभाव्यम्॥ उतामृतत्वस्येशानोयदन्नेनाति रोहति ॥2 ॥

एतावानस्यमहिमातोज्ज्यायाँश्चपुरुषः ॥
पादोस्यव्विश्श्वाभूतानित्त्रिपादस्यामृतन्दिवि ॥3 ॥
त्रिपादूर्ध्वऽउदैत्त्पुरुषःपादोस्येहाभवत्त्पुनः ॥
ततोव्विष्वङ्व्यक्क्रामत्त्साशनानशनेऽअभि ॥4 ॥
ततोव्विराडजायतव्विराजोऽअधिपुरुषः
सजातोऽअत्त्यरिच्यतपश्च्चाद्भूमिमथोपुरः ॥5 ॥
तस्म्माद्यज्ञात्त्सर्व्वहुतःसभ्भृतम्पृषदाज्ज्यम् ॥
पशूँ स्ताँश्चक्रे व्वायव्यानारण्या ग्ग्राम्भ्याश्चये ॥6 ॥
तस्म्माद्द्यज्ञात्त्सर्व्व हुतऽऋचःसामानिजज्ञिरे ॥
छन्दाँ सिजज्ञिरेतस्माद्यजुस्त स्मादजायत ॥7 ॥
तस्म्मादश्श्वाऽअजायन्तयेकेचोभयादतः ॥
गावोहजज्ञिरेतस्म्मात्तस्म्माज्जाताऽअजायवः ॥8 ॥
तं यज्ञम्बर्हिषिप्प्रौक्षन्न्पुरुषञ्जातमग्रतः ।
तेनदेवा अयजन्तसा- द्ध्याऽऋषयश्चये ॥9 ॥
यत्पुषंव्व्यदधुःकतिधाव्व्यकल्प्पयन् ॥
मुखङ्किमस्यासीकिम्बाहूकिमूरुपादाऽउच्च्येते ॥10 ॥
ब्राह्मणोऽस्यमुखमासीद्बाहूराजन्न्यः कृतः ॥
ऊरूतदस्ययद्वैश्यःपद्भ्याँ शूद्रोअजायत ॥11 ॥
चन्द्रमामनसोजातश्च्चक्षोः सूर्य्योऽअजायत ॥
श्रोत्त्राद्वायुश्चप्प्राणश्च्चमुषादग्निरजायत ॥12 ॥
नाभ्याऽआसीदन्तरिक्षं ᳪ शीर्ष्णोद्द्यौः समवर्त्तत ॥
पदभ्यांभूमिर्द्दिशःश्रोत्त्रात्तथालोक 2ँ ऽअकल्पयन् ॥13 ॥
यत्त्पुरुषेणहविषादेवायज्ञमतन्न्वत ॥
वसन्तोस्यासीदाज्ज्यङ्ग्रीष्म्मऽइध्मःशरद्धविः ॥14 ॥
सप्तास्यासन्परिधयस्त्रिः सप्तसमिधःकृताः ॥
देवायद्यज्ञन्तन्वनाअवबध्नन्पुरुषम्पशुम् ॥15 ॥
यज्ञेनयज्ञमयजन्तदेवास्तानिधर्म्माणिप्प्रथमा न्न्यासन् ॥
तेहनाकम्महिमानःसचन्तयत्रपूर्व्वेसाध्याः सन्ति देवाः ॥16 ॥
ॐ अद्भ्यःसम्भृतः पृथिव्यैरसाच्चव्विश्श्वकर्म्मणःसमवर्त्तताग्ग्रे ।

तस्यत्त्वष्टाव्विदधद्रूपमेतितन्मर्त्त्यस्यदेवत्वमाजानमग्ग्रे ॥ 17 ॥

वेदाहमेतम्पुरुषम्महान्तमादित्यवर्णन्तमसः परस्तात् ॥

तमेवव्विदित्वातिमृत्युमेतिनान्यःपन्थाव्विद्यतेऽयनाय ॥ 18 ॥

प्रजापतिश्चरतिगर्ब्भेऽअन्तर जायमानोबहुधाव्विजायते।

तस्ययोनिम्परिपश्यंतिधीरास्तस्मिंमन्न्हतस्त्थुर्भुवनानिव्विश्श्वा ॥19 ॥

योदेवेब्भ्यऽआतप तियोदेवानाम्पुरोहितः।

पूर्व्वोयोदेवेब्भ्योजातोनमोरुचायब्ब्राह्मये ॥20 ॥

रुचम्ब्राह्मञ्जनयन्तोदेवाऽअग्ग्रेतदब्ब्रुवन्। यस्त्वै

बम्ब्राह्मणोव्विद्यात्तस्यदेवाऽअसन्न्वशे ॥21 ॥

श्रीश्च्चते-लक्ष्मिश्च्चपत्न्क्यावहोरात्त्रेपाश्र्वेनक्षत्त्राणिरूपमश्वि-नौव्यात्तम् ॥

इष्ण्णन्निषाणामुम्मऽइषाणसर्व्वलोकम्मइषाण . . . ॥22 ॥

(यजु अ 31 मं. 1 से 22)

॥ इति ॥

॥अथरुद्रसूक्तप्रारंभः ॥

ॐ नमस्ते. . .रुद्रमन्यवउतोत्तऽइषवेनमः। बाहुब्भ्यामुततेनमः ॥1 ॥

याते रुद्रशिवातनूरघोराऽपापकाशिनी ॥ तयानस्तन्न्वाशन्तमयागिरिशन्ताभिचाकशीहि ॥2 ॥

यामिषुङ्गिरिशन्तहस्तेविभर्ष्यस्तवे. शिवाङ्गिरित्त्रताङ् कुरुमाहिँ्सीः पुरुषञ्जगत् ॥3 ॥

शिवेनव्वचसा— त्वागिरिशाच्छावदामसि यथानः सर्व्वमिज्जगदयक्ष्मँ् सुमनाऽअसत् ॥4 ॥

अद्ध्यवोचदधिवक्ताप्प्रथमोदैब्व्योभिषक्. अहीँश्चसर्व्वाञ्जम्भयन्त्सर्वाश्च यातुधान्न्योधराचीः परासुव ॥5 ॥

असौय. स्ताम्म्रोऽअरुण ऽउतबब्भ्रुःसुमङ्गलः येचैनँ रुद्राअभितोदिक्षुश्रिताः सहस्र शोवैषाँ् हेडऽईमहेः ॥6 ॥

असौयो. ऽ वसर्प्पतिनीलग्ग्रीवोव्विलोहितः उतैनंगोपाऽ अद्दशन्नद्दश्न्नुदहार्य्यसद्दष्टोमृडयाति नः ॥7 ॥

नमोस्तुनीलग्ग्रीवायसहस्राक्षायमीढुषे. अथोयेऽअस्य सत्वानोहन्तेब्भ्योकरन्नमः ॥8 ॥

प्रमुञ्चधन्न्वनस्त्वमुभयोरात्क्न्योंर्ज्र्याम्. . .याश्चते हस्तऽइषवः परताभगवोव्वप ॥9॥

विज्ज्यधनुःकपर्द्दिनो व्विशल्योवाणवा2ँ ॥उत॥ अनेशन्नस्ययाऽइषवऽआभुरस्य निषङ्गधिः ॥10॥

याते॥ हेतिर्म्मीढुष्ट्टमहस्तेबभूवतेधनुः॥ तयाऽस्म्मान्व्विश्वत स्त्वमयक्ष्मयापरिभुज ॥11॥

परिते॥ धन्न्वनोहेतिरस्म्मान्न्वृणक्तु व्विश्वतः॥ अथोयऽइषुधिस्त वारेऽअस्म्मन्निधेहितम्॥ 12॥

अवतत्यधनुष्ट्व ँ सहस्राक्ष शतेषुधे॥ निशीर्य्यशल्ल्यानाम्मुषाशिवोनः सुमनाभव ॥13॥

नमस्त॥ ऽआयुधायानाततायधृष्ष्णवे॥ उभाभ्यामुततेनमो वाहुब्भ्यान्तवधन्न्वने ॥14॥

मानोमहान्त मुतमानोंऽअर्ब्भकम्मानऽउक्षन्तमुतमानऽउक्षितम्॥ मानोव्वधीः पितरम्मो तमातरम्मानः प्प्रियास्तन्न्वोरुद्ररीरिषः॥ 15॥

मानस्तोके॥ तनयेमानऽआयुषि मानोगोषुमानोऽअश्श्वेषुरीरिषः मानोव्वी रान्रुद्र द्रभामिनोव्वधीर्हविष्म्मन्तः सदमित्वाहवामहे ॥16॥ (यजु अ 16 मं. 1 से 16)

(66 मंत्र पाठ करना हो तो रुद्री का 5वां अध्याय देखें।)

॥अथ प्रेतसूक्तप्रारम्भः॥

ॐ अपेतः॥ अपेतोयन्तुपणयोऽसुम्नादेवपीयवः॥ अस्यलोकः सुतावतः द्युभिरहोरक्तु भिर्व्व्यक्त्तंय्यमोददात्त्ववसानमस्मै ॥1॥

स–विताते॥ शरीरेब्भ्यः पृथिव्व्याँल्लोकमिच्छतु॥ तस्म्मैयुज्ज्यन्तामुस्त्रि याः ॥2॥

व्वायुःपुनातु॥ सवितापुनात्त्वग्नेब्भ्रांजसासूर्यस्यवर्च्चसा॥ व्विमुच्च्यन्तामुस्त्रियाः ॥3॥

अश्वत्थेवोनिषदनम्पर्णेवोवसतिष्क्कृता ॥गोभाजऽइत्किलासथयत्सनवथपुरुषम्॥4॥

सविताते॥ शरीराणिमातुरुपस्थऽआवपतु॥ तस्म्मैपृथिविशम्भव ॥5॥

प्रज़ापतौत्त्वा॥ देवतायामुपोदकेलोके निदधाम्यसौ॥ अपनः शोशुचदघम् ॥6॥

परम्मृत्त्योऽ॥ अनुपरेहिपन्थांयस्तेऽअन्यइतरोदेवयानात्॥ चक्षुष्मतेशृण्वतेतेब्रवीमिमानःप्रजाँ रीरिषोमोतव्वीरान्॥7॥

शं व्वातः ॥ श ँ हितेघृणिःशन्तेभवन्त्विष्ठकाः ॥ शन्तेभवन्त्वंग्नयः पार्थिवासोमात्त्वाभिशूशुचन् ॥8 ॥

क्ल्पतान्ते ॥ दिशस्तुब्भ्यमापः शिव तमास्तुब्भ्यम्भवन्तुसिन्धवः ॥ अन्तरिक्ष ँ शिवन्तुब्भ्यङ्क्ल्यन्तान्ते दिशःसर्वा ॥9 ॥

अश्म्मन्वतीरीयते ॥ सँ ऽ रभध्वमुत्तिष्ठतप्रतरतास खायः। अत्राजहीमोऽशिवायेऽअसञ्छिवान्वयमुत्तरेमाभिवाजान् ॥10 ॥

अपाघमपकिल्ल्विषमपकृत्त्यामपोरपः ॥ अपामार्गत्त्वमस्मदप दुष्वप्न्य ँ ऽ सुव ॥11 ॥

सुमित्रियान ॥ आप ओषधयःसन्तुदुर्म्मित्रियास्त स्म्मैसन्तुयोस्म्मान्द्वेष्टि यञ्चव्वयनिद्व्ष्म्मः ॥12 ॥

अनड्वाहमन्वारभामहे। सौरभेय ँ स्वस्तये। सनइन्द्रइ बदेवेब्भ्योव्वह्निः सन्तारणोभव ॥13 ॥

उद्वयन्तमसस्परिस्वः पश्यन्तऽउत्तरम्। देवन्देवत्रासूर्य्यमग न्न्मज्योतिरूत्तमम् ॥14 ॥

इमञ्जीवेभ्यः। परिधिन्दधामिमैषान्नुगादपरोअर्थमेतम् ॥ शतञ्जीवन्तुशरदःपुरूचीरन्तर्मृत्युन्दधताम्पर्व्वतेन ॥15 ॥

अग्नऽआयूँषि। पवसऽआसु वोर्ज्जमिषञ्चनः ॥ आरेबाधस्व दुच्छुनाम् ॥16 ॥

आयुष्मानग्ने। हविषाव्वृधानोघृतप्रतीको घृतयो निरेधि। घृतम्पीत्वामधुचारुगव्यम्पितेवपुत्रमभिरक्षतादिमान्स्वाहा ॥17 ॥

परीमे ॥ गामने षतपर्यग्निमहृषत। देवेष्व क्रतः श्श्रवः कऽ इमा ँ 2। आदधर्षति ॥18 ॥

क्रव्व्यादमग्निम्प्रहिणोमिदूरंयमराज्यङ्ग छतुरिप्प्रवाहः। इहैवायमितरोजातवेदादेवेभ्योहव्यंवहतुप्रजानन् ॥19 ॥

वहवपांजातवेदःपि तृभ्योयत्रैनान्वेत्थनिहितान्पराके मेदसः कुल्ल्याऽउपतान्स्रवन्तु सत्त्याऽएषामाशिषः सन्नमन्ता ँ स्वाहा ॥20 ॥

स्योनापृथिवि नोभवा नृक्षरानिवेशनी ॥ यच्छानः ँशर्म्मसप्प्रथाः। अपनः शोशुचदघम् ॥21 ॥

ग्स्म्मात्त्वमधि जातोऽसित्त्वदयञ्जायताम्पुनः। असौस्वर्गायलोकायस्वाहा ॥22 ॥

(यजु अ 35 मं 1 से 22)

॥ इति पंच सूक्तानि समाप्तानि ॥

मूर्तियों का अग्न्युत्तारण व प्राण-प्रतिष्ठा

पात्र में दूध डालकर उसमें मूर्तियों का प्रक्षालन करे। समुद्रस्यत्वा. . . अनुवाक़ पढ़े। (यजु अ. 17 मंत्र 4 से 14)

समुद्रस्य त्वाऽवकयाग्ने परि व्ययामसि। पावको अस्मभ्यँ शिवोभव ॥1॥

हिमस्यत्वा जरायुणाऽग्नेपरि व्ययामसि। पावको अस्मभ्यं ँ शिवोभव ॥2॥

उपज्मन्नुप वेतसेऽवतर नदीष्वा। अग्ने पित्तमपामसिमण्डूकि ताभिरा गहिसेमन्नोयज्ञं पावकवर्णँ शिवंकृधि ॥3॥

अपामिदन्ययन ँ समुद्रस्य निवेशनम्। अन्याँस्ते अस्मत्तपन्तु हेतयः पावको अस्मभ्यँ शिवोभव ॥4॥

अग्ने पावक रोचिषा मन्द्रया देवजिह्वया आदेवान् वक्षि यक्षिच ॥5॥

सनः पावक दीदिवोऽग्ने देवाँ 2 इहा व ह। उप यज्ञँ हविश्च नः ॥6॥

पावकया यश्चितयन्त्या कृपा क्षामन् रुरुचउषसोन भानुना। तूर्वन् न यामन् ने तशस्य नू रण आ यो घृणे न ततृषाणो अजरः ॥7॥

नमस्ते हरसे शोचिषे नमस्ते अस्त्वर्चिषे। अन्याँस्ते अस्मत्तपन्तु हेतयः पावको अस्मभ्यँ शिवोभव ॥8॥

नृषदे वे डप्सुषदे वेड् बर्हिषदे वेड् वनसदे वेट् स्वर्विदे वेट् ॥9॥

येदेवा देवा ना यज्ञिया यज्ञियानाँ सवत्सरीण मुप भाग मासते। आहुतादो हवि षो यज्ञे अस्मिन्त्स्वयं पिवन्तु मधुनो घृतस्य ॥10॥

ये देवा देवेष्वधि देवत्वमायन् ये ब्रह्मणः पुर एतारो अस्य। येभ्यो न ऋते पवते धा म किञ्चन नते दिवो न पृथिव्या अधि स्नुषु ॥11॥

फिर विशेष तौर से वरुणास्यो आदि मंत्रों से प्रक्षालन करे। तब दूध, दही, घी, शहद, शक्कर, पंचामृत से मंत्रों सहित स्नान करावे। यह अग्नुत्तारण कहलाता है।

(ॐ आं ह्रीं, क्रों यं रं लं वं शं षं सं हों ॐ क्षं सं हंसः ह्रीं ॐ आं ह्रीं, क्रो)

पढ़कर कहे आसां मूर्तिनां प्राणाः इह प्राणाः॥ इसी तरह पढ़कर सारी इन्द्रियां भी स्थापित करे। वाक मन, चक्षु, श्रोत्र, जिह्वा, घ्राण, पाद, प्राण, जीव आदि स्थापित करे। तब 15 बार ॐ का पाठ करे। फिर मनोजूति मंत्र से प्राण-प्रतिष्ठा करे। तब घी में दर्भ की शलाका डालकर उससे नेत्रोन्मीलन करे। **ॐ वृत्रस्यासिकनीनक श्चक्षुर्दा ऽ असि चक्षुर्म्मे देहि।** इस तरह जहाँ भी मूर्तियों की प्राण-प्रतिष्ठा हो, करना चाहिए। फिर 16 संस्कार करने हेतु 16 बार ॐ का उच्चारण करे।

अथ विष्णु तर्पणम्

इहाद्य तिथौ गोत्र० प्रेत० प्रेतत्व निवृत्यर्थम् विष्णु तपर्ण प्रारम्भ निमित्तं परलोके तृषा दोष परिहारार्थम् पापनिवारणार्थम् विष्णु संहितायाः वैष्णवमंत्रैः तथा पुराणोक्तमंत्रैः। विष्णुतर्पणः (यजमानः) अहं करिष्ये।

दक्षिणाभिमुख बैठकर सव्य करके विष्णु के चट पर विष्णु तर्पण करे। सहस्रशीर्जा 22 मंत्र पढ़े। फिर अनादि निधन श्लोक के पढ़े। तब अपसव्य करके कहे गो० प्रे० प्रेतत्व० नि० पर तृषा० पाप निवारणार्थम्, फिर सव्य करके अंजलियाँ देवे।

पापहा विष्णुस्तृप्यतु गोविन्दस्तृप्यतु नारायण स्तृप्यतु॥

ॐ युंजते मन उत युंजते धियो विप्रा विप्रस्य बृहतो विपश्चितः। वि होत्रा दधे वयुना विदेक इन्मही देवस्य सवितुः परिष्टुतिः स्वाहा॥1॥

इदं विष्णु०॥2॥

इरावती धेनुमती हि भूत॑ँ सूय व सिनी मनवे दशस्या। व्यस्कभ्ना रोदसी विष्णु वे ते दाधर्थ पृथिवीम भितो मयूखैः स्वाहा॥3॥

देवश्रुतौ देवेष्वा घोषत प्राची प्रेतमध्वरं कल्पयन्ती ऊर्ध्व यज्ञं नयतं मा जिह्वरतम्। स्वंगोष्ठमां वदतं देवी दुर्ये आयुर्मा निर्वादिष्ट प्रजां मा निर्वादिष्ठमत्र। रमेथां वर्ष्मन् पृथिव्याः॥4॥

विष्णोर्नुकं वीर्याणि प्रवोचं यः पार्थिवानि विममे रजा॑ँ सि। यो अस्क भाय दुत्तर॑ँ सधस्थं विचक्रमाण स्त्रेधोरुगायो विष्णवेत्वा॥5॥

दिवो वा विष्ण उतवा पृथिव्या महो वा विष्ण उरोरन्तरिक्षात्। उभा हि हस्ता वसुना पृणस्वा प्रयच्छ दक्षिणादोत सव्याद्विष्णवेत्वाः॥6॥

प्रतिद्विष्णु स्तवते वीर्ये ण मृगो न भीमः कुचरो गिरिष्ठाः। यस्योरुषु त्रिषु विक्र- मणेष्वधि क्षियन्ति भुवनानि विश्वा॥7॥

विष्णो रराटम सि विष्णोः नश्नत्रे स्थो विष्णोः स्यूरसि विष्णो घ्रुवाऽ सि॥ वैष्वमसि विष्णवेत्वा॥8॥

(अ 5 मं. 14-21) सा विश्वायुः सा विश्वकर्मा विश्वधायाः। इन्द्रस्यत्वा भाग॑ँ सोमेनातनच्मि विष्णों हव्य॑ँ रक्ष॥31॥

अह्रुत मसिहविर्धानं दृ॑ँ हस्वमा ह्वार्मा ते यज्ञपतिर्ह्वार्षीत्। विष्णुस्त्वा क्रयतामुरुवातायापहत॑ँ रक्षो यच्छन्तां पञ्च॥32॥

पवित्रेस्थो वैष्णव्यौ सवितुर्वः प्रसव उत्पुनाम्पच्छिद्रेण पवित्रेणसूर्यस्य रश्मिभिः। देवीरापो अग्रेगुवो अग्रेपु वोऽग्र इममद्य यज्ञं नयताग्रे यज्ञपतिँ सुधातुं यज्ञपतिं देव युवम् ॥33॥

अदित्यै रास्नासि विष्णोर्वेष्पोऽस्यूर्जेत्वा ऽदब्धे न त्वा चक्षुषावपश्यामि। अग्ने र्जिह्वासिसुहूर्देवेभ्यो धाम्ने धाम्ने मे भव यजुषे यजुषे ॥34॥

कृष्णोऽस्याखरेष्ठोऽग्नयेत्वा जुष्टं प्रोक्षामि वेदिरसिबर्हिषेत्वा जुष्टां प्रोक्षा मि वर्हिरसि स्रुग्भ्यस्त्वा जुष्टं प्रोक्षामि ॥35॥

आदित्यै व्युन्दनमसि विष्णोस्तुपोऽस्यूर्णम्म्रदसंत्वा स्तृणामि स्वास स्थां देवेभ्यो भुवपतये स्वाहा भुवनपतये स्वाहा भूतानां पतये स्वाहा ॥36॥

घृताच्यसि जुहूर्नाम्ना सेदं प्रियेण धाम्नाप्रिय ँ सद आसीदघृताच्यस्युपभृन्नाम्नासेदंप्रियेणधाम्ना प्रियँ सद आसीद घृताच्यसि ध्रुवा नाम्ना सेदं प्रियेण धा म्ना प्रियँ ँ सद आसीद प्रियेण धाम्ना प्रियँ ँ सद आसीद। घ्रुवा असदन्नृतस्ययोनौं ता विष्णो पाहि पाहियज्ञं पाहि पज्ञपतिं पाहि मां यज्ञन्यम् ॥37॥

अस्कन्नमद्यदेवेभ्य आज्यँ संभ्रियासमङि घ्रणा विष्णो मा त्वा वक्रमिषं वसुमती मग्ने ते छाया मुपस्थेषं विष्णो स्थानमसीत इन्द्रो वीर्यम कृणो दूर्ध्वोऽध्वर आस्थात् ॥38॥

दिवि विष्णु र्व्यक्रँ स्त जागतेन छन्दसा ततो निर्भक्तो योऽस्माद्वेष्टि यं च वयं द्विष्मोऽन्तरिक्षे विष्णुर्व्यक्रँ स्त त्रेष्टुभेन छन्दसा ततो निर्भक्तो योऽस्मान्द्वेष्टि यं च वयं द्विष्मः पृथिव्यांविष्णुर्व्यक्रँ स्त गायत्रेण छन्दसा ततो निर्भक्तो योऽस्मान्द्वेष्टि यं च वयं द्विष्मोऽस्मादन्नादस्यै प्रतिष्ठाया अगन्म स्वः सं ज्यो तिषा भूम ॥39॥

ऊर्गस्याङ्गिरस्यूर्ण म्म्रदा ऊर्जं मयि धेहि। सोमस्य नीविरसि विष्णोः शर्मासिशर्म यजमान स्येन्द्रस्य योनिरसि सुसस्याः। कृषीस्कृधि। उच्छ्र यस्व वनस्पत ऊर्ध्वो मा पाह्यँ हस आस्य यज्ञस्योदृचः ॥40॥

एषा ते शुक्रतनूरेतद्वर्चस्तया सम्भव भ्राजं गच्छ। जूरसि धृता मनसा जुष्टा विष्णवे ॥41॥

अग्नेस्तनूरसि विष्णवे त्वा सोमस्य तनूरसि विष्णवेत्वाऽतिथेरातिथ्यमसि विष्ण वेत्वा श्येनाय त्वा सोमभृते विष्णवे त्वाऽग्नये त्वा राय स्पोषदे विष्णवेत्वा ॥42॥

रक्षोहणं बलगहनं वैष्णवी मि दमहं तं वलगमुत्किरामि यं मे निष्ट्यो यममात्यो निच खाने दमहं तं वलगमुत्किरामि यं मे समानो यमसमानो निचखानेदमहं तं वलगमुत्किरामि यं में सवन्धुर्यमसवन्धु र्निचखानेदमहं तं वलगमुत्किरामि यं मे सजातो यमसजा तो निचखानोत्कृत्यां किरामि ॥43॥

रक्षोहणो वो वलग हनः प्रोक्षामि वैष्णवान् रक्षोहणो वो वलगहनोऽवनयामि वैष्णवान् रक्षोहणो वो वलगहनोऽवस्तृणामि वैष्णवान् रक्षोहणौं वां वलगहना उपदधामि वैष्णवी रक्षोहणौ वां बलगहनो पर्यूहामि वैष्णवी वैष्णवमसि वैष्णावस्थ ॥44॥

उरुविष्णो विक्रमस्वोरु क्षयाय नस्कृधि। घृतं घृतयोने पिब प्रप्र यज्ञपतिं तिर स्वाहा ॥45॥

अत्यन्यॉं 2 अगां ना न्यॉं 2 उपागामर्वाक्त्वा परेभ्योऽविदं परोऽवरेभ्यः। तंत्वा जुषामहे देव वनस्पते देव यज्यायै देवास्त्वा देवयज्यायै जुषन्तां विष्णवेत्वा औषधे त्रायस्वस्वधिते मैनँ् हिँ् सीः ॥46॥

याते धामान्युश्मसि गमध्यै यत्र गावो भूरि शृंगा अयासः। अत्राहत दुरुगायस्य विष्णो, परमं पदम वभारी भूरी। ब्रह्मवनि त्वा क्षत्रवनि रायस्पोषवनि पर्यूहामि। ब्रह्मदृँ् ह क्षत्रंदृँ् हायुदृँ्, ह प्रजां दृँ् ह ॥47॥

विष्णोः कर्माणि पश्यत यतोव्रतानि पस्पशे। इन्द्रस्य युज्यः सखा ॥48॥

तद्विष्णोंः परमंपदँ् सदा पश्यन्ति सूरयः। दिवीव चक्षु राततम् ॥49॥

वाचस्पतये पवस्ववृष्णो अँ् शुभ्यांगभस्तिपूतः। देवोदेवेभ्यः पवस्वयेषांभागो ऽसि ॥50॥

उपयामगृहीतोऽस्याग्रयणोऽसि स्वाग्रयणपाहियज्ञं पाहियज्ञ पतिं विष्णुस्त्वामिन्द्रियेणपातुविष्णुत्वंपाह्यभि सवनानि पाहि ॥51॥

उपयामगृहीतोऽसीन्द्रायत्वा बृहद्वतेवयस्वत उक्थाव्यंगृह्णामि। यत्त इन्द्र बृहद्वयस्तस्मैत्वाविष्णवे त्वैषतेयोनिरुक्थेभ्यस्त्वा देवेभ्यस्त्वा देवाव्यंयज्ञस्यायुषे गृह्णामि ॥52॥

मित्रावरुणाभ्यांत्वा देवाव्यं यज्ञस्यायुषे गृह्णामीन्द्रायत्वा देवाव्यं यज्ञस्यायुषे गृह् णामीन्द्रा ग्निभ्यां त्वा देवाव्यं यज्ञस्या युषे गृह्णामीन्द्रा वरुणभ्यांत्वा देवाव्यं यज्ञस्यायुषे गृहणामीन्द्रा बृहस्पतिभ्यांत्वा देवाव्यं यज्ञस्यायुषे गृहणामीन्द्रा विष्णुभ्यांत्वा देवाव्यं यज्ञस्या युषे गृह्णामि ॥53॥

उपयाम गृहीतोऽस्यादित्येभ्यस्त्वा। विष्ण उरुगायैष ते सोमस्तँ् रक्षस्व मात्वा दभन् ॥54॥

अग्ना3 इ पत्नी वन्त्सजूर्देवेन त्वष्ट्रा सोमं पिब स्वाह। प्रजापति वृषाऽसि रेतोधारेतो मयि धेहि प्रजापते स्ते वृष्णो रेतोधसो रेतोधामशीय ॥55॥

धातारातिः सविते दंजुषन्ता प्रजापति निधिपा देवोअग्निःत्वष्टा विष्णुः प्रजयासँ्रराणा यजमानायद्रविणं दधात स्वाहा ॥56॥

इन्द्रश्च मरुतश्च क्रयायो पोत्थितोऽसुरः पण्यमानो मित्रः क्रीतो विष्णुः

शिपिविष्ट उरावासन्नो विष्णुर्नरन्धिषः ॥57 ॥

विश्वेदेवाअँ् शुषुन्युप्तोविष्णुरा प्रीतयाआप्याय्यमानो यमः सूयमानोविष्णूः सम्भ्रियमाणोवायुः पूयमानः शुक्रः पूतः शुक्रः क्षीरश्रीर्मन्थी सक्तुश्रीः ॥58 ॥

सन्नः सिन्धुरवभृथायोद्यतः समुद्रोऽभ्यवहि यमाणः सलिलः प्रप्लुतो ययोरोजसास्कभिता रजाँ् सिवीर्येभिर्वीरतमा शविष्ठा। या पत्येते अप्रतीता सहोभिर्विष्णू अगन्वरुणा पूर्वहूतौ ॥59 ॥

सोमँ् राजा नमवसेऽग्निमन्वारभामहे। आदित्यान्विष्णुँ् सूर्यं ब्रह्माणं च बृहस्पतिँ् स्वाहा ॥60 ॥

अर्यमणं बृहस्पति मिन्द्रं दानाय चोदय। वाचं विष्णुँ् सरस्वतीँ् सवितारंच वाजिनँ् स्वाहा ॥61 ॥

अग्निरेका क्षरेण प्राणमुदजयत मुञ्जेषमश्विनौ द्व्यक्षरेण द्विपदोमनु- ष्यानुदजयतां तानुज्जेषं विष्णुस्त्र्यक्षरेण त्रींल्लोकानुदजय तानुज्जेषँ् सोमश्चतुरक्षरेणचतुष्पदः पशूनुदजयता नुज्जेषम् ॥62 ॥

वृष्ण ऊर्मिरसि राष्ट्रदा राष्ट्रं में देहि स्वाहा वृष्ण ऊर्मिरसिराष्ट्रदा राष्ट्रममुष्मैंदेहि वृषसेनोऽसिराष्ट्रदा राष्ट्रं मे दे हि स्वाहा वृषसेनोऽसि राष्ट्रदा राष्ट्रममुष्मैन्देहि ॥ 63 ॥

प्रपर्वतस्य वृषभस्य पृष्ठान्ना वश्चरन्ति स्वसिच इयानाः। ताआऽववृत्रन्नधरागुदक्ता अर्हिबुध्न्यमनुरीय माणाः। विष्णोर्विक्रमणमसि विष्णोर्विक्रान्तमसि विष्णोः क्रान्तमसि ॥64 ॥

सवित्रा प्रसवित्रासरस्वत्यावाचा त्वष्ट्रा रूपैः पूष्णा पशुभिरिन्द्रणास्मे बृहस्पतिनाब्रह्मणा वरुणेनौ जसाऽग्निना तेजसा सोमेन राज्ञा विष्णुना दशभ्या देवतया प्रसूतः प्र सर्पामि ॥65 ॥

वसवस्त्वाधूपयन्तु गायत्रेण छन्द साऽङ्गिरस्वद्रुद्रास्त्वा धूपयन्तु त्रैष्टुभेनछन्दसाऽङ्गिरस्वदादि त्यास्त्वा धूपयन्तु जागतेन छन्दसाऽङ्गिरस्वद्विश्वेत्वा देवा वैश्वानरा धूपयन्त्वानुष्टुभेन छन्दसाऽङ्गिरस्वदिन्द्रस्त्वा धूपयतु वरुणस्त्वा धूपयतु विष्णुस्त्वा धूपयतु ॥66 ॥

विष्णोः क्रमोऽसि सपत्नहा गायत्रं छन्द आरोह पृथिवी मनु विक्रमस्व विष्णोः क्रमोऽस्यभिमातिहा त्रैष्टुभं छन्द आरोहान्तरिक्षमनु विक्रमस्व विष्णोः क्रमोऽस्यरातीयतो हन्ताजागतंछन्दआरोहदिव मनुवि क्रमस्वविष्णो क्रमोऽसिशत्रूय तो हन्ताऽऽनुष्टुभं छन्द आरोह दिशोऽनुवि क्रमस्व ॥ 67 ॥

आ प्यायस्व समेतु ते विश्वतः सोमवृष्ण्यम्। भवा वाज स्व संगथे। 68 ॥

अग्ने र्भागोऽसि दीक्षाया आधिपत्यं ब्रह्म स्पृतं त्रिवृत्तोम इन्द्रस्य भागोऽसि

विष्णो राधिपत्यं क्षत्रँ स्पृतं पञ्चदश स्तोमो नृचक्षसां भागोऽसि धातुराधिपत्यं जनित्रँ स्पूतँ सप्तदश स्तोमो मित्रस्य भागोऽसि वरुणस्याधिपत्यं दिवो वृष्टि र्वात स्पृत एकविँ श स्तोमः। 69 ॥

अ वोचाम कवये मेध्याय वचोवन्दारु वृषभाय वृष्णे। गविष्ठिरो नमसा स्तोममग्नौ दिवीव रुक्म मुरुव्यञ्चमश्रेत् ॥70 ॥

प्रोथदश्वो न यवसेऽविष्यन्यदा महः संवरणाद्व्यस्थात्। आदस्य वातो अनुवातिशोचिरध स्म ते व्रजनं कृष्णमस्ति ॥71 ॥

आऽहं पित्वृदन्त्सुविदत्राँ 2 अवित्सिनपातं च विक्रमणं च विष्णोः। बर्हिषदो ये स्वधयासुतस्यभजन्तपित्वस्त इहागमिष्ठाः ॥72 ॥

त्वष्टादधच्छुष्म मिन्द्राय वृष्णेऽपाकोऽचिष्टुर्यशसे पुरुणि। वृषाय जन्वृषणं भूरिरेता मूर्धन् यज्ञस्य समनक्तु देवान् ॥73 ॥

वायुष्ट्वा प चतैरवत्वसितग्रीवष्छागैर्न्य ग्रोधश्चमसैः शल्मलि र्वृद्ध्या। एषस्य राथ्यो वृषा पद्भिश्चितुर्भिरिदगन्ब्रह्मा कृष्णश्च नोऽवतु नमोऽग्नये ॥74 ॥

पृच्छिामि त्वा चितये देवसखयदि त्वमत्र मनसा जगन्थ। येषु विष्णुस्त्रिषु पदेष्वेष्ट स्तेषु विश्वं भुवनमा विवेशाँ 3 ॥75 ॥

पृच्छामि त्वा परमन्तंपृथिव्याः पृच्छामियत्र भुवनस्य नाभिः। पृच्छामि त्वा वृष्णो अश्वस्य रेतः पृच्छा मि वाचः परमं व्योम ॥76 ॥

इयं वेदिः परो अन्तः पृथिव्या अयं यज्ञो भुवनस्य नाभिः। अयँ सोमो वृष्णो अश्वस्य रेतो ब्रह्माय बाचः परमं व्योम ॥77 ॥

अश्वस्तूपरो गोमृगस्ते प्राजापत्याः कृष्णग्रीव अग्नेयो रराटे पुरस्तात्सारस्वती मेष्यधस्ताद्धन्वोराश्विनावधोरामौ बाह्वोः सौमापौष्णः श्या मो नाभ्याँ सौर्ययामौ श्वेतश्च कृष्णश्च पार्श्वयोस्त्वाष्ट्रौ लोमशसक्थौ सक्थ्योर्वायव्यः श्वेतः पुच्छ इन्द्राय स्वपस्या य वेहद्वैष्णवो वामनः ॥78 ॥

पृश्नि स्तिरश्चीन पृश्निरुर्ध्वपृश्निस्ते मारुताः फल्गूर्लोहितोर्णी पलक्षी ताः सारस्वत्यः प्लीहाकर्णः शुण्ठाकर्णोऽध्या लोहकर्णस्तेत्वाष्ट्रा कृष्णग्रीवः शिति कक्षोऽञ्चिसक्थस्त ऐन्द्राग्नाः कृष्णाञ्जिरल्पाञ्जिर्महाञ्जिस्तउषस्याः ॥79 ॥

कृष्णग्रीवा आग्नेयाः शितिभ्रवो व्वसूनाँ रोहिता रुद्राणाँ श्वेता अवरोकिण आदित्यानां नभो रूपाः पार्जन्याः ॥80 ॥

उन्नत ऋषभो वामनस्त ऐन्द्रावैष्णवाउन्नतः शितिबाहुः शितिपृष्ठस्तऐन्द्राबार्हस्पत्याः शुकरूपा वाजिनाः कल्माषा अग्निमारुताः श्यामाःपौष्णाः ॥81 ॥

एता ऐन्द्राग्ना द्विरूपा अग्नीषोमीया वामना अनड्वाह आग्ना वैष्णवा वशा

मैत्रावरुण्योऽन्यत एन्यो मैत्र्यः ॥ 82 ॥

कृष्णग्रीवा आग्नेया बभ्रवः सौम्याः श्वेता वायव्या अविज्ञाता अदि त्यै सरूपाधात्रे वत्सतर्यो देवानां पत्नीभ्यः ॥83 ॥

कृष्णा भौमा धूम्रा आन्तरिक्षा बृहन्तो दिव्याः शवला वैद्युताः सिध्मास्तारकाः ॥84 ॥

धूम्रान्वसन्तायाल भते श्वेतान् ग्रीष्माय कृष्णान्वर्षाभ्योऽरुणाञ्छरदे पृषतो हेमन्ताय पिशङ्गाञ्छिशिराय ॥85 ॥

कृष्णग्रीवा आग्नेया बभ्रवः सौम्या उपध्वस्ता, सावित्रा वत्सतर्यः सारस्वत्यः श्यामाः पौष्णाः पृश्नयोमारुताबहुरूपा वैश्वदेवा वशाद्यावा पृथिवीयाः ॥86 ॥

उक्ताः सञ्चरा एता ऐन्द्राग्नाः कृष्णा वारुणः पृश्नयो मारुताः काय स्तूपराः ॥87 ॥

धूम्रा बभ्रु नीकाशाः पित्दणाँ् सोमवतां वभ्रवो धूम्रनीकाशाः पितृणां बर्हिषदां कृष्णां बभ्रुनीकाशाः पितृणामग्निष्वात्तानां कृष्णाः पृषन्तस्त्रैयम्बकाः ॥88 ॥

प्रजापतये च वायवे च गोमृगो वरुणायारण्यो मेषो यमाय कृष्णोमनुष्य राजाय मर्कटः शार्दूलाय रोहिदृषभाय गवयी क्षिप्रश्येनाय वर्तिकानीलङ्गोः कृमिः समुद्राय शिशुमारो हिमवते हस्ती ॥89 ॥

एण्यह् नो मण्डूको मूषिका त्तित्तिरिस्ते सर्पाणां लोपाश आश्विनःकृष्णो रात्र्या ऋक्षोजतूः सुषिलीका त इतरजनानांजहकावैष्णवी ॥90 ॥

खड्गो वैश्वदेवः श्वा कृष्णः कर्णो गर्दभस्तरक्षुस्ते रक्षसामिन्द्राय सूकरः सिँ्हो मारुतः कृकलासः पिप्पका शकुनिस्ते शरव्यायै विश्वेषां देवानांपृषतः ॥91 ॥

शादंदद्भिरवकां दन्तमूलैर्मृदं बर्स्वै स्ते गान्द्ँ् ष्ट्राभ्याँ् सरस्वत्या अग्रजिह्वं जिह्वाया उत्सादमवक्रन्देन तालुवाजँ् हनुभ्यामप आस्येन वृषणमाण्डाभ्यां मादित्याँ श्मश्रुभि पन्थानं भ्रूम्यां द्यावापृथिवी वर्तोभ्यां विधुतं कनीनकाभ्याँ् शुक्लाय स्वाहा कृष्णाय स्वाहा पर्याणि पक्ष्मण्यवार्या इक्षवोऽवार्याणि पक्ष्माणि पार्या इक्षवः ॥92 ॥

इन्द्राग्न्योः पक्षतिः सरस्वत्यै निपक्षतिर्मित्रस्य तृतीयापाँ चतुर्थी नैऋत्यै पञ्चम्यग्नीषोमयोः षष्ठी सर्पाणाँ् सप्तमी विष्णो रष्टमी पूष्णी नवमी त्वष्टुर्दशमीन्द्रस्यैकादशी वरुणस्य द्वादशी यम्यै त्रयोदशी द्यावापृथिव्योर्दक्षिणं पार्श्व विश्वेषां देवानामुत्तरम् ॥93 ॥

आग्नेयः कृष्णग्रीवः सारस्वती मेषी बभ्रुः सौम्यः पौष्णः श्यामः शितिपृष्ठो वार्हस्पत्यः शिल्पो वैश्वदेव ऐन्द्रोऽरुणो मारुतः कल्माष ऐन्द्राग्नः सँ् हितोऽधोरामः सावित्रो वारुणः कृष्ण एक शितिपात्पेत्वः ॥94 ॥

आग्नयेऽनीकवते रोहिताञ्जिरनड्वा नधोरामौ सावित्रौ पोष्णौ रजतनाभी वैश्वदेवौ पिशङ्गौ तूपरौ मारुतः कल्माष आग्नेय कृणोऽजः सारस्वती मेषी वारुणः

पेत्वः ॥95॥

अग्नये गायत्राय त्रिवृते राथन्तरा याष्टाकपाल इन्द्राय त्रैष्टुभाय पञ्चदशाय बार्हतायैकादश कपालो विश्वेभ्यो देवेभ्यो जागतेभ्यः सप्तदशेभ्यो वैरुपेभ्यो द्वादशकपालो मित्रावरुणाभ्यामा नुष्टुभाभ्या मेकविँ् शाभ्यां वैराजाभ्यां पयस्या बृहस्पतये पाङ्ताय त्रिणावाय शाक्वराय चरुः सवित्र औष्णिाहाय त्रयस्रिँ् शाय रैवताय द्वादश कपालः प्राजापत्य श्चरुरदित्यै विष्णुपत्न्यै चरुरग्न ये वैश्वानराय द्वादशकपालोऽनुमत्या अष्टांकपाल ॥96॥

अग्नयेपीवानं पृथिव्यैपीठसर्पिणं वायवे चाण्डालमन्तरिक्षायवं ँ शनर्तिनं दिवे खलतिँ् सूर्याय हर्यक्षंनक्षत्रेभ्यः किर्मिरं चन्द्रमसे किलासमह् नेशुक्लंपिंगाक्षँ् रात्र्यै कृष्णं पिङ्गाक्षम् ॥97॥

अथैतानष्टौ विरूपाना लभतेऽति दीर्घं चातिह् स्वं चातिस्थूलं चातिकृशं चाति शुक्लं चातिकृष्णं चातिकुल्वं चतिलोमशं च। अशूद्रा अब्राह्मणास्ते प्राजापत्याः। मागधःपुंश्चली कितवः कलीबोऽशूद्राः अब्राह्मणास्ते प्राजापत्याः ॥98॥

आ कृष्णेन रजसा वर्तमानो निवेशयन्नमृतं मर्त्य च। हिरण्ययेन सविता रथेना देवो याति भुवनानि पश्यन् ॥99॥

अधिन इन्द्रैषां विष्णो सजात्याना म्। इता मारुतो अश्विना॥ तं प्रत्नथा ऽयं वेनो ये देवास आनइडाभिर्विश्वेभिः सोम्यं मध्वोमासश्चर्षणीधृतः ॥100॥

अग्नऽ इन्द्र वरुण मित्र देवाः शर्धः प्रयन्त मारुतो त विष्णो। उभ नासत्या रुद्रो अधग्नाः पूषा भगः सरस्वती जुषन्त ॥101॥

इन्द्राग्नी मित्रा वरुणा दितिँ् स्व पृथिवी द्यां मरुतः पर्वताँ2 अपः। हवे विष्णु पूषणं ब्रह्मणस्पतिं भगं नु शँ् सँ् सवितारमूतये ॥102॥

अस्ये दिन्द्रो वावृधे वृष्ण्यँ् शवो मदे सुतस्य विष्णवि। अद्या तमस्य महिमानमायवोऽनुष्टुवन्ति पूर्वथा। इमा उ त्वा यस्यायमयँ् सहस्रमूर्ध्व ऊ षु णः ॥103॥

नं ते दूरे पर मा चिद्रजाँ् स्या तु प्र याहि हरिवो हरिभ्याम्॥ स्थिराय वृष्णे सवना कृतेमा युक्ता ग्रावाणः समिधाने अग्नौ ॥104॥

हिरण्यपाणिःसविता विचर्षणिरुभे द्यावापृथिवी अन्तरीय ते। अपामीवां बाधते वेति सूर्यमभि कृष्णेन रजसा द्यामृणोति ॥105॥

त्रीणि पदा वि चक्रमे विष्णुर्गोपा अदाभ्यः। अतो धर्माणि धारयन् ॥106॥

त द्विप्रासो विप न्यवो जागृवाँ् सः समिन्धते। विष्णोर्यत्परमं पदम् ॥107॥

शं नो मित्रः शं वरुणाः शं नो भवत्वर्यमा। शं न इन्द्रो बृहस्पतिः शं नो विष्णुरुरुक्रमः ॥108॥

अश्वस्य त्वा वृष्णः शक्ना धूपयामि देवयजने ने पृथिव्याः। मखा य त्वामखस्य

त्वा शीर्ष्णे (3बार) मखाय त्वा मखस्य त्वा शोर्ष्णे (3 बार) ॥109॥

अक्रन् कर्म कर्मकृतः सह वा चा मयोभुवा। देवेभ्यः कर्म कृत्वास्तं प्रेत सचाभुवः ॥110॥

प्रेता जयता नर इन्दो वः शर्मयच्छतु। उग्रावः सन्तु बा हवोऽनाघृष्या यथाऽसथ ॥111॥

कृष्ण कृष्ण कृपालुत्वं, अवगतिनां गतिर्भव।
संसारार्णव मग्नानां, प्रसीद पुरुषोत्तमः ॥1॥
राम रामेति रामेति, रमे रामे मनोरमे।
सहस्रनाम तत्तुल्यं, राम नाम वरानने ॥2॥
अतसिपुष्प संकासं, पीतवाससमच्युतं।
येनमस्यन्ति गोविन्दं, न तेषां विद्यते भयं ॥3॥
रामाय राम भद्राय, रामचंद्राय वेधसे।
रघुनाथाय नाथाय, सीतायाः पतये नमः ॥4॥
वसुनां वासुदेवस्य, वासितं भुवनत्रयं।
सर्वभूत निवासीनं, वासुदेव नमोस्तुते ॥5॥
नमो ब्रह्मण्य देवाय, गौ ब्राह्मण हिताय च॥
जगद्हिताय कृष्णाय, गोविन्दाय नमो नमः ॥6॥
नमो स्त्वनंताय सहस्र मूर्तये
सहस्रपादाक्षि शिरोरु बाहवे।
सहस्रनाम्ने पुरुषाय शास्वते।
सहस्रकोटि युगधारिणे नमः ॥7॥

(अपसव्यं) करके गौ-दान का संकल्प करे।

इहाद्यतिथौ० यथोपस्कर सहितां यथा दास्यमानां पयस्विनी संज्ञकां गां तथा तस्याः निष्क्रयिभूतं इद्रदंव्यं गंध पुष्पाद्यर्चि तं अमुक गोत्रस्य प्रेतस्य प्रेतत्व निवृत्तये पयस्विनी दान लम्य लोकादि प्राप्त्यर्थम् अमुक गोत्राय ब्राह्मणाय तुभ्यं अहं संपर्द दे (संकल्प छोड़े)

इसी तरह उदकपात्र दान, जल का पात्र भरकर दान करे। हेमदान (स्वर्ण के तुष का दान) भी करावे। उदकपात्र दान में **उदकपूरितं इद पात्र तृषादोष निवृत्तये** कहकर संकल्प करे और **हेम दानं अक्षय प्रतिष्ठा सिद्ध्यर्थं दास्ये** कहकर संकल्प करे। फिर जल लेकर संकल्प करे।

इहाद्यतिथौ० गोत्र० प्रेत० प्रेतत्व निवृत्यर्थम् विष्णुतर्पण प्रतिष्ठा सिद्ध्यर्थं वैष्णव श्राद्ध कृतेन (अपसव्यं गोत्र० प्रे० प्रेतत्त्व निवृत्तिः भवतु। असदगतिः विनश्यतु।

सव्य करके सद्गतिः प्राप्ति भवतु (हाथ जोड़े) सव्यं कर आचमन करे। विष्णु के चट का विसर्जन करे। हाथ जोड़कर आगे एकादशश्राद्ध की योग्यता प्राप्त करे— भद्रंकर्णेति विसर्जनं अग्रेएकादश श्राद्ध योग्यता प्राप्ति ॐ भद्र कर्णेभिः शृणुयाम देवा भद्रं पश्येमाक्षभिर्य जत्राः स्थिरैः रङ्गैस्तुष्टुवाँ् सस्तनूभिर्व्यशेमहि देवहितं यदायुः॥

॥ इति विष्णु तर्पणम् ॥

एकादश श्राद्ध

विष्णुतर्पण के बाद पंचकलशों के आगे दर्भ के 11 चट बनाकर तांबे की परात में जल डाले। **शन्नो देवी रभिष्ठय आपो भवन्तुपीतये। शन्नो रभिस्रवन्तुनः॥** फिर दर्भ की शलाका डाले। **पवित्रेस्थो वैष्णव्यौ सवितुर्वः प्रसव उत्पुनाम्यच्छिद्रेण पवित्रेण सूर्यस्य रश्मिभिः। तस्य ते पवित्र पते पवित्रपूतस्य यत्कामः पुनेतच्छकेयम्॥** फिर यव डालें। ॐ **यवोऽसि यवयास्म द्वेषो यवया रातीर्दिवे त्वान्तरिक्षाय त्वा पृथिव्यै शुन्धतां लोकाः पितृषदनः पितृषदन मसि॥** फिर परात में दूध, दही, पुष्प, तुलसी, सोपारी व हिरण्य दक्षिणा डाले तब दर्भ से जल को हिलावे।

यद्देवा देवहेडनं देवासश्चकृमा वयम्। अग्निर्मा तस्मा देन सो विश्वान मुञ्चत्व ँ ँ हसः ॥1॥

यदि दिवा यदि नक्त मेनाँ् सि च कृमा वयम। वायुर्मा तस्मा देनसो विश्वान मुञ्चत्वं हसः ॥2॥

जाग्रद्यदि स्वप्न एनांसि च कृमा वयम्। सूर्यो मा तस्मा देनसो विश्वान मुञ्चत्वं हसः॥3॥

फिर संकल्प करें। आचमन प्राणायाम करे। **इहाद्यतिथौ० गो० प्रे० प्रेतत्व निवृत्यर्थम् एकादश श्राद्ध प्रारंभ निमित्तं विष्णुचटानां पूजनमहं करिष्ये।** 11 चटों का परात के जल से पूजन करें और चन्दन-तुलसी-पत्र-पुष्पादि चढ़ावे। **विष्णवे एतत्ते पाद्य पादाववनेजन एषवो अर्घ्यम् पाद प्रक्षालनम पादपूजनं इदमत्र चंदनं पुष्पम् ॥1॥** इसी तरह एतत्ते से लेकर पुष्पम् तक प्रत्येक बार बोलता रहे और चट का क्रमशः पूजन करता रहे। **शिवाय एतत्ते0 ॥2॥ यमाय एत0 ॥3॥ सोमाय0 ॥4॥ हव्यवाहनाय0 ॥5॥ कव्य वाहनाय0 ॥6॥ कालाय0 ॥7॥ रुद्राय ॥8॥ पुरुषाय0 ॥9॥ प्रेताय0 ॥10॥ विष्णवे0 ॥11॥ आचमन प्रसादं कृत्वा। एकादश श्रद्धानि कारयध्वम्।** आचमन करके एकादश श्राद्ध करने की आज्ञा चंटों से मांगे और फिर गुरु कहे। कुरु। गायत्री मत्र बोले। **अग्निष्वाता०** श्लोक पढ़े। गंगोदक तुलसी पत्र गंगमाटी, रेणुका आदि वहाँ पर बिखेरे। **वैष्णव श्राद्ध भूमौ ग़या श्राद्ध**. . . प्रार्थना करें।

इहागतिथौ गो० प्रे० नि० वैष्णवादि विष्णु पर्थन्तानां एकादश श्राद्धान्येकोदिष्ठ

विधिना एक तत्रेणाऽहं करिष्ये। उदकादि दोषाः दृष्टिदोषाः शाम्यन्तु भवतु। देशकाल पात्र श्राद्ध संपदस्तु।

(सव्यं) सव्य करके सभी चटों के नीचे क्रमशः दर्भ के आसन के रूप में एक शलाका रखे और एक आचमनी भरकर जल छोड़े। फिर हाथ धोकर दूसरे को आसन देवे। इस प्रकार सब जगह करे। प्रथमः विष्णवे।

इदमासनं हस्त प्रक्षालनं ॥1॥ द्वितीयं शिवाय इद० ॥2॥ तृतीयं यमाय० ॥3॥ चतुर्थ सोमराजाय० ॥4॥ पंचमं हव्य० ॥5॥ षष्ठं क्रव्यबाहनाय इ० ॥6॥ सप्तमं कालाय० ॥7॥ अष्टमं रुद्राय० इ० ॥8॥ नवमं पुरुषाय० ॥9॥ दशमं प्रेताय० ॥10॥ एकादशं विष्णवे० ॥11॥

फिर प्रत्येक के आगे अर्घ्य— चाहे तांबे का हो या पीपल का, पत्ते का रखे। इस तरह 11 दर्भ रखे। उसमें 11 दर्भ की शलाकाएँ एक-एक कर पवित्रस्थो मंत्र से डाले। शन्नोदेवी मंत्र से अर्घ्य में जल डाले। यवोऽसि. . . मंत्र से यव डाले व चंदन पुष्प चढ़ावे। इद सत्र चंदनं पुष्पम् कहे। इस तरह अर्घ्यों की अर्चना करे।

(अर्घ्याः अर्चन विधेः परिपूर्णम् स्वाहा अर्घ्या भवन्तु।)

यदि दिवा यदि. . . मंत्र पढे। इसी से क्रमशः सभी अर्घ्यों का पूजन करें। उपर्युक्त आसनदान के क्रम से 11 बार **प्रथमः विष्णुवे एष ते अर्घ्यः पवित्रार्पणं और अर्घ्यांः अर्च**. . . तक पढ़े।

अर्घ्यों में रखी हुई दर्भ की शलाका चटों पर चढावे। अब वापस उन शलाकाओं को अपने-अपने अर्घ्य में डाले फिर प्रत्येक चट की गंधादि से पूजा करे। नैवेद्य पुंगीफल मुद्रार्पण आदि रखावे। चूर्ण आटे का, शक्कर, घृत, डालकर नैवेद्य देवे। फल आदि रखे।

इदमत्र चन्दनंपुष्पम्। यथादत्तं वैष्णवादि विष्ण विष्णु पर्यन्तेभ्यः अर्चन गंधादि प्रीयताम्। एकादशदेवताभ्यः यथा दास्यमानं संपन्नं भोजनं इदं ते। तथा आचमनं यथादास्यमानं आमान्नं सघृतं प्रजापति दैंवत वैष्णवादि विष्णु पर्यन्तेभ्यः प्रत्येकं प्रत्येकं आमान्नविधेः परिपूर्णतामस्तु।

फिर प्रत्येक अर्घ्य में क्रमशः शलाका डालकर उसे एक दूसरे पर जमाते हुए एक तरफ उलटा रख दे। फिर उस स्थान पर जल छांटे, अयोध्यादि रेखा करे। गंगा जल, रेणुका, तुलसीपत्र स्थान साफ करके बिखेरे। तब 11 रेखा करे। चटों के आगे 11 दर्भ की शलाकाएँ रखे। जौ आटे के 11 पिंड करे। प्रत्येक चट के आगे पहले अवनेजन जल डालकर तब दर्भ की शलाका पर पिंड क्रमशः रखे। प्रत्येक अवनेजन जल डालते वक्त पूर्वोक्त 11 मंत्र क्रमशः कहे प्रथम विष्णवे अवनेजनं इदं ते। फिर द्वितीयं आदि। इसी तरह प्रथमः विष्णु 1 पिंड इदं ते कहते हुए क्रमशः 2 से 11 तक नाम बोलते हुए कार्य करे। पिंडों पर जल छांटे। काचो सूत का जनेऊ चढ़ाए। चन्दन, धूप, दीप, नैवेद्य करे। पुंगीफल मुद्रार्पण आदि मेले फिर पिंडों पर चुपचाप

दूध मिश्रित जल धारा करे। पिंडों के आगे प्रत्येक अर्घ्य में उसी क्रम में रखे और अर्घ्य की शलाका पिंड पर चढ़ा दे। फिर प्रत्येक अर्घ्य को उलटा कर दे।

सूत्राच्छादनम्। इदमंत्र चंदनं पुष्पम् तुलसीपत्रं च अर्घ्य नैवेद्यं। फल दक्षिणां च। धूपं दीपं यथापत्रं गंधाद्यर्चनं। इमां यथा कृतां पूजां वैष्णवादि विष्णु पर्यन्तेभ्यः यथा यथा विभागः प्रतिगृह्यतां प्रीयतां च। पिंडानामर्चनं विधेः परिपूर्णतास्तु। (जल छोड़े)। एभिः पिंड दानैः अ० गोत्र० प्रेत प्रेतत्व निवृत्तिः सद्गति प्राप्तिः भवतु। आचमनं। चटे पूजा। चटे सुप्रोक्षतादि करर्ण।

चटों पर जल के छींटे डाले। डाबे हाथ में जल रखकर जीमने हाथ से छांटा डाले।

सुप्रोक्षितोऽयं प्रदेशोऽस्तु। शिवा दर्भाःआपः संतु। सौमनस्यमस्तु। अक्षतं चारिष्टं चास्तु विष्णोः इदं श्राद्धं चोपतिष्ठतां। एवंसर्वत्र। पिंडों के आगे वस्त्रादान करावे। **इहाद्यतिथौ यथादास्यमानं इमं वस्त्रं बृहस्पतिर्दैवतं गंध पुष्पाद्यर्चितं शास्रोक्त फल प्राप्त्यर्थम् (अपसव्यं) अ० गो० प्रे० प्रेतत्व नि० असद्ग० (सव्य) परलोके शीत नग्न, ग्रीष्म, लज्जा, दोष निवारणार्थम्। वस्त्रदानेन लभ्य लोकान् प्राप्त्यर्थम् अस्मै विष्णुरूपाय दास्ये। (सव्यं) तेन वस्त्र दानेन अमुक श्रेयसे भगवान् पापहा विष्णुः प्रीयताम्। पुनः सुप्रोक्षतादि करर्ण।**

फिर जल से छांटे देवे। सुप्रोक्षित वाक्य बोले। अब दूध मिश्रित जल की धारा पिंडों पर शंख से देवे। सब को अलग-अलग धारा दे। शंखे दुग्धं समादाय, स हिरण्य तिलान्वितम् सर्वोषधी च संयुक्तं दद्यात् धारां पृथक् पृथक्।

इहाद्यतिथौ० (अपसव्यं) गो० प्रे० प्रे० नि० अ० वैष्णवादि विष्णु पर्यन्तानां एकादश पिंडेषु जलधारा (यजमानः) अहं करिष्ये। (सव्यं) अपोदेवा विष्णु पिंड एषाते जलधारा पयोधारा चोपतिष्ठतु (एवं सर्वत्र) ॥1॥

उपयामगृहितोस्यादि। शिवपिंड एषा ॥2॥

येना पावक चक्षसा भुरण्यन्तं जनाँ 2अनु। त्वं वरुण पश्यसि। यम पिंड० ॥3॥

ये देवासो दिव्ये कादश स्थ पृथिव्यामध्येकादश स्थ। अप्सुक्षितो महिनै कादशस्थतेदेवासो यज्ञमिमं जुषध्वम्॥ सोमराजपिंड ॥4॥

समुद्रं गच्छ स्वाहा ऽन्तरिक्षं गच्छ स्वाहा देवँ् सवितारं गच्छ स्वाहा मित्रावरुणौ गच्छ स्वाहाऽहो रात्रे गच्छ स्वाहा छन्दाँ् सि गच्छ स्वाहा द्यावापृथिवी गच्छ स्वाहा यज्ञं गच्छ स्वाहा सोमं गच्छ स्वाहा दिव्यं नभो गच्छ स्वाहाऽग्निं वैश्वानरं गच्छ स्वाहा मनो मे हार्दि यच्छ दिवं ते धूमो गच्छतु स्वर्ज्योतिः पृथिवीं भस्मनाऽऽपृण स्वाहा ॥हव्यवाहन पिंड0 ॥5॥

अग्निर्ज्योति ज्योतिरग्निः स्वाहा सूर्योज्योति ज्योतिः सूर्यः स्वाहा। अग्निर्वर्चो ज्योतिर्वर्चः स्वाहा सूर्यो वर्चो ज्योतिर्वर्चः स्वाहा। ज्योतिः सूर्यः सूर्यो ज्योतिः स्वाहा॥ कव्यवाहन पिंड० ॥6॥

हिरण्य गर्भ समवर्त्तताग्रे भूतस्य जातः पतिरेक आसीत्। स दाधार पृथिवीं द्यामुते मां कस्मै देवाय हविषा विधेम॥ काल पिंड० ॥7॥

इषे त्वोर्जेत्वा वायव स्थ देवो वः सविता प्रार्प यतु श्रेष्ठतमाय कर्मण आप्यायध्व मध्न्या इन्द्राय भागं प्रजावती रनमीवा अयक्ष्मा मा व स्तेन ईशत माघशँ सो ध्रुवा अस्मिन् गोपतौ स्यात बह्वीर्यजमानस्य पशून्पाहि॥ रुद्र पिंड ॥8॥

यज्जाग्रतो दूरमुदैति दैवं तदु सुप्तस्य त-थैवेति। दूरङ्गमं ज्योतिषां ज्योतिरेकं तन्मे मनः शिव संकल्पमस्तु॥ पुरुष पिंड ॥9॥

याः फलिनीर्या अफला अपुष्पा याश्च पुष्पिणीः। बृहस्पति प्रसूतास्ता तो मुञ्चन्त्वँ हसः॥ प्रेत पिंड0॥ (।10।)

विश्वतश्चक्षुरुत विश्वतो मुखो विश्वतो बाहुरूत विश्वतस्पात्। संबाहुभ्यां धमति सं पतत्रै र्द्यावाभूमि जनयन् देव एकः॥ विष्णु पिंडः ॥11॥

फिर हाथ जोड़े और कहे— यथा2विभागः प्रियन्ताम् तांबे के पात्र का शेष जल सभी पिंडों पर चढ़ा दे। (सव्यं) सद्‌गति प्राप्ति फिर भद्रकर्णे मंत्र से 11 चटों का विसर्जन करे और आगे पंचश्राद्ध योग्यता प्राप्ति की आज्ञा लें।

॥ इति एकादश श्राद्ध ॥

अथ पंच श्राद्ध

स्नान करके उसी चौके में चट दक्षिण में 5 कलशों के पास रखे। प्रथम विष्णु की षोडशोपचारी या पंचोपचारी पूजन करें तब पंचदेव का क्रमशः पूजन करे। पांच चटों पर यव चढ़ावे और चन्दन, पुष्प, तुलसी आदि चढ़ावे। चटों के नीचे दर्भ की शलाका का आसन दे। आगे अर्घ्य 5 रखे और जल डाले। अर्घ्य का जल चटों पर चढ़ावे और शलाकाएं चटों पर सव्य करके चढ़ावे।

सर्वा यास विनिर्मुक्तैः काम क्रोध विवर्जितैः
भवद्भिः (देवकार्यं) च संपाद्यं में प्रसीदत।
ब्रह्मन् एतत्ते पाद्यं पादाववनेजनं पादपूजनं पादप्रक्षालनं
एष वो अर्घ्यः इदमत्र चंदन पुष्पम् ॥1॥ फिर इसी तरह. . .

सर्वायास से पुष्पम् तक 4 बार पढ़े और ब्रह्मन् के स्थान पर क्रमशः विष्णो! एतत्ते. . .॥2॥ रुद्र एतत्ते. . .॥3॥ यम एतत्ते. . .॥4॥ अपसव्य करके (देवकार्य) के स्थान पर प्रेतकार्य करके प्रेत एतत्ते. . .॥5॥ कहकर पूजन करे। फिर सव्य करके आचमन करे। पंचश्राद्धनिकारयिध्वं। आज्ञा मांगे। कुरु। गायत्री मंत्र पढ़े। अग्निष्वाता पढ़कर गंगाजल, रेणुका बिखेरे।

इहाद्य तिथौ पंच श्राद्धानि एकोदिष्ट विधिना एक तंत्रेणाहं करिष्ये। संकल्प

करे। उदक्यादे. . . पाकपूतो. . .।

अपसव्य करके यही संकल्प प्रेत के आगे छोड़े। सव्य कार्य सर्वत्र देवताओं पर और अपसव्य प्रेत के आगे करें। प्रत्येक को दर्भासन दें। ब्रह्मणे इदमासन हस्त प्रक्षालनम्। इसी तरह विष्णवे रुद्राय, यमाय, तत्पुरुषाय, कहकर आसन दें। फिर अर्घ्य 5 और पवित्र 5 रखें। शन्नो देवी से जल भरें। पूर्वोक्त विधि से अर्घ्य दें। अर्घ्या अर्चन बिघे. . . पूर्ण। यदिदिवा यदि उक्त मंत्र पढ़े। और प्रत्येक की पवित्री अर्घ्य से चट पर चढ़ावे।

ब्रह्मन् एषते अर्घ्यः ॥1॥ विष्णो एषते. . .॥1॥ रुद्र. . .॥3॥ यम. . .॥4॥ तत्पुरुष. . .॥5॥

फिर अर्घ्य का पान उपरा उपरी शलाका प्रत्येक की प्रत्येक में डाल कर एक तरफ रखे। चट पूजन करें। नैवेद्य रखें। ब्रह्मणेयथादत्तं गंधाद्यर्चनं तेन ब्रह्मा प्रीयताम्।

इसी तरह विष्णवे, रुद्राय, यमाय, तत्पुरुषाय, के लिए भी पढें। ब्रह्मविष्णुरुद्र यम तत्पुरुष पंचदेवताभ्यः यथा 2 विभागं भोजनं दीयते तेन ते देवाः प्रीयन्ताम्। पृथक्-पृथक् यथादास्यमानं पंच आमान्नं भोजनं तेन ब्रह्म विष्णु रुद्र यम तत्पुरुषाः यथा-यथा प्रीयन्ताम।

फिर अयोध्यादि रेखा करें। 5 रेखा करके 5 शलाका रख कर अवनेजन डालें। 5 पिंड जौ के आटे के बनावे। प्रत्येक शलाका पर क्रमशः एक-एक पिंड रखे। ब्रह्मन् अवनेजनं इदं ते। इसी तरह विष्णोः रुद्र, यम, (अमुक गोत्र) तत्पुरुष का अवनेजन डाले। फिर प्रत्येक के आगे पिंड रखे।

प्रथम ब्रह्मणे एष ते पिंडः॥ द्वितीयं विष्णवे एष ते पिंडः।

तृतीयं रुद्राय एष ते पिंडः॥ चतुर्थ यमाय एष ते पिंडः।

(अपसव्यं अमुक गोत्र) पंचम तत्पुरुषाय एषते पिंडः। पिंडे प्रत्यवनेजन इदं ते। हाथ धोकर पिंडों पर जल चढ़ावे। फिर सूत्राच्छादन करे। जनेऊ चढ़ावे। गंध पुष्प से पूजन करे। धूप-दीप-नैवेद्य-पुंगीफल, मुद्रार्पण चढ़ावे।

इदमत्र चंदनं पुष्पं धूप दीपं नैवेद्यं अर्घ्य दक्षिणा ताम्बूल पुंगीफल मुद्रार्पणम् इदं ते उपतिष्ठतु। पिंडानां अर्चन विधेः परिपूर्णतास्तु। यस्योपद्दिष्टं तस्योपतिष्ठ ताम्। अपसव्य करके जल छोड़े। एभि पिंडदानैः गोत्रस्य प्रेतस्य प्रेतत्व निवृत्तिः असद्गतिमृत्यु विनाशः। सद्गति प्राप्तिः॥ सव्यं आचमनम्। सु प्रोक्षितादि करणं। जल छांटे। शिवाः आपः सौमनस्य पुष्पं अक्षतं च। ब्रह्मणे इदं श्राद्धं चोपतिष्ठतां। एवं सर्वत्र।

एक-एक पवित्री जो अर्घ्यों में है वह प्रत्येक पिंड पर रखे। तुष्णीं जलधारा दें! अपसव्य गोत्रस्य प्रेतस्य इदंश्राद्ध चोप तिष्ठतां।

उपानह (जूती या खडाऊं) के दान का संकल्प करावें। यथादास्य मानं उपनाह युग्मं आंगीरस दैवतं गद्यपुष्पाद्यर्चितं गो. प्रे. . . प्रेत. . . निं. . . अ. . . वि. . . सद्गति स्वर्लोक प्राप्त्यर्थपरलोके शीत. . . ग्रीष्म कंटक दोष निवारणार्थ उपनाह

दानात् लभ्य लोकान् अवाप्त्यर्थ यस्मै कस्मै ब्राह्मणाय दास्ये। (सव्यं) तेन अमुक श्रेयसे भगवान् पापहा विष्णुः प्रीयताम्।

फिर तांबे की परात में दूध, जल, यव, तिल, गंध, पुष्प, तुलसी मिश्रित जल करके शंख में हिरण्य डालकर उससे पिंड पर जलधारा देवें।

प्रथम पिंडे अग्नि मीले आब्रह्मन् ब्राह्मणो पढ़कर। ब्रह्म पिंड एषते जल धारा ॥1॥

द्वितीय पिंडे इषेत्वो। इदं विष्णु विष्ण पिंड एष. . .॥2॥

तृतीय पिंडे अग्न आ या नमस्ते रुद्र। पिंड. . .॥3॥ चतुर्थपिंडेशन्नोदेवी. . . यमा यत्वा यम पिंड. . .॥4॥

(अपसव्यं) पंचम पिंडे अक्रन्नकर्म्म प्रेता जयता, तत्पुरुष पिंड ॥5॥

फिर 5 सूक्तों के पाठ करने वाले ब्राह्मण का पूजन करे तब सूर्य पूजन करे। फिर सूक्तों का पाठ करे।

इहाद्य तिथौ. . . ब्रह्म विष्णुरुद्रयम तत्पुरुषाणां प्रीत्यर्थं जपकृत ब्रह्मणानां अर्चनं (यजमानः) अहं करिष्ये। यथादत्तं गंधाद्यर्चनं ब्रह्मणेभ्यः संपददे। सूर्य पूजा, इदमार्चितं वोज्योतिः सूर्योज्योतिः अर्चन विधेः परिपूर्णम्॥ आचमनं यथादास्यमान आमान्नं सघृतं प्रजापति दैवतं जपकृत ब्राह्मणूभ्योऽहं संपददे। सुप्रोक्षितादि करणं। इहाद्य तिथौ. . . ब्रह्मविष्णुयम तत्पुरुषाणां प्रीत्यर्थं पंचकलशेषु नाना सूक्त पाठान् कारयिष्ये।

पिछले पृष्ठों पर दिये गये 5 सूक्तों का पठन ब्राह्मण करे। फिर ईशावास्य यजु. अध्याय 40 का पाठ करें।

ईशा वास्य मिदँ सर्वं यक्तिं च जगत्या जगत्।
तेन त्यक्तेन भुञ्जीथा मा गृधः कस्य स्विद्धनम्॥1॥

कुर्वन्नवेह कर्माणि जिजीविषेच्छतँ समाः।
एवं त्वयि नान्यथेतोऽस्ति नकर्मं लिप्यते नरे॥2॥

असुर्या नामते लोका अन्धेन तमसा वृताः।
तांस्ते प्रेत्यापि गच्छन्ति, ये के चात्महनो जनाः॥3॥

अनेजदेकं मनसो जवीयो, नैन देवा आप्नवन् पूर्यमर्शत्।
तद्धावतोऽन्यानत्येति तिष्ठत्तस्मिन्नपो मातरिश्वा दधाति॥4॥

तदेजति तन्नैजति तद्दू रे तद्वन्तिके। तदन्तरस्य सर्वस्य, तद् सर्वस्यास्य वाह्यतः॥5॥

यस्तुसर्वाणि भूतान्यात्मन्नेवानुपश्यति।
सर्व भूतेषु चात्मानं ततो न वि चिकित्सति॥6॥

यस्मिन्त्सर्वाणि भूतान्यात्मैवा भूद्विजानतः।

तत्र को मोहः कः शोक एकत्वमनुपश्यतः ॥7 ॥

सपर्यगाच्छुक्रमकायम व्रण मस्नाविरँ् शुद्धमपाप विद्धम्।

कविर्मनीषी परिभूः स्वयम्भूर्याथातथ्यतोऽर्थान् व्यदधाच्छाश्वतीभ्यः समाभ्यः ॥8 ॥

अन्धं तमः प्रविशन्ति येऽसंभूतिमुपासते।

ततो भूय इव ते तमो य उ सम्भूत्याँ् रताः ॥9 ॥

अन्यदेवाहुः सम्भवादन्यदाहुरसम्भवात्।

इति शुश्रुम धीराणां ये नस्तद्विच चक्षिरे ॥10 ॥

सम्भूतिं च विनाश च यस्त्त द्वेदोभयँ् सह। विनाशेन मृत्युं तीर्त्वा सम्भूत्यामृत मश्नुते ॥11 ॥

अन्ध तमः प्रविशन्ति ये ऽविद्यामुपासत। ततो भूय इव ते तमो य उ विद्यायाँ् रताः ॥12 ॥

अन्य देवाहु र्विद्यायां अन्यदाहुरविद्यायाः। इति शुश्रुम धीराणां ये नस्तद्विच चक्षिरे ॥13 ॥

विद्यां चाविद्यां च यस्तद्वेदो भय ँसह। अविद्यया मृत्युं तीर्त्वा विद्ययाऽमृतमश्नुते ॥14 ॥

वायु रनिल ममृत मथेदं भस्मान्तँ् शरीरम्। ओऽम् क्रतोस्तमर। क्लिवेस्मर। कृतँ् स्मर ॥15 ॥

अग्ने नयसुपथाराये अस्मान्विश्वानिदेव वायुनानि विद्वान। युयोध्यस्म ज्जुहुरराणमेनो भूयिष्ठांते नम उक्तिंविधेम ॥16 ॥

हिरण्मयेन पात्रेण सत्यस्यापिहितं मुखम्। यो वा वादि त्ये पुरुषः सोऽसावहम्। ओऽम् खंव्रह्म ॥17 ॥

(अपसव्य) अमुक गोत्रस्यप्रेतस्य प्रेतपंथ निवारणार्थम् वैकुण्ठलोक प्राप्त्यर्थम् तत्पुरुप पाठजाप्य तत्पुरुषः प्रीतो भवतु (सव्यं) अमीषां श्राद्ध प्रतिष्ठा सिध्यर्थम् व्रह्मणे दक्षिणाः प्रीयताम् पंचदेवताभ्यः यथा-यथा विभागः दक्षिणा प्रीयताम् ॥ दक्षिणा भेट करें, जल छोड़ें।

पंच श्राद्ध कृतस्य विधेः यतन्यूनं अतिरिक्तं तत्सर्व भवतां व्राह्मणानां वचन त् तीर्थ विष्णो प्रसादात् सर्व परिपूर्णतः अस्तु। पुनः पृच्छा। गोत्रस्य प्रेतस्य. . . (सव्यं) सद्गति प्राप्तिः। भद्रंकर्णेति विसर्जनम्। अभिगम्यतां। अग्रेवृषोत्सर्ग कर्म योग्यता प्राप्तिः।

इति मध्यमा षोडशी। इति ऊर्ध्वदेहि क्रियासमाप्ता।

॥ "पंच श्राद्धसमाप्तः" ॥

वृषोत्सर्ग

चौकी एक हवन की करे। उसके दक्षिण में ब्रह्माजी की चौकी करे। दूसरी चौकी ईशान कोण में पंचमातृका की करे तीसरी चौकी पूर्व में विष्णु जी की करे। फिर सर्व प्रथम विष्णुपूजन पंचोपचार या षोडशोपचार करे। फिर अर्घ्य बंधन करें। अर्घ्य में जल, कुश के अग्रभाग दधि, चंदन, अक्षत, द्रोप, सरसों के दाने डालें। आपः क्षीरम् कुशाग्राणि दधि चंदनमक्षताः दूर्वा सर्षपाश्चैव अष्टांगोऽर्ध मुच्यते। अब अर्घ्य हाथ में लेकर आशिुशान रुद्री अध्याय 3 के मंत्र 17 तक पढ़े। फिर पृष्ठ 79 के अनुसार अर्घ्य बंधन विधि करें। संकल्प में नारायण बलि के स्थान पर वृषोत्सर्ग कर्म प्रारम्भ निमित्त पढ़ें। इसी तरह सर्वत्र करे। आचार्य ब्रह्मा और ऋत्विज् का वरण करे। उन्हें मौली बांधे। सूर्य-पूजन करे। सुप्रोक्षितादि करे।

व्रतेन दीक्षामाप्नोति दीक्षयाऽऽप्नोत दक्षिणाम्। दक्षिणा श्रद्धामाप्नोति श्रद्धया सत्य माप्यते ॥1 ॥

इमं में वरुण श्रुधी हवमद्या च मृडय। त्वामवस्युराचके ॥2 ॥

अथ वरुणाय धर्मपतये वारुणं यवमयं चरु निर्वपति वेदन वरुणऽएव धर्मपतिं धर्मस्य पतिंकरोति परमता वैसायो धर्मस्य पतिं रसद्यौ हि परमत गच्छतितिँ हिव धर्म उपयंति तस्माद्वरुणाय धर्मपतये ॥3 ॥

वरुण श्राद्ध करके श्रीफल यजमान के हाथ में देकर स्वस्ति पुण्याहवाचन करावे। आचार्य प्रार्थनादि करे। इसमें नारायणी बलिकर्म के स्थान पर वृषोत्सर्ग कर्म विधानतः का पाठ करे। फिर उसी तरह पंच भू संस्कार कर्म करे। यहां पर आदित्य की जगह रुद्र अग्नि स्थापे। आग पर चावल पकावे। एक तरफ पूषा के लिए गेहूँ के आटे का सीरा बनावे। उत्तर दुग्ध दक्षिणे पाणि। तब ईशान कोण में लाल कपड़ा चौकी पर बिछाकर नंदादि पंचमातृका स्थापन-पूजन करे। चावलों से पांच कोनों का घर बनावे। आशुः शिशानं अनुवाक् पढ़े तब 5 देवियों का स्थापन-पूजन करे। सोपारियां 5 रखे। चावल की ढिगुली करे। सुपारियां का पूजन करे। बीच में कलश स्थापे। (कुछ लोग यहां पर काली कराली आदि 7 मातृका भी स्थापते हैं।)

नंदां आवाहयामि स्थापयामि ॥1 ॥ (इसी तरह) सुमनसां. . .॥2 ॥ सुशीलां. . ॥3 ॥ बहुरूपीणिं. . .॥4 ॥ सुरभिम्. . .॥5 ॥

फिर रुद्र कलश का पूजन कर कलश–स्थापन करे। भूरसि भूमि रस्यदितिरसि

विश्वधाया विश्वस्य भुवनस्य धर्त्रीं। पृथिवीं दृ ँ ह पृथिवीं मा हिं ँसी: ॥1 ॥

धान्य मसि धिनुहि देवान् प्राणाय त्वो दानाय त्वा व्यानाय त्वा। दीर्घामनु प्रसिति मायुषे धां देवो वः सविता हिरण्यपाणिः। प्रति गृभ्णात्वच्छिद्रेण पाणिना चक्षुषेत्वा महीनां पयोऽसि ॥2 ॥

आ जिघ्र कलशं मह्या त्वा विशन्त्विन्दवः। पुनरुर्जानिवर्तस्व सा नः सहस्रं धुक्ष्वोरुधारा पयस्वती पुनर्मा विशता द्रयिः ॥3 ॥

वरुणस्यो त्तं. . . ॥4 ॥

या ओषधीः पूर्वा जाता देवेभ्य स्त्रियुगं पुरा। मनै नु बभ्रूणामह ँ शत धामानि सप्त च ॥5 ॥

हिरण्यगर्भ. . . ॥6 ॥

अश्वत्थेवो. . . ॥7 ॥

पूर्णादर्विपरा पत सुपूर्णा पुनरा पत। वस्नेव विक्रीणावहा इष मूर्ज ँ शतक्रतो ॥8 ।

याः फलिनीर्या अफला अपुष्पा याश्च पुष्पिणीः। बृहस्पति प्रसूतास्ता नो मुञ्चन्त्व ँ हसः ॥9 ॥

परिवाजपतिः कविरग्निर्हव्यान्यक्रमीत्। दधद्रत्नानि दाशुषे ॥10 ॥

युवा सुवासा परिवीत आगात् स उ श्रेया न् भवति जायमानः। तं धीरासः कवय उन्नयन्ति स्वाध्यो3 मनसा देवयन्तः ।11 ।

तत्त्वायामि व्रह्मणा वन्दमा नस्तदा शास्ते यजमानों हविर्भिः। अहेडमानो वरुणेह वोध्युरुश ँ स मान आयुः प्रमोषीः ।12 ॥

असंख्याता सहस्राणि ये रुद्रा अधिभम्याम्। तेषा ँ सहस्रायो जनेऽव धन्वानि तन्मसि ॥13 ॥

प्रतिष्ठा करे। भवतां व्राह्मणानां वचनात् नंदादि पंच मातरः आगच्छ सुप्रतिष्ठिता वरदा फलदा भवन्तु। लघुपूजा करें। इदमत्रचंदनं पुष्पम्।

फिर टोगड़ा टोगड़ी प्रत्यक्ष हो तो उसे सिणगारे और नहीं तो दर्भ के बनाकर उसको अलंकार-वस्त्र आदि पहनावे। पीपल के पत्ते के मांड बांधे। टोगड़ा टोगड़ी के न्यास करे। टोगड़ी को चूनरी ओढ़ावे। घटडी डाले। आभूषण पहनावे। पुषजे। टोगड़े को जनेऊ पहनावे। अर्धचंद्राकार तिलक करे। कुंकुम तथा केसर से तिलक करे। टोगड़ा के डाबी तरफ गोल चक्र और जिमणी तरफ कंकु का त्रिशूल करे। डाबकी शलाका से न्यास करे। तोरण मध्ये मान स्तोके पढ़े। इदं विष्णु. . . से वाम भाग में चक्र करे। (8 अंगुल का चक्र) त्रिणीपदा. . . से दक्षिण में त्रिशूल (द्वादश अंगुल का त्रिशूल करे।) फिर दोनों के कांकण मीढल बांधे। तब वत्स (टोगड़ा) के मंत्रों से न्यास करे और वत्सीं (टोगड़ी) के दर्भ की शलाका से प्रदर्शित देवता का

नाम लेकर न्यास करे।

इहाद्यतिथौ. . (असव्यं) अ. . . गो. . . प्रे. . . प्रे. . . नि. . . अस. . . (सव्यं) वृषोत्सर्ग प्रारम्भ निमित्तं निल वृषभस्य वृषभ्या: च न्यासान् अहं करिष्ये।

वत्सन्यासा:	**वत्सीन्यासा:**	
मंत्र	**स्थान**	**देवता नाम**
इषेत्वा. . .	मस्तके	**ब्रह्म, गौरी**
इमारुद्रा. ...	त्रिशूले, पयोधरेषु	चत्वारि सागराणि। स्वाहा
नमस्ते. . .	चक्रे	रोमकूपेषुऋषय:
गोमदुखु. . .	ललाटे	**महेश्वर, पार्वती**
विभ्राड्. . .	नेत्रयो	**गंगा, शशिभास्करौ**
प्राणदा. . .	नासिकायाम्	कालिन्दी
त्र्यंबकं. . .	मुखे	**महालक्ष्मी**
हिरण्यगर्भ. . .	शृगयो:	**घृति, शृंगमध्ये रुद्राणी**
नील ग्रीवा. . .	कंठे	**देवी**
मर्म्माणिते. . .	**बाहुभ्यां**	**सावित्री**
समिधाग्नि. . .	**कर्णाभ्यां**	**अक्विश्वनोदेवौ**
नमोव:किरि. . .	हृदये	**गायत्री**
नाभिर्म्मे. . .	नाभौ	**प्रज्ञा**
युंजते. . .	उदरे	**विष्णु**
उदुत्यं. . .	जंघयो	**भवानी**
इदं विष्णु. . .	पादयो:	**चत्वारो वेदा:**
इमारुद्राय. . .	**जानुभ्यां**	**विंध्यवासिनी**
परिते. . .	उर्वो:	**सरस्वती**
इरावती. . .	खुरेषु	**विश्वधारिणी**
देवश्रुतौ. . .	खुराग्रे	**मंगला**
इममे. . .	पुच्छे	**उमा**
विष्णोर्नु कं. . .	पृष्ठ	वैवस्ततोयम: पृष्ठदेशे कोटरी
रक्षोहणं. . .	गुदे, योन्यां	विश्वम्
युंजते. . .	सर्वांगे	सर्व देवता, शूलवाहिनी

इमारुद्राय तवसे कपर्दिने क्षयद्वीराय प्र भरामहे मती:। यथा शमसद् द्विपदे चतुष्पदे विश्वं पुष्टं ग्रामे अस्मिन्ननातुरम्। ॥1॥

गोमदू षु णासत्याश्वावद्यातमश्विना वर्ती रुद्रा नृपाय्यम् ॥2॥

विभ्राड् बृहत्पिवतु सोम्यं मध्वा युर्दधद्यज्ञपता व विह्रु तम्। वातजूतो यो अभिरक्षति त्मना प्रजा: पुपोष पुरुधा वि राजति ॥3॥

प्राणदा अपानदा व्यानदा वर्चोदा वरिवोदा:। अन्यास्ते अस्मत्तपन्तु हेतय: पावको अस्मभ्य ँ् शिवोभव ॥4॥

त्र्यम्बकं यजामहे सुगन्धि पुष्टिवर्धनम्। उर्वारुकमिव बन्धनान्मृत्योर्मुक्षीय मामृतात् ॥5॥

नीलग्रीवा: शितिकण्ठा दिव ँ् रुद्रा उपाश्रिता:। तेषा ँ् सहस्रयो जनेऽबधन्वानि तन्मसिं ॥6॥

मर्माणि ते वर्मणा छादयामि सोमस्त्वा राज़ाऽमृतेनानुवस्ताम्। उरो र्वरीयो वरुणस्ते कृणोतु जयन्त त्वाऽनु देवा मदन्तु ॥7॥

समिधाऽग्निं दुवस्यत घृतैवोधयता तिथिम्। आस्मिन् हव्या जुहोतर ॥8॥

नमोव: किरि केभ्यो देवानाँ् हृदयेभ्यो। नमोव्विचिन्वत्केभ्यो नमो विक्षिणत्केभ्यो नम आनिर्हतेभ्य: ॥9॥

नाभिर्मेचित्तं विज्ञानं पायुर्मेऽपचिति भंसत्। आनन्दनन्दा वाण्डौ में भग: सौभाग्य पस:। जं घाभ्यां पद्भ्यां धर्मोऽस्मि विशि राजा प्रतिष्ठित: ॥10॥

उदुत्य जातवेदसं देवं वहन्ति केतव:। दृशे विश्वाय सूर्य ँ् स्वाहा ॥11॥

ये न्यासों के मंत्र हैं। उन्हें स्थान के अनुसार पढ़ें।

प्रत्येक देवता का नाम लेने के बाद स्थान नाम लेकर उस स्थान पर दर्भ की शलाका का स्पर्श करके न्यसामि– ऐसा कहे। फिर दोनों के दक्षिण कान में बृषभ और वत्सी गायत्री मंत्र पढ़े तब दोनों की प्रार्थना करे।

तीक्ष्ण शृंगाय विद्महे वेदपादाय धीमहि तन्नो वृषभ: प्रचोदयात् ॥1॥

तीक्ष्ण शृंगायै विद्महे वेदपादायै धीमहि तन्नो गौरि प्रचोदयात् ॥2॥

वृषभ प्रार्थना।

नंदिन कुल सभूत: वृषस्त्वं रुद्रवाहन:।
गवाँ कोटि सहस्रेषु, एक स्त्वं वृषभस्सदा॥
वृषोहि भगवान् धर्म: चतुष्पाद प्रकीर्तित:।
नमामि सततं धर्म स में रक्षतु सर्वदा॥

वत्सी प्रार्थना

या लक्ष्मी सर्वभूतानां याच देवी व्यवस्थिता।
धेनु रूपेण सा देवी प्रेत पापं व्यपोहय॥
अदिति र्देव माता च वेदमाता त्वमीश्वरी।
धेनुरूपेण त्वं देवी, मम पापान्व्यपोहय।
गावो में अग्रत: सन्तु गावो में सन्तु पृष्ठत:।
गावो में हृदये सन्तु गवां मध्ये वसाम्यहं॥

फिर चावल यज्ञ वेदी पर सिक जाने के बाद श्रुव तपावे। श्रुतेचरो श्रव. . . से लेकर ब्रह्मा न्वारंभे श्रुवेण होमः करे। आदित्य की जगह रुद्र अग्नि नाम लेवे। सब से पहले घी से इहरति की 6 आहुतियाँ देवे।

ॐ इह रति स्वाहा। इदमग्नये ॥1॥

ॐ इह रम ध्वं स्वाहा। इदमग्नये ॥2॥

ॐ इह धृतिं स्वाहा। इद मग्नये ॥3॥

ॐ इह स्वधृति स्वाहा। इदमग्नये ॥4॥

ॐ उपसृज धरुणं मात्रे धरुणे मातरं धयन् स्वाहा। इदमग्नये ॥5॥

ॐ राय स्पोष मस्मासु दी धर त्स्वाहा। इदमग्नये ॥6॥

हाथ जोड़कर अग्नि पूजन करे फिर चक्षुषी 4 आहुतियाँ दे। **वृषोत्सर्गे रुद्रनामानं वैश्वानरं आवाहयामि पूजयामि इदमत्र चंदनं पुष्पम्। ॐ प्रजायतये स्वाहा इदप्र. . . ॥1॥ ॐ इन्द्राय स्वाहा इदं इ. . . ॥2॥ ॐअग्नये स्वाहा इदम. . . ॥3॥ ॐ सोमाय स्वाहा इदं सो. . . ॥4॥**

इसके बाद चावल जो दूध में पकाये हुए हैं उसमें घृत, खांड, पंचमेवा आदि डालकर उनसे हवन करें। ॐकारमंत्र उच्चारण करें।

ॐ अग्नये स्वाहा। इदमग्न. . . रुद्रयस्वा. . . इदरुशर्वाय स्वा. . . इदश. . .। पशुपतये स्वाहा इदं पशु. . .। उग्राय इदंउ. . .। अशानाय. . . इदंअ. . .। भवाय. . . इदंभ. . . महादेवाय. . . इदंम . . . ईशानाय . . . इदमी।

अथ पूषाचरु-गेहूँ का सीरा का हवन करें। 2भाग करें। एक भाग की आहुति दें।

ॐ पूषा गान्वेतु नः पूजा रक्षतु सर्वतः पूषा वाजसनोतु नः स्वाहा। इदं पूष्णे न मम।

फिर दोनों का स्विष्ठकृत हवन करें। चावलों का शेष व सीरे का शेष हवन करें।

ॐ अग्नये स्विष्ट कृते स्वाहा। इदमग्नये स्विष्टकृते न मम। फिर घृत से नौ आहुतियाँ देवें। ॐ भूः स्वाहा। इदमग्नमे ॥1॥

ॐ भुवः स्वाहा। इदंववायवे ॥2॥

ॐ स्वः स्वाहा। इदं सूर्याय ॥3॥

त्वंनों अग्ने वरुणस्य विद्वान् देवस्य हेडो अवयासि सीष्टाः यजिष्टो वह्नि तमः शीशु चानो विश्वा द्वेषांसि प्रमुभुग्ध्यस्मत्। इदमग्नि वरुणाभ्यां न मम ॥4॥

ॐ सत्त्व नो अग्नेऽव मो भवोती ने दिष्ठो अस्या उषसो व्युष्ठौ। अवयक्ष्व नो वरुणं रराणो वीहिमृडीकं सुहवो न एधि॥ इदमग्निवरुणाभ्यां न मम ॥5॥

ॐ अया श्चाग्नेऽयन भिशस्तिपाश्च सत्यमित्व मया असी अयानो यज्ञं वहास्य मानो धेहि भेषजस्वाहा। इदमग्नि भेषजाभ्यां न मम ॥6॥

ॐ ये ते शतं वरुणं ये सहस्रं यज्ञिया: पाशा वितता महान्त:। तेभिनो अद्य सवितोत विष्णुर्विश्वे मुंचुंतु मरुत: स्वर्का स्वाहा। इदं वरुणाय सवित्रे व्रिष्ण वे विश्वेभ्यो देवेभ्यो मरुद्भय: स्वर्कैभ्यश्च न मम ॥7 ॥

ॐ उदुत्तमंवरुण पाश मस्मदवाधमं विमध्यमं श्रथाय अथा वय मादित्यव्रते तवानागसो अदितये स्याम स्वाहा। इदं वरुणाया दित्याया दितये च न मम ॥8 ॥

ॐ प्रजापत ये स्वाहा इदं प्रजापतये न मम ॥9 ॥

होमान्ते मातृ कलश पूजनम्। पीछे टोगड़ा टोगड़ी को कलश के जल से अभिषेक देवे। टोगड़ा टोगड़ी को पूर्वमुख बैठावे।

समुद्रोऽसि नभस्वानाद्रेदानु शम्भूर्मयो भूरसि मा वाहि स्वाहा मारुतोऽसि मरुतां गण: शम्भूर्मयो भूरसि मा वाहि स्वाहाऽवस्यूरसि दुवस्वाञ्छम्भूर्मयो भूरभि मा पाहि स्वाहा ॥1 ॥

पञ्चनद्य. . . ॥2 ॥

शिरो में श्री र्यशो मुखंत्विषि: केशांश्चश्मश्रूणि। राजा में प्राणो अमृत ॅसम्राट् चक्षुर्विराट् श्रीत्रम् ॥3 ॥

जिह्वामे भद्रं वाङ्गमहो मनोमन्यु: स्वराड् भाम:। मोदा: प्रमोदा अंगुली रंगानि मित्रं में सह ॥4 ॥

वाहू में बलमिन्द्रियँ हस्तौ में कर्म वीर्यम् आत्मा क्षत्र मुरो मम ॥5 ॥

पृष्ठी में राष्ट्र मुदरमँ सौ ग्री वाश्चश्रोणी। उरु अरत्नी जानुनी विशो मेऽङ्गानि सर्वत: ॥6 ॥

नाभिर्मेचितं. . . ॥7 ॥

अभिषेक देकर। वत्सतरी सहित नीलस्य प्रदक्षिणा। प्रथम टोगड़ी आगे ओर टोगडो लारे इण तरह सु फेरा तीन फेरे।

स्वर्ण धर्म: स्वाहा स्वर्णार्क: स्वाहा स्वर्ण शुक्र: स्वाहा स्वर्ण ज्योति: स्वाहा स्वर्ण सूर्य: स्वाहा ॥1 ॥

फिर चौथे फेरे बृषभ आगे और वत्सतरी पोछे रहे। संवत्सरोऽसि परिवत्सरोऽसि दावत्सरोऽसि द्वत्सरोऽसि वत्सरोऽसि। उषसस्ते कल्यन्तामहो रात्रास्ते कल्यन्ता मर्धमासास्ते कल्यन्तां मासास्ते कल्यन्तामृतवस्ते कल्पताँ संवत्सरस्ते कल्पताम् प्रेत्या एत्यै सं चाञ्च प्रच तारय। सुपर्ण चिदसि तया देवतयाऽङ्गिरस्वद् ध्रुव: सीद ॥2 ॥

फेरा देने के बाद दोनों को दक्षिण मुख रखकर उनकी पूंछ पर तर्पण करे। तांबे की परात में जल, दर्भ, तुलसी-पत्र, तिल, यव, दूध, पुष्प, शंख और शंख में चांदी का द्रव्य डाले।

इहाद्यतिथौ. . (अपसव्यं) गो. . . प्रे. . . प्रे. . . नि. . . (सव्यं) वृषभ वत्सी

पुच्छाग्रे तर्पणं यजमानः क्रियते। मनो में तर्पयत वाचं में तर्पयत प्राणं में तर्पयत चक्षुमें तर्पयत श्रोत्रं मे तर्पयतात्मानं में तर्पयत प्रजां में तर्पयत पशून्मे तर्पयत गणान्में तर्पयत गण मे मा वि तृषन् ॥1 ॥ नमस्ते मंत्र. . . (अपसव्य) गो. . . प्रे . . एकादशाहे वृषभवत्सी पुच्छोदकेन तृप्यतु।

तीन तिरबांणा भरके जल पुच्छ पर डाले। यमाय नमः ॥1 ॥ धर्मराजाय नमः ॥2 ॥ मृत्यवे नमः ॥3 ॥ सब कुटुम्ब के लोग आकर अंजलियाँ पूंछ पर देवें। सांस्रव प्राशनं। अग्नि मध्ये क्षिपेत्। पवित्राभ्यां मार्जन पवित्र प्रतिं प्रणोता विमोकः। ब्रह्मणे सुप्रोक्षितादिकरणँ। स्रुवे का प्राशन अग्नि में ड़ाले। स्रुव साफ करे। पवित्र दर्भकी लेकर उसका मार्जन करे। प्रणीता को उलटा रख दे। ब्रह्माजी के आगे सुप्रोक्षित पूर्वोक्त विधि से करे। फिर सूर्यपद का दान करे।

इहाद्यतिथौ. . . अनेक तर्पणेन (अपसव्यं) गो. . . प्रे. . . प्रे. . . नि (सव्यं) सद्गति प्राप्तिः।

फिर टोगड़ा टोगड़ी का विसर्जन करे।

इमं वृषं पंच त्रिशूल चक्रां कितर्तिलकं सूर्यपद ग्रीवाऽवलम्वितं सर्वाभरण भूषितं रुद्र दैवतं गंध पुष्पाद्यर्चितं शास्रोक्त फलावाप्तये गो. . . प्रे. . . वत्सतरी गोयूथ मध्ये अहं उत्सृजामि।

फिर वृषभ के पग को वाम स्थल पर चक्र तथा जिमणी स्थल पर त्रिशूल की आकृति करके वत्सी के जिमणी कान में निम्न मंत्र का जप करें।

ॐ इड़े रन्ते हव्ये काम्ये चन्द्रे ज्योतिऽदिते सरस्वति महि विश्रुति। एता ते अध्न्ये नामानि देवेभ्यो मा सुकृतं ब्रूतात् ॥1 ॥

फिर वत्सी के दक्षिण स्कंध पर हाथ रखकर कहें— यथेष्ठं यूथ परिभ्रम। फिर वृषभ के कान में कहे।

धर्म स्त्वं वृषरूपेण ब्रह्मणा निर्मितः पुरा।
तवोत्सर्ग प्रभावेण, प्रेतोद्धारो भवार्णवात् ॥
मुक्तस्त्वं भो मया वत्स, गच्छत्वं तव रोचते।
चरत्वं वन सहस्रेषु, कुरु क्रीडा च गोकुले ॥

फिर दोनों को नमस्कार करें।

नमो वृषभ देवेश भूतर्षि पितृपोषक। त्वयि मुक्तेऽक्षया लोकाः प्रेताः सन्तु निरामयाः ॥

पीछे ब्रह्म के आगे पूर्णपात्र दान देवें।

कृतस्य वृषोत्सर्ग कमर्णः सांगता सिद्ध्यर्थ दास्यमानं पूर्णपात्रं ब्रह्मन् तुभ्यमहं संपददे। वृषोत्सर्ग सांगता सिद्ध्यर्थ यथा संख्याकान् ब्राह्मणान् भोजयिष्ये तेन श्री कर्मांग देवताः प्रीयन्ताम् ॥ अत्राद्य० भवतां ब्राह्मणानां वचनात् वृषोत्सर्गस्य विधेः

परिपूर्णतास्तु। अनेन वृषोत्सर्गकर्मणा कृतेन (अपसव्यं) अ. . . गो. . . प्रे. . . नि. .
असद्गति विनाशः (सव्यं) सद्गति प्राप्तिः।

भद्रंकर्णेति विसर्जनम्। अग्रे आद्यश्राद्ध योग्यता प्राप्तिः

॥ इति वृषोत्सर्गः॥

नोटः सधवा और पति-पुत्रवाली स्त्री की मृत्यु प्रथम हुई हो तो वृषोत्सर्ग न करके पयस्विनी गौ का दान करना चाहिए।

पति-पुत्रवती नारीं द्वयो रग्रे मृता यदि। वृषोत्सर्ग नैव कुर्याद्दद्याद्गाँ च पयस्विनीम्। ग० पृ० 54।

आद्य श्राद्धम्

स्नान करके पांचवां चौका आद्यश्राद्ध का सारे। चन्दनादि घिसकर विष्णु भगवान की सेवा करे। चट 1 एकसिर दर्भ का दक्षिण तरफ रखे। श्राद्धकर्ता दक्षिणाभिमुख बैठे। अपने सामने के आसन पर ही चट रखे। अपसव्य करके हाथ में तिल लेकर चट का स्पर्श करे।

गतोऽसि दिव्यलोकत्वं कृतांत विहितात्ययात्।
मनसा वायु भूतेन चटे त्वाहं निमंत्रये॥
सर्वायास विनि. . . अ. . . गो. . . प्रेत

आद्यश्राद्ध निमित्त एतत्तेपाद्य. . . पुष्पम्। स्वपाद प्रक्षालनं। आचमनं प्राणायामं। आद्यश्राद्ध कारयिध्वम्। कुरु। नीवीबंधनं। गायत्री मंत्र। अग्निष्वाता. . . श्राद्धभूमौ. . . उदक्या. . . पाकपूतः. . . (सव्य) देशकाल संपदस्तु। अपसव्यं गो. . . प्रे. . . प्रे. . . आद्यश्राद्ध एकोदिष्ट विधिना एक तत्रेणाहं करिष्ये।

तिरबांणा में शन्नो देवी से जल डाले। तिल, यव, दूध, तुलसी आदि डाले। अर्घ्य एक में शलाका 1 चट आगे रखे। अर्घ्य में शन्नो देवी से जल डाले। चट पर अर्घ्य चंदन चढ़ावे। अर्घ्य के अन्दर की पवित्री चट को चढ़ावे। अपसव्य करके अर्घ्य से जल चढ़ावे। वापस शलाका अर्घ्य में लेकर फिर जल चढ़ावे। अर्घ्य दूर एक तरफ रखे। विष्णु भगवान के पास जल छिड़ककर अयोध्यादि रेखा करके एक पिंड बना कर रखे।

गो० प्रे. आद्य. आसनं इदं ते। एक अर्घ्य पवित्र पहले की विधि से चढ़ावे। यदिव्या० गो० प्रे० अर्ध इदंते। इदं-पुष्पम्। यथादत्तं० गो० प्रे० अर्चनं इदंते। इदमर्चितं आद्य श्राद्धस्यार्चन विधे पूर्णम्। सव्यं० आचमन॥ यथादास्यमानं सम्पन्नं आमान्नं च घृतं च लवणं०गो० प्रे० आमान्नं इदंते। नैवेद्य रखें। गो० प्रे०, आद्य० निमित्त पिंड इदंते। पिंड प्रत्यवनेजनं। सूत्राच्छादनं। इदं-पुष्पम् विष्णोः पूजनं।

नैवेद्यं गो० प्रे० नैवेद्य इदंते। पिंडस्यार्चन विधेः पूर्ण। अनेन पिंड दानेन गो० प्रे० असद्गतिः विनाशः सद्गतिः प्राप्ति। सव्यं आचमन सुप्रीक्षितादि करणं। अपसव्यं गो० प्रे० इदं श्राद्धं चोपतिष्ठताम्। यस्यो पदिष्टं तस्यो तिष्ठ ताम्।

पिंड पर प्रत्यवनेजन जल व चंदन चढ़ावे। सूत्राच्छादन करे। अर्घ्य के अन्दर की शलाका पिंड पर चढ़ावे। श्रद्धानुसार अन्नदान का संकल्प करे। चूर्णधान पक्षियों को डाले। पिंड विसर्जन करे। पिंडोपरि तिलोकदेन सदुग्धेन जलधारां कुर्यात्। पिंड पर जल धार दें। अनादि निधनो देव. . . श्लोक बोले। पीछे चूणदान संकल्प करे।

इहाद्यतिथौ. . . (अपसव्यं) यथा दास्यमानं आमान्नं प्रजापति दैवतं अ० गो० प्रे० निं० परलोके भस्म द्वादशी दान लभ्य लोकानि प्राप्त्यर्थम् पक्षीजं इदमन्नं तुभ्य दादामि ते। (सर्व्य) मन भस्म द्वादशी लोक प्राप्तिर्भवतु। अमुक श्रेयसे भगवान् प्रीयतां। अस्य आद्य श्राद्ध प्रतिष्ठा गो० प्रे० इदं ते। पिंड पात्राणि चालयेत्। पिंड के पात्रों को हिलावें। नीवी विसर्जन। संचरमभ्युक्ष्य। अभ्युक्ष्य। पुनपृच्छा। इहाद्यतिथौ० (अपसव्य) गो० प्रे० प्रे० नि० सद्गतिः प्राप्त्यर्थ अमीषां श्राद्धानां पूजन कृतेन विधे यत् न्यूनातिरिक्तं तत् सर्व तीर्थ विष्णोः प्रसादात् परिपूर्ण मस्तु। शास्रोक्त फलावाप्तिः भवतु। भद्रकर्णोति विसर्जनम्। इति आध्श्राद्धः। अग्रेपंचदश श्राद्ध योग्यता प्राप्ति॥

॥ इति एकादशाहकर्म संपूर्णम्॥

सभी बन्धुजन स्नान करें, पंचगव्य लेवें। जनेऊ बदलें। आज सब की सूतक निवृत्ति होती है। केवल 1 व्यक्ति श्राद्ध करने वाले को सूतक रहता है। आज ब्रह्मार्पण व अबोट रसोई नहीं होती आज के दिन तक रोते-रोते जिस सम्बन्धी को आना हो वह आ जाता है।

अथ द्वादशाह कर्म

द्वादशाह के दिन तीर्थ जाकर तीन चौके करे। एक षोडश श्राद्ध, दूसरा सपिंडी श्राद्ध और तीसरा रसोई का। बर्तनादि मल कर स्नान कर शुद्ध वस्त्र पहने। एक व्यक्ति रसोई बनावे। यह रसोई अतिथि को जिमाई जाती है या दे दी जाती है। पहले पिंडों के लिए चावल पकावे। सारा काम अबोट होवे।

पूजा की सामग्री लेवे। चावल पिंडों हेतु दो किलो ले लेवे। रसोई का सामान लेवे।

अगर प्रत्यक्ष ब्राह्मण श्राद्ध में छह बैठाने हों तो उनके लिए वस्त्र, पात्र और दान हेतु सामग्री भी लेवे। विशेष में स्वर्णशलाका पिंड छेदनार्थ आवश्यक है। 14

या 15 जोड़े जनेऊ होने चाहिए। कई स्थानों पर द्वादशाह कर्म अपने घर में ही करते हैं। ऐसा हो तो घर के दक्षिण भाग में भूमि पवित्र कर क़र्म करें।

स्नान करके 15 चट बांधे। वर्ष में अधिक मास हो तो 16 चट बनाना चाहिए। फिर पूर्व में विष्णु की पूजन करना तब दक्षिण मुख करके चटों का पूजन करना चाहिए। चट दक्षिण में रखे।

चटों के क्रम यह हैं– बारह तो मासिक श्राद्ध के, एक त्रिपक्षी का, एक छः मासिक का, एक अष्ठोद का, वर्ष में अधिकमास हो तो उसका।

दक्षिणे मुखे। अपसव्यं तिलं गृहीत्वा। गतोऽसिप्ट० सर्वायासविनिर्मुक्तँ काम क्रोध विवर्जितैः। भवद्भिः प्रेतकार्य संपादनीयं स्वागतम् भो सुस्वागतम्। अ० गो० प्रेत द्वादशाह निमित्तं प्रथममासिकं वाऊनमासिकं एतत्ते पाद्य० पुष्पम्। श्राद्धे क्षण मुपतिष्ठतु।

इसी तरह प्रत्येक चट का आवाहन व पूजन करे। फिर सर्वाया. . . से पुष्पम् तक पढ़ता जावे। प्रथम मासिक के स्थान पर क्रमशः द्वितीय मासिक ॥2॥ त्रिपक्षिकं ॥3॥ तृतीय मासिक ॥4॥ चतुर्थ मा. ॥5॥ पंचम मा. ॥6॥ षाण्मासिकं ॥7॥ न्यून षाण्मासिक ॥8॥ सप्तम मासिकं ॥9॥ अष्ठम् मा. ॥10॥ नवम मा. ॥11॥ दशम मा. ॥ 12 ॥ एकादश मां. ॥13॥ द्वादश मां. ॥14॥ न्यूनाव्दकं ॥15॥ अगर 16 चट हो तो सोलहवां अधिक मासिक या मालिम्लचिक ॥16॥ इस तरह प्रत्येक चट का पूजन कर लेवे। अगर अधिक मास न हो तो 15 चटों का ही पूजन करे। 16 वां नहीं बनावे।

स्वपाद प्रक्षालनं। आचमनं प्राणायामं कृत्वा। गायत्री मंत्र पढे। श्राद्धं कुर्वे। ब्राह्मणों से आज्ञा ले उत्तर में ब्राह्मण कहे (कुरुष्व) तब पूर्वोक्त विधि से अग्नि स्वाता पृ० श्राद्धभूमौ० पृ. श्लोक पढ़े। गंगाजल, तुलसी-पत्र रेणुका विखेरे। तव अपसव्यं कर संकल्प करें।

इहाद्यतिथौ. . . अ. गो. प्रे. प्रे. नि. सद्गति द्वादशाह दिन्युनाव्दिकपर्यन्तानां पंचदशश्राद्धानिवा षोडश श्राद्धा निएकोदिष्ट विधिनाएकतं त्रेणाऽहं करिष्ये। (सव्यं) उदक्यादि क्षुद्रदृष्टि निपातिताः पाकादिदोषाः निरसनाः सन्तु पाकादीनां पवित्राऽस्तु। देश काल संपदस्तु।

तांबे की परात में तिल, तुलसी गंगाजल मिश्रित जल डाल कर दर्भ डाले। शन्नोदेवी से अर्घ्यों में जल डाले।

प्रत्येक के आगे एक-एक अर्घ्य रखे। उसमें एक-एक दर्भ की शलाका रखे व विधि-वत् पूजन करे।

प्रेतद्वादशाह दिने ऊनमासिकादि उनाद्विक पर्यतेभ्यः पादयोः पाद्यमुपतिष्ठताम्। फिर इसी तरह पादयो अक्षत, पुष्पम् उपतिष्ठतु। प्रेता जयता. . . अर्घ्य अर्पण करे। एष वः पादार्घ्यः संपद्यताम्।

अर्घ्य का जल चट पर चढ़ावे। पूर्वोक्त रीति से प्रथम मासिक, द्वितं आदि न्यूनाब्दक तक कहता हुआ प्रत्येक को अर्घ्य दे, आसन दे।

यथा यथा विभागेन आसनं इदंते। तिलोऽसि सोम दैवत्यो गोसवो देव ॱमतः। प्रत्नमद्भि पृक्तः स्वधया पितृलोकान्प्रीणाहि नः स्वाहा॥ प्रत्येक चट पर तिल चढ़ावे। चंदन पुष्प चढ़ावे। **अर्घ्याः अर्चन विधे परिपूर्णम्।** अर्घ्य की पवित्री चट पर चढ़ावे। **पवित्रार्पणम्। यदि दिवा. . . पढ़कर गोत्र प्रेत द्वादशाह दिने ऊनमासिकादि न्यूनाव्द पर्यन्तेभ्यः यथा-यथा विभागेन अर्चनं इदं ते। एवं सर्वत्र।**

अर्घ्यपान ऊपरा ऊपरी लेवे। ये अर्घ्य विष्णु के आगे रखे। पात्र न्यून्जीकरणं कृत्वा। वही जगह पवित्र करके तुलसी-पत्र, रेणुका आदि बिखेरे। चटे पूजा। चट का पूजन करें। सूर्य पूजन करे। नैवेद्य चटों के आगे रखे। आटे के चूर्ण में शक्कर, घृत मिश्रित कर नैवेद्य पीपल के पत्तों पर प्रत्येक के आगे रखे। फिर भोजन कराकर नैवेद्य के पत्ते वहां से हटा दे।

इदमर्चितं वोज्योतिः सूर्योज्योतिः अर्चन विधे परिपूर्णन्। आचमनं। यथादास्य मानं इदमन्नं घृताद्यु पस्कर सहितं यदत्तं अपरं दास्यमानं आमान्नं गोत्राय प्रेताय प्रत्येकं-प्रत्येकं भोजन इदं ते।

गायत्री जप करे। हाथ धोकर नीवी बंधन करे। अर्थात् अपनी जिमणी खूँट में दर्भ की 1 शलाका 4 जव रवाखे। इसे नीवी बंधन कहते हैं। फिर अयोध्यादि रेखा करे। पिंड 15 से अधिक मास हो तो 16 बनावे।

अ० गो० प्रे० प्रथम मासिक वाऊनमासिक श्राद्धनिमित्त पिंडस्थानेअवनेजनं मद्दतं तवो पतिष्टतां अ. गो. अमुक प्रेत द्वादशाह दिने ऊन मासिक वा प्रथम मासिक श्राद्ध निमित्त एतत् पिंड मद्दत्तं तवोपतिष्ठतु। पिंडे प्रत्य वने जनं इदं ते। पिंडे गंधाक्षतं इदं ते। इदमत्र चंदनं पुष्पं। सूत्राच्छादनं। नैवेद्य सर्वोप चाराः। एवं सर्वत्र।

फिर सब को एक साथ हाथ जोड़े।

सव्यं अमीषां पंचदशमासिक श्राद्धानामर्चन विधेः परिपूर्णतास्तु।

फिर प्रत्येक अर्घ्य को विष्णु के आगे से उठाकर प्रत्येक पिंड के आगे रखें। और अर्घ्य को पवित्र पिंड पर चढ़ावें।

एभिः पिंडदानैः गो० प्रे० प्रेतत्व निवृत्तिः सद्गति प्राप्तिः। सव्यं आचमनं। सुप्रोक्षतादि करणं। अपसव्यं गो० प्रे० द्वादशाह निमित्तं इद श्राद्धं चोपतिष्ठतां।

पवित्र चढावे। फिर मौन होकर पुष्पादि चढ़ावें व पिंडों पर दूध मिश्रित जल की धारा देवे।

तृष्णीं। अमीषां श्राद्धानां प्रतिष्ठा सिद्ध्यर्थ द्वादशाहे न्यूनमासिकात न्यूनाब्दिक पर्यन्तेभ्यः धूप दीप नैवेद्य फल ताम्बूलानि अमुक प्रेताय मद्दत्तानि तवो पतिष्ठंताम्।

12 कुंभ (घड़ों) के दान का संकल्प करें।

अद्यपूर्वोक्त तिथौ० कुंभ दान संकल्पः यजमान करिष्ये।

इमं एकं कुंभं वरुण दैवतं यथा लाभोपस्कर सहितं नाना दैवतं गंध पुष्पाद्यर्चितं प्रेतस्य तृषादोष परिहारार्थं पाप हाय विष्णवे स्वाहा। पुनः इहाद्य तिथौ. . . इमान् द्वादश कुंभान् सूत्र वेष्टितान् यथालाभौपस्कर सहितान् गंध पुष्पाद्यर्चितान् अमुक गोत्रस्य प्रेतत्वनिवृत्यर्थ सद्‌गति प्राप्त्यर्थ परलोके तृषा दोष परिहारार्थ द्वादश कुंभ दानेन लभ्य लोकान् अवाप्त्यर्थं नाना गोत्रेभ्यो ब्राह्मणेभ्यो यजमा नः (अहं) दास्ये। संकल्प छोड़े। फिर जल लेकर **तेन द्वादश कुंभ दानेनअमुक श्रेयसे** भगवान् पापहा **विष्णुः प्रीयताम्।** जल छोड़े पिंड के पात्रों को हिलावे। **पिंड पात्राणि चालयेत्। फिर जल छोड़े। गो० प्रे० प्रे० नि० द्वादशाह दिने न्यूनमासिकान् न्यूनाब्दक पर्यन्तानां अमीषां श्राद्धानां एकोदिष्ट विधिना कृतस्य विधेर्यन्यू नमतिरिक्तं तत्सर्वं भवतां। ब्राह्मणानाम् वचनात् पापघ्नतीर्थ विष्णो प्रसादात् सर्व विधेः परिपूर्ण मस्तु। शास्त्रोक्त फल प्राप्तिर्भवतु। एभिः पंचदश श्राद्धैः गो. . . प्रे. . . प्रेतत्व निवृत्तिः भवतु। असद्‌गतिः नश्यतु। सद्‌गतिः प्राप्तिः भवतु भद्रं कर्णोति विसर्जनम्। अये सपिंडितकरण श्राद्ध योग्यता प्राप्तिः॥**

हाथ जोड़ कर नमस्कार करे। चटों का विसर्जन करे। चट खोले और गाय को देवे या जल में पधरावे। फिर स्नान करे।

सपिंडीकरण

इति षोडश श्राद्धानि

अथ सपिंडीकरण श्राद्धम्। अब सपिंडी का चौका सारे। प्रथम चंदनादि घिसकर श्री शालिग्रामजी की पूजा करे।

आचमनं प्राणायामं कृत्वा। कुशोपग्रहः। द्वाभ्यां हस्ताभ्यां पवित्रे धृत्वा। देशकालौ संकीर्त्य इहाद्यतिथौ० प्राचीनावीती अ० गो० प्रे० प्रे० नि० अ० वि० सद्‌गति अक्षय्यलोक प्राप्त्यर्थम् च अमुक गोत्राणां प्रेतस्य पितृ पितामह प्रपितामहानां अमुकामुक शर्मणां वसुरुद्रादित्य स्वरूपाणां मृताहाद् द्वादशाहे सपिंडी करण श्राद्धं एकोद्दिष्ठपार्वणेन विधिना युष्म दनुज्ञया सद्यः करिष्ये। तदंगं श्री महा विष्णो षोडशोपचारैः पूजयिष्ये।

संकल्प करके श्री विष्णु का पूजन करे। जिमणा हाथ ऊंचा कर वाम स्कंध पर जनेऊ रहता है, उसे यज्ञोपवीत कहते हैं। केवल कंठ में धारित जनेऊ उपवीत या निवीत कहलाता है। वाम हाथ ऊँचाकर दक्षिण स्कंध पर जो जनेऊ रहता है। वह प्राचीना वीती कहलाता है।

दक्षिणं बाहुमुद्धृत्य वामस्कंध निवेशितम्।
यज्ञोपवीत मित्युक्तं देव कार्येषु शस्यते॥
कंठावलं वितं चैव ब्रह्म सूत्र यदा भवेत्।
तन्निवीत मिति ख्यातं शस्त कर्मणि मानुषे॥
उत्क्षिप्ते वामबाहौतु दक्षिणं स्कंध माश्रितं।
प्राचीना वीती इत्युक्तं तत्पितृ ष्वेव कर्मसु॥

(टिप्पणी : श्रीमाली ब्राह्मणों के कार्य की विधि सारी कोकिल स्मृति के आधार से है। हमारी पद्धति गौड़ पद्धति से भिन्न है। यह वसिष्ठोक्त पद्धति है। अत: हमारी क्रिया और उनकी पुस्तकों में अन्तर मिलेगा।)

शृणु राजन्प्रवक्ष्यामि कोकिलं मत मुत्तमम्।
गौतमादि कुलाचारं वर्तते श्री निकेतने॥
महालयादि श्राद्धेचं विवाह यज्ञ मण्डपे।
नागानां पूजन कुर्यात् द्वि पार्वणं श्राद्धमाचरेत्॥
यथैव कोकिल: पित्रा मात्रा त्यक्त: प्रवर्धते।
परै: स च मृत पश्चादाप्नु या त्स्व पितु: कुलम्॥
पित्रादत्ता तथा कन्या भर्तृ गौत्र मुपैति च।
सा कन्या म्रिय माणातु पितृ गोत्र मुपालभेत्॥
सपिंडी करणा त्पूर्वं चतुर्थी कर्मणो परम्।
भर्तृं कं भजते गोत्र मेष कोकिल निर्णय:॥
मातु: सपिण्डनं कुर्यात्कुत एव तु कोकिल:।
मातु: पित्रा सहैव स्यात् जीवति तु न तद् भवेत्॥
तत्र प्रमातामहे नैव चैष कोकिल निर्णय:॥
क्षौर कर्मादिकं कर्म चंडि कर्म तथैव च।
दशाह पिंडकं कर्म कुर्यात्तन्नवमेऽहनि॥
क्षिप्रा गोधूम पूपै स्तुदशा कर्म विशेषत:।
एकादशं सपिण्डं च सर्वतुल्यं प्रवर्तते॥

(श्रीमाल महात्म्य, अध्याय 71.)

उपर्युक्त श्लोकों को देखते हुए सपिंडी करण के बाद कन्या पुन: पीहर के गोत्र में आ जाती है। चतुर्थी कर्म संस्कार के बाद कन्या का गोत्र पति का गोत्र हो जाता है और सपिंडी करण के बाद वह वापस अपने गोत्र में आ जाती है। (स्त्री) का सपिंडीकरण माता के बाप के साथ करे यदि उसका पिता जीवित हो तो उसकी माँ के बाप के बाप के साथ सपिंडी करण करे। इसी तरह नमिये के दिन ही दश गात्र श्राद्ध कर लेना चाहिए। मरण शौच का और कर्म भी नवम दिवस करना चाहिए और दशाह कर्म में खिचड़ी और गेहूँ का बटिया— यह विशेष तौर पर किया जाये। बाकी (पित्रकुल) पुरुषों का सपिंडीकरण सारी अन्य पद्धतियों के अनुसार पित्र कुल में ही किया जावे। आज कोकिल स्मृति अलभ्य है।

देवकार्य में यज्ञोपवीत, तर्पणादि में उपवीत और प्राचीना वीती अथवा अपसव्य पितृदेव पूजन, तर्पण व श्राद्ध में श्रेष्ठ कहलाता है। विश्वेदेवा के चटों का पूजन सव्य करके करें। पितृ और प्रेत का अपसव्य करके पूजन करें। सर्वदिव को सव्य करके पूजें। इसका ध्यान पूरे श्राद्ध में रखे चाहे कही लिखा हो या न हो। देवताओं को जव चढ़ावे और पितृयों को तिल चढ़ावे। यह सभी जगह ध्यान रखे।

ब्राह्मणों से श्राद्ध करने की आज्ञा ग्रहण करे। सपिंडी करण श्राद्ध कुर्वे। ब्राह्मण कहे कुरुष्व। तब विष्णु की षोडशोपचारी पूजन अंगन्यास सहित बताये ढंग से करें।

दो ब्राह्मण तथा विश्वेदेवाय दो चट पूर्व मुख स्थापित करे। तीन ब्राह्मण तथा तीन चट पितृरा उत्तर मुख स्थापित करे। एक चट सर्वदेवरो पश्चिम मुख स्थापित करे। अर्थात् इन चटों के साथ 2 ब्राह्मण प्रत्यक्ष बुलाकर चटों के पीछे उन्हें बिठाकर उनका विधिवत् पूजन करना चाहिए। यदि श्रद्धा हो तो उपहार में धोती 6 ब्राह्मण 6 और उनके दानादि की सामग्री की व्यवस्था भी करनी चाहिए। विश्वदेवा के चट पूर्वमुख अर्थात् पश्चिम में स्थापित होंगे और मृतक के पिता-दादा-परदादा के 3 चट दक्षिण में उत्तर मुख होंगे। पूर्व में सर्वदेव का चट पश्चिम मुख होगा। चट 1 अब्दक अर्थात् प्रेत का उत्तर मुख अर्थात् दक्षिण में स्थापित अलग से होगा क्योंकि इसी का सपिंडीकरण करना है।

प्रथम विश्वेदेवा के जीमणे पग के अंगुष्ठ जव, दूसरा हाथ गोड़े के लगावे।

श्राद्धे क्षण० कालकाम नामानौ विश्वेदेवा एतत् वः पाद्यं पादा ववनेजनं पाद प्रक्षालनं पाद पूजनं इदमत्र चन्दनं पुष्पम्।

इसी तरह दूसरे विश्वेदेवा के भी करे। फिर अपसव्य करके तिल लेकर पितृ के वाम अंगुष्ठ में लगावे और दूसरा हाथ वाम जानु (गोडा) के लगावे।

श्राद्धे क्षण० गोत्राः अस्मत् वा प्रेतस्य पितृ, पितामह प्रपितामहाः वसु, रुद्र, आदित्यात्मका एतत् वः पाद्यं—पुष्पम्।

इसी तरह द्वितीय व तृतीय पित्र के भी करे। फिर अब्दक अर्थात् प्रेत के भी करे।

सर्वायास० प्रेतकार्य संपादिनां स्वागतं भो सु स्वागतम्। गोत्र प्रेत अब्दक निमित्तं एतत् वः पाद्यं० पुष्पम्। फिर सव्य करके सर्वेदेवा को श्राद्धेक्षण० अतिथ्य रूप सर्वेदेवा एतत् वः पाद्यं० पुष्पम्। स्व पाद प्रक्षालनं अपने पैरों पर जल के छांटे डाले। कुश तिल हिरण्यं हस्ते धृत्वा ब्राह्मणान् प्रदक्षिणी कृत्य प्रार्थयेत्। दर्भ, तिल, सुवर्ण आदि हाथ में लेकर ब्राह्मणों की परिक्रमा करके प्रार्थना करे।

भवद्भिः प्रसाद, कर्तव्यः सुकर्तव्यः। तथा प्राप्नोतु भवान्॥ प्राप्तवानि।

ॐ समस्त संपत्समवाप्ति हेतवः।

समुत्थिताप त्कुल धूम केतवः॥

अपार संसार समुद्र सेतवः॥

पुनंतु मां ब्राह्मणं पाद पांसवः॥1॥

आपाद् ध्यनध्वांत सहस्र भानवा।

समीहितार्थार्पण काम धेनवः॥

समस्त तीर्थांबु पवित्र मूर्तयो,

रक्षंतु मां ब्राह्मण पाद पांसवः॥2॥

विप्रौघ दर्शनात्क्षिप्रं, क्षीयंते पाप राशयः।

वंदनान्मंग लप्राप्ति, रर्चनादच्युत पदम्॥3॥

आधिव्याधिहरं नृणां, दुःख दारिद्र्यनाशनम्। श्री पुष्टि कीर्तिदं वंदे, विप्रश्री पाद पंकजम्॥4॥

फिर वह दर्भादि इनके चरणों में रखें।

आचमनं प्राणायामं कृत्वा। ततोदेव मंडलाद्यर्चनं करिष्ये। देव मंडल पूजनार्थ। विश्वेदेवा के चट के समीप उत्तर में गोवर व जल से चार कोने का एक मंडल वनावे। उत्तरे देव मंडल चतुष्कोणं कुर्यात्। फिर उसमें 3 दर्भ की शलाका के आसन रखें। देवपाद्यस्थाने इदमासनम फिर वहाँ जल, गंध, यवरूपअक्षत, पुष्प रखकर नमस्कार करें। इसी तरह दक्षिण में प्रेत मंडल तीन कोने का बनावें। दक्षिणे प्रेत मंडलं त्रिकोणं कृत्वा। प्रेत पाद्यस्थाने इदमासनम्, जलम, गंधम, तिलरूपअक्षतं, पुष्पम् उपतिष्ठतु। प्रेत पाद्य पात्र स्थाने नमो नमः।

इसी तरह फिर गोलाकर मंडल पितृस्थान पर करे। और पितृ पाद्य स्थाने इदमासनम् जलम् से नमो नमः तक पढ़े। इसी तरह सर्वे देवा के आगे गोल मंडल कर उन के पाद्य स्थान का भी पूजन करे।

समानयनांग एकोदिष्ट विधिनाश्रादृदं कारयिध्वं कुरु। इस तरह आज्ञा ले। गायत्रीमंत्र पढ़े। अग्निष्वाता पढ़े। जब हाथ में लेकर निहन्मि सर्व यदमेध्य वद्भवेद्र हताश्च सर्वे सुरदानवामया। यक्षाश्च रक्षांसि पिशाच गुह्याका, हतामया यातुधानाश्च सर्वे।

जव विश्वदेवा की तरफ फेंके। अपसव्य कर के इसी तरह श्लोक बोलकर तिल पितृयों की तरफ फेंके। फिर सव्य करके कानो के जल लगावे।

उदकोपस्पर्शनं। श्राद्धभूमौ० वसीदथ। तक पढ़े देवताभ्यः (अपसव्य) पितृभ्यः स्वाहायै स्वधा 3।

फिर सव्यकर पहले की तरह नींवी जिमणी खूंट में यजमान खोबे।

संव्यं नीवी तु विप्रस्य चतुर्दभैश्च संयुता।

एकैकन्यून मात्रेण, वर्णे वर्णे यथा क्रमात्॥

सव्यं नीवीतु विप्राणां अपसव्यं वर्ण त्रयात्मके।

वर्ण भेदं न जानाति, निराशः पितरो गताः॥

(नीवी बन्धन मंत्र) ॐ सोमस्य नीवीरसि विष्णोः शर्मासि शर्म यजमान स्येन्द्रसय योनि रसि सुसस्याः कृषी स्कृधि उच्च यस्व वनस्पत ऊर्ध्वो मा पाह्यं हस आस्य

यज्ञस्यो दृचः॥

फिर (अपसव्य) करके संकल्प करे।

इहाद्यतिथौ० गोत्राणां तत्पितृ पितामह प्रपितामहाणां अ० पितृ अ० पितामह अ० प्रपितामह अ० शर्मणां (अ० के स्थान पर नाम लिये जावे) वसुरुद्रआदित्यात्मकानां अमुक गोत्रस्य प्रेतस्य प्रेतत्व निवृत्यर्थ असद्‌गति बिना शनार्थम् सपिंडीकरण श्राद्धं विश्वेदेवा पूर्वकं सैको द्दिष्टं सातिथ्यं युष्मदनुज्ञया अहं करिष्ये।

जल छोड़े। फिर उदक्यादि क्षुद्रहष्ठि. . . पढ़कर पाक सामग्री पर जल छिटके। यद्देवादेव. . . ॥1॥ यदि दिवा. . . ॥2॥ यदि जाग्र. . . ॥3॥ सव्य करके पाकपूतो भवतु अस्तु। देश काल. . . अस्तु। फिर उपर्युक्त ही संकल्प करे।

सव्य करके काल काम संज्ञिकाः विश्वेदेवा आगतं सुस्वागतं। इदं वः असानं हस्त प्रक्षालनं। पाद्यं चंदनं, पुष्पं।

इसी तरह द्वितीय विश्वेदेवा को भी आसन दे। पाद्यपात्र में जल लेकर चढ़ावे। अपसव्य करके—

गोत्रेभ्यः तत्पितृ पितामह प्रपिता महेभ्यः तत्पितृ अमुक अमुक, अमुक शर्मणेभ्यः वसुरुद्र आदित्यात्मकेभ्यः इदमासनं. . . हस्तप्रक्षालन। इसी तरह गोत्राय प्रेताय आसनं इदंते— सव्यं करके सर्वदेव मयाय विष्णवे इदमासनं।

फिर यव लेकर

यवं गृहीत्वा, काल काम संज्ञिकान् विश्वान् देवान् भवंतं आवाहयिष्ये। ॐ आवाहय। ॐ विश्वे देवास आगत शृणुता म इमं हवम्। एदं बर्हिर्निषीदत। ॥1॥

विश्वेदेवाः शृणुतेमं हवं मे ये अन्तरिक्षे य उपद्यविष्ठ। ये अग्निजिह्वा उत वा यजत्रा आसद्यास्मिन्बर्हिषि माद यध्वम् ॥2॥

आगच्छन्तु महाभागा विश्वेदेवा महाबलाः। ये अत्र विहिताः श्राद्धे सावधान भवन्तु ते ॥3॥

ॐ भवाम। इसी तरह द्वितीय विश्वेदेवा के लिए भी करे। अपसव्यं अमुक गोत्रान् तत्पितृन् पितामहान् प्रपितामहांश्च तत्पितु 3 वसु. . . आवाहयिष्ये। ॐ आवाहय।

उशंतस्त्वा निधी मह्युशन्तः समिधीमहि। उपशन्तु शत आवह पितृन्ह्विषे अत्तवे ॥1॥

आयन्तु नः पितरः सोम्यासो ऽग्निष्वात्ताः पथिभिर्देवयानैः। अस्मिन्यज्ञे स्वधया मदंतोऽधिब्रुवंतु तेऽवन्त्वस्मान् ॥2॥

देव पात्राणि सुसंपन्नानि। गंधाक्षत करे।

इसी तरह तीनों पितृयों का आवाहन करे। सव्य करके चटों के आगे अर्घ्य रखे। विश्वेदेवा के अर्घ्य 2 पवित्रा 2 पितरों के अर्घ्य 3 पवित्रा 3 प्रेत का अर्घ्य 1 पवित्रा 1 रखें। शन्नोदेवी. . . अर्घ्य में जल डालें। यवोसि अर्घ्य में यव डालें। इसी तरह

अपसव्य कर पितृयों के अर्घ्य में जल और तिल तिलोऽसि मंत्र में डालें। गंधाक्षत करें।

तिलोऽसि सोमदैवत्यो गोसवो देव निर्मितः। प्रत्न मद्भिः पृक्तः स्वधया पितृल्लोकान्प्रीणाहि नः स्वाहा ।1। पितृ पात्राणि संपन्नानि सुसंपन्नानि। गंधपुष्पैः प्रच्छाद्य। स्वाहार्घ्याः। अस्तु स्वाहा। आपोदत्त्वा। पवित्रार्पणं।

फिर प्रत्येक अर्घ्य का पवित्र सव्य करके प्रथम विश्वेदेवों को और अपसव्य से पितृ व प्रेत को चढ़ावें।

ॐ या दिव्यापः पयसा संवभूवुर्या अन्तरिक्षा उत पार्थिवीया हिरण्य वर्णा यज्ञियास्ता न आपः शिवाःशंस्योनाः सुहवा भवन्तु ।1। कालकाम संज्ञिका विश्वेदेवाः। एष वोऽर्घ्यः स्वाहा। संपद्यतां हव्यं न मम। इसी तरह द्वितीय विश्वेदेवा के भी करें।

आशिषो द्विगुणा दर्भा जपाशीः स्वस्ति वाचनं।
पितृ शब्द स्व संबंधः शर्म शब्द स्तथैव च॥
पात्रालंभो ऽवगाहश्च उल्मुकोल्लेखनादिकं।
तृप्ति प्रश्नश्च विकिरः शेष पृश्न स्तथैव च॥
प्रदक्षिणा विसर्गश्चि सीमांत गमनं तथा।
अष्टादश पदार्थाश्च, प्रेत श्राद्धे विवर्जयेत्॥ *(धर्मसिंधु)*

किसी को आशीर्वाद देना व लेना, देव व पितृकार्य में द्विगुणित दर्भ की क्रिया, किसी देव का जप, किसी से आशीर्वाद दिलाना, पुण्याहवाचन की क्रिया किसी से न कराना और न करना, अपने से संबधित पितृशब्द का उच्चारण, शर्मान्ति या सुख वाचक शब्द, दोनों हाथों से किसी पात्र को पकड़ना, डागले स्नान करना, अभ्र स्नान, वर्षादि में स्नान, फूंक मारकर अग्नि प्रकट करना, भूमि खनन, आप तृप्त हुए इसका उच्चारण, तृप्ति प्रश्न, भूमि दिखाना, विकिर का पिंड रखना, शेष अन्न के लिए पूछना, किसी की प्रदक्षिणा करना, किसी का विसर्जन करना, किसी को सीमा दिखाना, ये अठारह बातें नहीं करना चाहिए।

ततः प्रेत पात्रस्थ मेकं पवित्रं प्रेतस्थाने ब्राह्मण हस्ते दत्वा। अमुक गोत्रस्य अमुक प्रेतस्य पवित्रार्पण मुपतिष्ठतु। अर्घ्य गृहीत्वा तत्पात्रस्य चतुर्थांशजल सेचनंइहाद्य तिथौ. . .अमुक गोत्रस्य प्रेतस्य प्रेतत्व निवृत्यर्थ पित्र लोक प्राहयर्थं अमुक गोत्रैः प्रेत पितृ पितामह प्रपितामहैः वसुरुद्रादित्य स्वरूपैः सपिंडी करणार्थम् मृताहा द्वादशाहे अर्घ्येषु अर्घैः सह संयोजन करिष्ये। संयोजय। ततः प्रेत पवित्रं पितृ पात्रे निधाय। प्रेतार्घ्य पात्रं गृहीत्वा ये समाना इति मंत्र द्वयं पठित्वा। ततः प्रेत पात्र पितृपात्रेष्वासिंचति। प्रतार्घ्यपात्रादवशिष्टं जलं पित्रादिपात्रेषु विभज्य तृतीयांश निनयेत्। पवित्र चाखंडमेव सर्वत्र संचारयेत्।

फिर प्रेतपात्र के अर्घ्य की पवित्री ब्राह्मण के हाथ में दे और अर्घ्य के जल का चतुर्थांश क्रमशः तीनों पितृ पात्रों में डाले। पवित्री वही रखना चाहिए। उसी पवित्री शलाका से तीनों अर्घ्यों का संयोजन करे।

ॐ ये समाना: समनस: पितरो यमराज्ये। तेषां लोक: स्वधा नमो यज्ञो देवेषु कल्यताम् ॥1॥

ये समाना: समनसो जीवा जीवेषु मामका:। तेषां श्री र्मयि कल्यता मस्मिँल्लो के शतं समा: ॥2॥

तीर्थ प्रसादात् सूर्यप्रसा दात् उपविष्ट ब्राह्मणानां प्रसादाच्च। प्रेतार्घ्यस्य प्रथमां शं अमुक गोत्रस्य अमुक प्रेतस्य प्रेतत्व निवृत्योत्तम लोक प्राप्त्यर्थ अमुक गोत्रेण प्रेत पित्रा। अमुक शर्मणा वसुरूपेण अर्घ्येण सह अर्घ्य संयुज्यतां। सह संयुनज्मि। पितृलोकं प्रान्पुहि। स्वल्पं जलं निनयेत्।

इस तरह पढ़कर थोड़ा जल पिता के पात्र में डाले और पवित्री भी उसमें डाले। फिर इसी तरह क्रमश: पितामह और प्रपितामह के पात्रों में शलाका रखते हुए अर्घ्य संयोजन उपर्युक्त मंत्रों से करें। वसुरूपेण के स्थान पर रुद्ररूपेण, फिर आदित्यरूपेण इस तरह पाठ-भेद करे। तीसरी बार सारा ही अर्घ्य का जल तीसरे पात्र में डाल दें। सर्व जलं निनयेत्।

अर्घ्येण सह अर्घ्य संयोजनेन प्रेतस्य सद्गत्युत्तम लोक प्राप्ति:। तत: प्रेत पवित्रं प्रेतपात्रे कृत्वा प्रेत समीपे उत्तानं पात्र स्थापयेत्।

इस तरह अर्घ्योदक से ऐक्यता दिखलाकर प्रेत पवित्र को वापस प्रेत पात्र में ऊँचा मुख करके रखे। फिर प्रेत के पितृत्रय को (पिता, पितामह प्रपितामह) अर्घ्यप्रदान करे। उनके अर्घ्य का जल उनकी ही पवित्रियों से उन्हें अर्पण करे। वापस पवित्री प्रत्येक का प्रत्येक अर्घ्य में लेते रहें।

तत: पितृणां अर्घ्य प्रदानं। स्वधार्घ्या भवन्तु। अपो दत्वा। तिलोसी. . . स्वधा। पितृपात्र में तिल डालें। पवित्रार्पणं। अमुक गोत्राय प्रेत पित्रे अमुकशर्मणी वसुरूपाय पवित्रार्पणं। तथैव पुष्पं अर्घ्य गृहीत्वा। ॐ यदिव्याप, पयासा मंत्र पढ़े। अमुक गोत्राय अमुक प्रेत पित्रे अमुकशर्मणो वसुरूपाय एप बोऽर्घ्य: अर्घ्ये प्रत्यर्घ्य: स्वधा संपद्यातां कव्य न मम। स्वधार्घ्या भवन्तु। अस्तु स्वधा।

इस तरह क्रमश: पितामह और प्रपितामह को भी अर्घ्य दिये जाय। वसु रुद्रआदित्य रूप तानों पितृ हैं। फिर पितृ पात्र में तीनों पवित्री इकट्ठे करके रखें। प्रेत की पवित्री प्रेत के अर्घ्य में ही रहेगी। फिर पितृ पात्र को स्वच्छ करके प्रेत के सामने रखें। अर्घ्योदक का वन्दन करे। हाथ-पांव धो ले। आचमन करे।

पितृपात्र निबुंजनं कृत्वा। दर्भ पवित्रत्याग: पादपाणी प्रक्षाल्याचम्य। अत्रावसरे गंधादिदानं।

तब विश्वेदेवों का पूजन करे।

यथा दत्तं गंधाद्यर्चनं इमें वासांसि बृहस्पति दैंवतं इमे यज्ञोपवीते वहुदैवतेन गंधपुष्पाद्यर्चिते काल कामं नामानौ विश्वेभ्यो देवेभ्य: अर्चन गंधादि प्रीयताम् स्वाहा। एवं द्वितीयं।

विश्वेदेवों को यव, दर्भ, यज्ञोपवीत, वस्त्र, गंध, पुष्प, धूप, दीप, पुंगीफल, पंचमेवा,

ताम्बूल, दक्षिणा आदि चढ़ावे। इसी तरह दूसरे विश्वेदेवा का भी पूजन करे। हाथ जोड़कर नमस्कार करे। गायत्री मंत्र पढ़े। विष्णु भगवान को नमस्कार करे।

यस्य स्मृत्या च नामोक्त्या, तपो यज्ञ त्रियादिषु।
न्यूनं संपूर्णतां याति, सद्यो वंदे तमच्युतं॥
ॐ विष्णवे नमो विष्णवे नमो विष्णवे नमः॥

अपसव्य कर इसी तरह 3 पितृयों के चटों का भी पूजन करें।

यथादत्तं गंधा. . . इमे वासांसि. . . यज्ञोपवीते. . . अ. . . गोत्रेभ्यः अमु पितृ पितामह प्रपितामहेभ्यः तत्पितृ. . . 3 शर्मणेभ्यः वसुरुद्रादित्यात्मकेभ्यः यथा-यथा विभागं स्वधा।

फिर इसी तरह प्रेत के चट का भी अपसव्य से पूजन करें।

यथादत्तं गंधा. . . इमेवासांसि. . . यज्ञोपवीते. . . अ. . . गोत्राय प्रेताय अर्चनं इदं ते।

तब सव्य करके सर्वदेव के चट को भी उपर्युक्त ढंग से ही पूजें।

सव्यं पथादत्तं गंधा. . . इमेवासांसि. . . यज्ञोपवीते. . . सद्गति प्राप्त्यर्थम् सर्वदेवमयाय अतिथये भगवते विष्णवे स्वाहा। सूर्य-पूजन करें। इदमर्चितं. . . सव्यं आचमनं अपसव्यं गायत्रीमंत्रः।

फिर गोमय मृत्तिका से लीपी हुई भूमि पर पत्तल परोस कर भस्म से रेखा करे। पहले रेखा दक्षिण दिशा में करना फिर उसी से अनुसंधान लेकर दूसरी रेखा उत्तर में और तीसरी रेखा पूर्व में तथा चौथी रेखा पश्चिम में करना। कभी भी अंतिम रेखा पूर्व में न करें।

प्रथम दक्षिणा रेखा, द्वितीया वामतो न्यसेत्।
तृतीय चाग्रभागे तु मेलनं कुरु दक्षिणे॥

तत्रमंत्र-ॐ परीत्य भूतासि परीत्य लोकान्परीत्य सर्वाः प्रदिशो दिशश्च। उपस्थाय प्रथम जा मृतस्यात्यना त्यान मभिसंविवेश॥1॥

यथा चक्रोधरो विष्णु स्त्रैलोक्यं परिरक्षति।
भस्मना मंडलं कुर्यात् सर्वभूतानि रक्षतु॥
सर्वेषां पापदृष्टिनां चक्षुर्बध्नाति केशवः।
अथाग्नौ करण विधिः॥ तच्चाश्वलायनानां गृह्याग्निम
तां व्यतिषंगे श्राद्ध प्रयोगे गृह्याग्निपक्वचरुणां गृह्याग्नावेव कार्यः।

आश्वलायनी शाखावाले गृह्याग्निकों के लिए श्राद्ध प्रयोग में गृह्याग्नि से पके चरुओंसे गृह्याग्नि में ही हवन लिखा है। धर्म सिन्धुकारने कहा है—

निरग्निकानां तु द्विजकर एव होमो, न पित्र्ये।

निरग्निकों के लिए ब्राह्मणों के हाथ की अग्नि में हवन करे अर्थात् यहाँ कोई अन्य अग्नि न समझे। अतः यहीं अग्नौकरण से ब्राह्मणों का हाथ ही दिखाया है।

प्रथम घी युक्त भात (पके हुए चावल) लेकर गायत्री मंत्र से उसका प्रोक्षणकर उसमें शहद डालें। मधुव्वाता. . . मत्रों से मधु डाले तब अपसव्य कर कहे।

भवदनुज्ञया विप्रपाणावग्नौकरणं करिष्ये। ॐ कुरुष्व।

फिर जो पाक बना हो और ब्राह्मण भोजन करने वाले हों उन्हें स्नान कराकर अबोट वस्त्र पहनाकर प्रार्थना करे, उन्हें भोजनासन पर बिठावें अथवा चटों के आगे पत्तल रेखाओं के मध्य परोसे और उक्त भात की दो-दो आहुतियाँ पत्तल में देवे। अथवा आटे के चूर्ण में घृत मिलाकर परोसें।

ॐ अग्नये कव्य वाहनाय स्वाहा। इदमग्नये कव्य वाहनाय. . .। मम ॥1 ॥

ॐ सोमाय पितृ मते स्वाहा। इदं सोमाय पितृमते. . . मम ॥2 ॥

उदकोपस्पर्शः।

अथवा आटे के चूर्ण, घृत मिश्रित प्रेत को परोसे। तीन बार पितृयों को तव प्रेत को फिर सव्य करके विश्वेदेवों को परोसे। फिर अतिथि रूप विष्णु को भी परोसे। फिर प्रत्येक को दर्भ शलाका से जिमावे।

सत्येनाभिषिञ्चति। ॐपृथिवी ते पात्रं द्यौ रपि धानं ब्राह्मणस्य मुखे अमृते अमृतं जुहोमि स्वाहा ॥ इदं विष्णु र्विचक्रमे. . . देवा हव्यमन्नं रक्षध्वं। अंगुष्ठ मूले न अन्नं अवग्राह्य। काल काम संज्ञिकेभ्यो विश्वेभ्यो देवेभ्य एतद्वोऽन्नं दास्यमान ब्राह्मणस्य मुखे अमृतरूपेण स्वाहा संपद्यतां हव्यं न मम।

अंगुष्ठ मूल से अन्न लेकर जिमावे। इसी तरह द्वितीय विश्वेदेवा को भी जिमावे। फिर प्रत्यक्ष ब्राह्मण हो तो भोजन करावे। तब दक्षिणा, मुखवास, ताम्बूल अर्पण करे। फिर अपसव्य कर पितृयों को इसी भांति जिमावें। पाक के हाथ लगावें।

ब्रह्मार्पण ब्रह्महवि ब्रंह्माग्नौ ब्रह्माणा हुतं।
ब्रह्मैव तेन गन्तव्यं, ब्रह्मकर्म समाधिना ॥

अपसव्यं. . . सत्येना. . . इदं विष्णु. . . इदं अमुक गोत्रेभ्यः तत्पितृ पितामह प्रपितामहेभ्यः तत्पितृ 3 वसुरुद्रादि त्यात्मकेभ्यः भोजनं स्वधा। एव द्वितीयं तथा तृतीयं। इदं कव्यं न मम।

तब प्रेत को भी जिमावें। अपसव्यं. . . सत्येना. . . इदं विष्णु इद अन्नं गोत्राय अब्दिक निमित्तं भोजनं इदं ते। तब सव्यं करके सर्वदेव को जिमावे।

सव्यं सत्येना. इदं विष्णु. इदमन्नं सर्वदेवमयाय विष्णवे स्वाहा। इदमतिथये हव्यं न मम।

अपसव्य करके पितृयों को कहे— कव्यविधेः परिपूर्णम् सव्यं। देवों को हव्यविधेः परिपूर्णम्।

सव्य करके विश्वेदेवा की अंजलि भरे, अपसव्य से पितृयों की अंजलि भरे। गायत्री मंत्र पढ़े। मधुव्वाता ऋचा 3 भणे।

ब्राह्मणा अद्यकृत संकल्प सिद्धिरस्तु। अस्तु। ब्राह्मणों को कहे कि आप भोजन करें।

हरिर्दाता हरिर्भोक्ता हरिरन्नं प्रजापतिः।
हरि विंप्रशरीरस्थो, भुंक्ते भोजयते हरिः॥

तब अपसव्य कर विकर को आसन दें। अपसव्यं विकरासनं ब्राह्मणान् तृप्ता ज्ञात्वा। अन्नं विकीर्य विकिरासनं दद्यात्।

असंस्कार प्रपन्नानां, त्यागिनां कुलदोषिणां
उच्छिन्न भागधेयानां, दर्भेषु विकिरासनं॥1॥

अग्निदग्धास्तु ये जीवा, येऽप्यदग्धा कुले मम।
भूमौ दत्तेनपिंडेन, तृप्या यांतु परां गतिं॥2॥

एक दर्भ का आसन एक तरफ रखकर उस पर अवशेषान्न सहित पीपल का पत्ता या पत्तल उलटा रखकर ऊपर मिट्टी डाल दें। तब हाथ धो लें।

ये अस्मत्कुले प्रमूताः विकिराः तेभ्योऽयं विकिर पिंडः स्वधा नमः॥ गायत्री मंत्रः सव्यं आचमनं पाद प्रक्षालनं।

तब अपसव्य करके लड्डू, पूड़ी आदि पाक सामग्री लेकर ब्राह्मण जिमावे। मधुव्राता 3 पढ़े। ब्राह्मण तृप्तास्थ।

तृप्तास्मः। शेषमन्नं अप्यास्ति। इष्टैः सह भुज्यतां॥

नमस्कार करें। फिर स्थान साफ करके अयोध्यादि रेखा करे, तिल, यव बिखेरे तब 4 रेखा पर दर्भ शलाका रखे और पात्र से जल लेकर अवनेजन जल डाले।

अयोध्यादि रेखा। गोत्र तत्पितु वस्मात्मन् अमुक शर्मन् अवनेनिक्ष्वः। गोत्र तत्पितामह रुद्रात्मन् अमुक शर्मन् अवने निक्ष्व। गोत्र तत्प्रपितामह आदित्यात्मन्ः अमुक शर्मन् अवने निक्ष्व। गोत्र प्रेत अवने जन इदं ते।

फिर रांधे हुए चावलों के अन्दर दूध, दही, मधु तिल यव डालकर 4 पिंड करे। तीन गोल और 1 नालेर गट्ठो। गील पिंड पितृयों के रखे और नालेर गट्ठी प्रेत के आगे रखें। उपर्युक्त विधि से ही पिंड रखे जावें। सारी क्रिया अपसव्य से हो।

अमुक गोत्र तत्पितुः वास्वात्मन् अमुकशर्मन् एतत्ते पिंड। इसी तरह रुद्रात्मन्। आदित्यात्मन्। एष ते पिंडं गोत्राय प्रेत पिंडं इदंते। तब प्रथम प्रेत पिंड का पूजन करे। प्रेतपिंड प्रत्यवनेजनमिदं ते। प्रेतपिंड सूत्राच्छादनं। प्रेतपिंड पूजनं। इदमंत्र चंदनं पुष्पम्। धूपं, दीपं, नैवेद्यं च गोत्राय प्रेताय इदं ते। पिंडस्यार्चन विधेः परिपूर्णम्। अनेन एकोदिष्ट श्राद्ध कृतेन गोत्रस्य प्रेतस्य प्रेतत्व निवृत्तिः असद्गतिविनाशः (सव्य) सद्गति प्राप्तिः। सुप्रोक्षितादि करणं। शिवापः सौमनस्य दीर्घमायुः शांतिः पुष्टिः तुष्टिः प्रेतस्य सुकृतिः। गोत्रस्य प्रेतस्य इदं श्राद्धं चोप तिष्ठतां। अर्घ्य को पवित्र पिंड पर चढ़ावे। तूष्णि जलम्। चुपचाप जलधारा दे। अस्य एकोद्दिष्ठ विधिना श्राद्धस्य प्रतिष्ठा गोत्राय प्रेताय इदं ते।

कुंभदान संकल्पः। (सव्यं) माटी के घड़े में जल भरकर ऊपर दिवोटिया रखकर

उसमें गेहूँ के आटे का लड्डू रखकर सवस्त्र ब्राह्मण को दान देवे। वर्ष भर तक पीपले पाणी रे घडा रो संकल्प करें।

इहाद्यतिथौ. . . इदं उदक कुंभं सान्नोदं, अद्यदिना द्रारभ्य संवत्सरं यावत् प्रतिदिनं अन्नं उदक कुंभं च परलोके क्षुधा तृषा दोष निवारणार्थ पाप परिहारार्थ चित्रगुप्त प्रीत्यर्थ अन्नोदक दान लभ्य लोकान् प्राप्त्यर्थ गोत्रस्य प्रेतस्य प्रे. नि. स्व. सद्‌गति प्राप्त्यर्थ नाना गोत्रेभ्यो ब्राह्मणेभ्योऽहं संपददे। तथा च संवत्सर पर्यन्तं अश्वत्थ मूले जलकुम्भं पूरयिष्ये।

पंथी दीवारो संकल्प-वा दीपदान संकल्पः। परलोके अंधत्व दोष निवारणार्थ गो० प्रे० प्रे० नि० स्व० सद्‌गति० प्राप्त्यर्थ देवालये, चतुष्पथे वा दीपदान लभ्य लोकान् प्राप्त्यर्थ दीपदानं करिष्ये। इसी स्थल पर दूसरी जातियों में सभी तरह के दान कराये जाते हैं। जैसे शय्या, वस्त्र, भूमि, गौ, आदि।

श्रीमाली ब्राह्मणों में उक्त सारे दान वर्षी के दिन होते हैं। अन्य जातियों में बारहवें दिन हो जाते हैं। अतः दान संकल्प दे दिये हैं। अपने यहां तो 12 माह तक पीपल पानी सींचने, पंथी दीपक दान, और हन्तकारदान अन्नदान के संकल्प द्वादश मास तक के लिए कराये जाते हैं। सो ध्यान रहे।

अपसव्य करके पिंड पात्रों को हिलावे। संचरमभ्युक्षः। अभ्युक्षः। पुनः पृच्छा। इहाद्यतिथौ० गोत्रस्य प्रेतस्य प्रेतत्व निवृत्त्यर्थ पितृलोक प्राप्त्यर्थ अमुक गोत्रे, प्रेत-पितृ-पितामह-प्रपितामहैः वसुरुद्रादित्य स्वरुपैः सह सपिंडी करणात्थमृताहात्द्वादशाहे पिंड संयोजनं करिष्ये। ततः प्रेत पिंडः पितृपिंडेषु संयोजयिष्ये इति स्पृष्ट्वा। संयोजयत्वेव। ब्राह्मणैरनु ज्ञातः। सुवर्णशलाकया मधुव्वाता इति ऋक्भिः प्रेतपिंड त्रिधा विभज्य। आद्य भागमादाय।

जल छांटकर संकल्प करे। तब प्रेत पिंड को स्पर्श करे। फिर सोने की शलाका से नालेर गट्टे इस पिंड के तीन भाग करे। अर्थात् दो बार छेदे। प्रथम भाग का हाथ में लेकर दही मधु का मिश्रण करे। ये समाना मंत्र 2 बार पढ़ें:

मधुवाता मंत्र 3 बार पढ़े। तीर्थ प्रसादात् सूर्य प्रसादात् उपविष्ट ब्राह्मणानां प्रसादाच्च। प्रेतपिंडस्य प्रथमांशं गोत्रस्य प्रेतत्व निवृतयोत्तम लोक प्राप्त्यर्थ अमुक गोत्रेण प्रेत पित्रा अमुक शर्मणा वसुरूपेण पिंडेन सह संयुज्यतां। संयुनज्मि।

तब प्रथम भाग प्रेत के पिता के भाग में मिला दे। इसी तरह द्वितीय भाग प्रेत के पितामह के भाग में मिला दे और तृतीय भाग प्रेत के प्रतिमाह के भाग में मिला दे। प्रत्येक स्थान पर तीर्थ प्रसादात् से संयुनज्मि तक बोले। अब दूसरी बार वसुरूपेण तीसरी बार आदित्यरूपेण कहे। प्रत्येक भाग मिलाकर प्रत्येक पिंड को पुनः गोल ही बनावे।

अनेन पिंड संयोजनने गोत्रस्य प्रेतस्य प्रेतत्व निवृत्तिः वसुरुद्रादित्य लोक प्राप्तिः। पिंड समीपे उत्तरीयं विवर्जयेत्। एषवोऽनुगतः प्रेत पितरस्तं दधामि वः। शिव मस्त्विति शेषाणां जायतां चिर जीविनां ॥1 ॥ गच्छत्वं पितृलोके हि प्रेतत्वं च परित्यज,

समानैः पितृभिः सार्ध विहरस्व यथासुख। अत ऊर्ध्व भ्रान्त्यादपि प्रेत शब्दो न वाच्यः॥ ततः अत्र पितर इति जपित्वा। ॐ अत्र पितरो मादयध्वं यथाभाग मा वृषादयध्वम्। असीमदन्त पितरो यथा भाग मावृषायिषत॥1॥

इसके बाद भूल से भी प्रेत शब्द का उच्चारण न करे। यहां श्राद्ध कर्ता के सूतक की निवृत्ति हो जाती है। आदि पिंड पर गौदान करे।

इहाद्यतिथौ. . . इमां श्वासधेनु संज्ञकां गा प्रत्यक्षां रुद्रदैवतां सद्‌गति स्वर्लोक प्राप्त्यर्थ गोत्रस्य तत्पितामहस्य अमुक शर्मण श्रेयोर्थ निःश्वास धेनु लभ्य लोकान् अवाप्त्यर्थ यस्मै० ब्रा० दास्ये वा तन्निष्क्रयी भूतं इदं द्रव्य गंध पुष्पाद्यर्चितं दास्ये।

गौदान देने के बाद तीनों पिंडों का इस प्रकार पूजन करे। ध्यान रहे— प्रेत शब्द का उच्चारण न होवे।

गोत्र पितुः अमुक शर्मन् प्रत्यवने निक्ष्व। गोत्र पितामह अमुक शर्मन् प्रत्यवने निक्ष्व। गोत्र प्रतिमाह अमुक शर्मन् प्रत्यवने निक्ष्व।

जल छोड़े। तब पिंड़ों के आगे खूंट में खोई हुई नीवी का विसर्जन करे। नमो व इति षडंजलिं करोति। छः अंजलि पानी प्रत्येक पिंडों पर डाले। फिर पिंडों पर सूत्राच्छादन करे।

ॐ नमो वः पितरो रसाय। ॐ नमो वः पितरः शोषाय। ॐ नमो वः पितरो जीवाय। ॐ नमो वः पितरः स्वधायै। ॐ नमो वः पितरो घोराय। ॐनमो वः पितरो मन्यवे॥ ॐनमो वः पितरः पितरो। ॐ नमो वो गृहान्नः पितरो दत्त सतो वः पितरो देष्मै तद्वः पितरो वास आधत॥ कुलाभिवृद्ध्यर्थ सव्येन पिंड पूजां करिष्ये। अन्नं स्वधा। वस्त्रं स्वधा। एतद्वसुरुद्रादित्य स्वरूपेभ्यः गंधं पुष्पं धूपं दीपं नैवेद्यादीन्दत्त्वा यथा क्रमेण पिंडेभ्यो फलैरर्धदानं। एभिः पिंड दान कृतैः पितामहादि त्रयाणां अक्षय्या तृप्तिरस्तु। सपिंडी श्राद्धस्य परिपूर्णार्थ विष्णो पूजनं करिष्ये। इदमत्र चन्दनं पुष्पम्। अर्घ्यं इमां यथा कृतां पूजां नैवेद्यं च भगवते विष्णवे इदं नैवेद्यं अमृत रूपेण स्वाहा। पिंडानामर्चन विधेः परिपूर्णम्। सुप्रोक्षितादि करणं।

फिर पिंडों को (सुप्रोक्षित) जल से करें। ब्राह्मणों में पिता का आवाहन किया हो उसके हाथ में जल देवे। अथवा स्वयं सुप्रोक्षित चटों के आगे करें।

विश्वेदेवा सुप्रोक्षितः प्रदेशोऽस्तु। शिवा दर्भाः संतु संतु सौमनस्यं। पुष्पं अक्षतं चारिष्टं चास्तु। प्राचीनावीती। सुप्रोक्षित जलं पिंडोपरि सेचनं। सव्यं देवहस्ते शिवा आपः संतु, संतु शिवा आपः। सौमनस्यमस्तु। अक्षत. . .स्तु। दीर्घमायुः श्रेय शांतिः प्रष्ठि स्तुष्ठिश्चास्तु। इदं श्राद्धं अक्षय्य मस्तु। येसामुद्दिष्टं तेषामुपतिष्ठतु। अघोरा पितरः सन्तु। सव्यं गोत्रं नोऽभिवर्धताम्। अभिवर्धतां वो गोत्रं। दातारो नोऽभिवर्धतां। वर्धतां वो दातारः। संतातिर्नो वर्धतां। वर्धतां सततिः। श्रद्धा च नो माव्य गमत्। मा व्यगमद्धः श्रद्धा बहुदेयं चनोऽस्तु॥ अस्तु वो बहुदेयं। अन्नं चनो बहुभवेत् भवतु वो बह्वन्नं। अतिथयश्च लभेमहि। लभतां वो ऽतिथयः। एता आशिषः सत्याःसन्तु।

सन्तु एता आशिषः सत्याः। प्राचीनावीती स्वधां वाचयिष्ये, वाच्यतामित्यनु ज्ञातः पितृ पितामह प्रपितामहेभ्यः स्वधोच्यतां। अनुस्वधा। ऊर्ज्जमित्यापो निषिंचेत्॥ ॐ ऊर्ज्जवहन्ती रमृतङ् घृतम्पयः कीलालं परिस्रुतम्। स्वधा स्थ तर्पयत मे पित्ट्टन। स्तृप्यन्तु 3बार कहें। पांत्र उत्तानं कृत्वा। (सव्यं) पात्र उठावें अस्य श्राद्धस्य प्रतिष्ठा. . . विश्वेभ्यो देवेभ्यः स्वाहा। एवं द्वितीय अपसव्यं अ० श्रा० प्र० गोत्रेभ्यः पितुपितामह प्रपितामहेभ्यः पितु अमुक 3 यथा. . . स्वधा सव्यं अ. . . श्रा. प्रति. . . सर्वदेव. . . स्वाहा। पिंडपात्राणि चालयेत्। पिंड पात्रों को चलावें। सव्यं संचरमभ्युक्षः अभ्युक्षः। पुनः पृच्छा।

इहाद्यतिथौ. . . गोत्राणां पितु पितामह प्रपितामहा नां पितृ अमुक समानयनांग श्राद्ध कृतस्य विधेर्यन्यूनमतिरिक्तं तत्सर्वं भवतां ब्राह्मणानां वचनात् श्री तीर्थ विष्णो प्रसादात् परिपूर्णमस्तु। शास्रोक्त पुण्यफल प्राप्ति रस्तु। स्वास्ति भव। ॐ स्वस्ति। स्वस्ति शब्द का उचारण करे।

पिंडों के ऊपर जव तथा तिल डालकर पिंडस्थ देवों का विसर्जन करे।

ॐवाजे वाजेऽबत वाजिनो नो धनेषु विप्रा अमृता ऋतज्ञाः। अस्य मध्व पिबत मादयध्वं तृप्ता यातपथिमिर्देव यानैः।

जल की प्रदक्षिणा देवे व घण्टा बजावे। फिर अपसव्य करके पितृयों पर तिल डाले। जल की प्रदक्षिणा देवे।

ॐ आ मा वाजस्य प्रसवो जगम्यादेमे द्यावा पृथिवी विश्वरूपे। आमा गन्तां पितरा चामा सोमो अमृतत्वेन गम्यात् भोजनपात्राणि चालयेत्।

भोजन-पात्र जरा दूर करना। विकिरं त्यजेत्। विकिर का त्याग करे। उसे हाथ न लगावे फिर सव्य कर आचमन करे। पूर्वाभिमुख हाथ जोड़े।

आयुः प्रजां धनं विद्यां स्वर्गं मोक्षं सुखानिच। प्रयच्छन्तु तथाराज्यपितरः श्राद्ध तर्पिताः॥1॥ यं यं कामं कामयतेसोऽस्मै कामः समृध्यते॥ यस्यस्मृत्या. . . कायेन वाचा मनसेन्द्रियैर्वाबुध्यात्मनावा प्रकृते स्वभावा त्। करोमि यद्यत्सकलं परस्मै नारायणा येति समर्पयामि॥ अच्युताय नमः शुभं भवतु।

पिंडों के आगे कुटुम्बीजन नमस्कार करें और पिंडों के भेट धरे। प्रथम मध्यपिंड का विसर्जन करे। पीछे वह स्थान स्वच्छ करके साखियों मांड़े। कुल दीपक, कलसियो जलसु भरने में ले और कहे कि कुल दीपक स्थिरो भव। एक अतिथि को बुलाकर बनी हुई रसोई उणने जिमाय देवे या दे देवे। स्नानकर जनेऊ बदले। आज घरपर अबोट रसोई बने उसमें ब्रह्मार्पण कहा जावे।

॥ इति द्वादशाह कर्म॥

अथ त्रयोदशाहे श्रवणी पूजनम्

अथ त्रयोदशाह के दिन श्रवणी पूजन कर्म घर पर ही करें। अगर वार या अपयोग हो तो द्वादशाह के दिन भी श्रवणी पूजन कर्म कर डालें।

मध्याह्नोत्तर समय या जब अनुकूलता हो श्राद्धकर्ता स्नान कर शुद्ध वस्त्र पहन कर श्राद्धोपयोगी सामग्री लेकर गोबर से पवित्र की हुई भूमि पर श्राद्ध कर्म करे। इसमें विशेषत: 13 कुलड़े मिट्टी के लेवे। 1 में आटे का धोणाई रखे। सीरे का नैवेद्य बणावें। दिवटिया तथा पीपल का पान लेवें। दीपक प्रज्वलित कर धूप करे। शालिग्राम की मूर्ति, शंख, घण्टा आदि पूजन सामग्री ले ले फिर एक पाटला पर सफेद कपड़ा बिछाकर उसपर चावलों का अष्टदल करे। मध्य में कलश स्थापन करे ऊपर वस्त्र व नारियल रखे। पूर्व में विष्णु की चौकी बनावे उस पर शालिग्राम की मूर्ति रखे। एक चट श्रवणी के पाटले के पास रखे। मिट्टी के कुंभ पर कुंकुम से ललितादि 13 देवियों के चित्र या पुतले कोरे। अथवा अष्टदल में स्थापित कुंभ पर कुंकुम अक्षतादि से ही स्थापन पूजन करे। मिट्टी अथवा तांबे का कलश स्थापित करे।

आचमन प्राणायामं कृत्वा। इहाद्य. . . तिथौ. . . गोत्रस्य पितुः अमुक शर्मणस्य श्रेयोर्थ अकृता श्रवणीव्रतोद्यापन निमित्तं शंखोद्धार शक्ति श्राद्ध निमित्तं श्रवणी पूजनं करिष्ये। तदंग भूतं ललितादि त्रयोदश देवतानां स्थापन प्रतिष्ठा पूजां च करिष्ये। पूजाधिकार सिद्ध्यर्थ श्री महाविष्णो षोडशोपचारैः पंचोपचारैः वा पूजन महं करिष्ये।

प्रथम विष्णु भगवान का पूजन कर ले। तब कलशमंत्रों से कलश की स्थापना पूजन कर ले। फिर मिट्टी के इस कलश पर बिन्दी लगाकर देवी प्रतिष्ठा करे अथवा पुत्तलियाँ कार कर स्थापना करें।

ॐ भूर्भवः स्वः ललितायै नमः ललितां आवाहयामि ॥1॥ इसीतरह जिन-जिन देवताओं का नाम हो, लेकर आवाहन करे। यथा-विश्वमात्र. . .॥2॥ भद्रायै. . . ॥3॥ भुवनेश्वर्यै. . .॥4॥ कंदर्पवासिन्यै. . .॥ 5 ॥ आर्यायै. . .॥6॥ मोक्षदायै. . . ॥7॥ रेवत्यै. . .॥8॥ देहगायै. . .॥9॥ मुक्तिदायै. . .॥10॥ पद्मायै. . . ॥11॥ क्षमायै. . .॥12॥ कीर्त्यै. . .॥13।

फिर इनकी कुंकुम, अक्षत, पुष्पों से पंचोपचारी पूजन करे।

मनो जुतिर्जुषता माज्यस्य बृहस्पतिर्यज्ञमिमं तनोत्वरिष्टं यज्ञं समिमं। दधातु। विश्वदेवास दह मादयन्ता मों 3 प्रतिष्ठ॥1॥

एष वै प्रतिष्ठा नाम यज्ञो यत्रैतेन यज्ञेन सर्वमेव प्रतिष्ठितं भवति॥2॥

ॐ भूर्भुवः स्वः ललितादि त्रयोदश देवताः सुप्रतिष्ठिता वरदा भवन्तु॥

फिर हाथ जोड़े। नमस्ते श्रवणे देवि साक्षिभूते सनातनि।

एष अर्घ्यो मया दत्तः तारयस्व भवार्णवात्। इत्यर्घ्यः॥ विशेषार्घ्य देवे।

अथ विष्णु श्राद्धम्

ॐ शन्नोदेवी. . . से अर्घ्य में जल ले विष्णु का पाद-प्रक्षालन करे। विष्णु भगवान् का धूप-दीप-नैवेद्य से पूजन करे। फिर नमस्ते श्रवणे. . . श्लोक बोलकर विष्णु को अर्घ्य दे। विष्णु पादयोः आपः सु आपः॥ सहस्रशीर्षा. . . बोले। विष्णु पादयोः गंद्यः सुगंधः एष व पादार्घ्यः संपद्यतां, अस्तु पादार्घ्य।

फिर विष्णु को नमस्कार कर दिग्बधन करे।

ॐ विष्णोरराट. . . मंत्र पढ़े। उपहार पवित्रतास्तु। इहाद्यतिथौ. . . विष्णुश्राद्धं करिष्ये। संकल्प करे। चट 1 पूर्वमुख वैष्णव श्राद्धं कारयिध्वं। कुरु। गायत्री मंत्र पढ़े।

श्राद्ध भूमौ. . . दथ। अपसव्यं उदक्यादि क्षुद्र दृष्टि दोषा. . . पाक पूतो भवतु। पाक के जल का छाँटा नांखें। यद्दवेवा मंत्र 3 बार पढ़े सव्यं। विष्णवे नमः इदमासनं धूपं, दीपं, यथादत्तंगंधाद्यार्चनं विष्णवे स्वाहा। विष्णु श्राद्धार्चन विधेः परिपूर्णतास्तु। आचम्य। सव्यं श्रवण्यो नाम त्रयोदश देवताभ्यः इदमासनं। दर्भ की शलाका का चट को आसन दें। हस्त प्रक्षालनं।

इद मंत्र चदनं पुष्पम्, धूपं दीपं नैवेद्यं (सीरा रो नैवेद्य) अर्घ्य दक्षिणा ताम्बूलं फलं नमस्कारं समर्पयामि। यथादत्तं गंधाद्यर्चनं श्रवण्यो नाम त्रयोदश देवताभ्यः स्वाहा। अत्र चंदनं पुष्पम्। अस्य श्राद्धस्यार्चन विधेः परिपूर्ण। सव्य आचमनं। यथा दास्यमानं यथा संपन्नं भोजनं श्रवण्यो नाम त्रयोदश देवताभ्यः स्वाहा। अपसव्य इहाद्य तिथौ. . . गोत्रस्यपितुः अमुक शर्मण, श्रेयोर्थम्, अकृत श्रवणी व्रतोद्यापन परिपूर्णार्थम् द्वादश संख्याकान् ब्राह्मणान् गौरीणां निमित्तं भोजने नाहं तर्पयिष्ये। ब्राह्मण भोजन संकल्पः (सव्यं) भगवत्यः श्रवण्यो नाम त्रयोदश देवता तेन प्रीताः भवन्तु। सुप्रोक्षितादिकरणं।

हाथ में जल लेकर सुप्रोक्षित करे। प्रथम विष्णु के आगे तब श्रवणी के आगे।

शिवाः आपः संतु॥ सौमनस्य मस्तु। दीर्घभायुरस्तु। शांतिः पुष्टिः तुष्टिश्चास्तु।

(अपसव्य) दर्भ तिल लेकर। इहाद्यतिथौ. . .

इमान् त्रयोदश कर्कान् पंच घृत पक्वान्न मोदक सहितान् सूत्र वेष्टितान् नानादेवतान् गंधपुष्पाद्यर्चितान् शास्त्रोक्त पुण्य फला वाप्तये गोत्रस्य पितुः अमुक शर्मणः श्रेयोर्थम् अकृत श्रवणीव्रतोद्यापन परिपूर्णार्थम् परलोके सुखावाप्तये नाना गोत्रेभ्यो ब्राह्मणेभ्यो श्वासिनिभ्योऽहं संपददे। सव्यं तेन दानेन भगवत्यः श्रवण्यो नाम त्रयोदश देवता प्रीताः भवन्तु।

13 कुलड़ा में धोणाई डालकर आगे रखना। एक कुलड़े पर दिवोटिया रखे तथा

पान मेलें। पूजा करें। प्रत्येक कुलड़े के सूत्र वेष्ठित करे। दक्षिणा डाले।

अपसव्यं गो. . . अमुक शर्मणः श्रेयोर्थम् अकृत श्रवणी व्रतोद्यापन वैष्णव श्राद्धकृतस्य विधेः परिपूर्णतास्तु। सव्यं आचमनं।

प्रसाद नेत्रों के लगावे। नैवेद्य सीरा या लापसी का करे।

अथ शंखोद्धार

आचमनं प्राणायामं कृत्वा। चट 1 बाँधीजे। पूर्वे शक्ति रूप ब्रह्मन् एतत्ते पाद्यं. . . पुष्पम्। स्वचरण प्रक्षालनं। शक्ति श्राद्धं कारयध्वं। कुरु। गायत्रीमंत्र। शक्तिश्राद्धभूमौ. . . वसीदथ। इहाद्यतिथौ. . . अपसव्यं गोत्रस्य पितु अमुक शर्मण श्रेयोर्थम् शंखोद्धार निमित्तं श्राद्धमहं करिष्ये। सव्यं शक्ति रूपाय ब्राह्मणाय इदमासनं हस्त प्रक्षालनं।

चट के नीचे दर्भ का आसन देवे। शक्ति रूप ब्राह्मण का पूजन करे। धूप दीप नैवेद्य ताम्बूल दक्षिणा आदि सब रखे। तब सूर्य पूजन करें।

यथादत्तं गंधाद्यर्चनं शक्ति रूपाय ब्राह्मणाय स्वाहा। इदमर्चितं वोज्योतिः सूर्योज्योतिः अर्चनविधेः परिपूर्णम्। आचमनं। यथा दास्य मानं भोजनं शक्ति रूपाय ब्राह्मणाय स्वाहा। महामाया। प्रीत्यर्थम् ब्राह्मणमेकं सपत्नीक भोजने नाहं तर्पयिष्ये। सुप्रोक्षितादि करणं।

पहले की तरह सुप्रोक्षित कर्म करे। आशीष ग्रहण करे। दातारो नोऽभिवर्ध. . . तिलकम् आशिखा। अपसव्य अस्य शक्ति श्राद्ध कृतस्य विधे यन्यून मतिरिक्त. . . पूर्णास्तु। सव्य आचमनं भूमौ पंचकर्कात् स्थापयेत्। पांच कुलड़े जमीन पर स्थापित करे। उन्हें धोकर उसमें जल भरे। उस पर दिवोटिया 5 रखे। उसमें पीपल का पान, पीपल के पान पर षट्कोण करे।

दही, तुलसी-पत्र दर्भ को निसरणी करे। (अपसव्यं) दर्भ तिलान् गृहीत्वा। दक्षिणाभि मुखो भूत्वा. . . दर्भ और तिल लेकर दक्षिण की तरफ मुँह करके संकल्प करे।

इहाद्य. . . इमान् पंचकर्कान् घृतपक्वान् सूत्र वेष्टितान् यथोपस्कर सहितान् गंध पुष्पाद्यर्चितान् शास्त्रोक्त फला वाप्तये गोत्रस्यपितु अमुकशर्मणे श्रेयोर्थम् स्वर्गद्वारे उप तिष्ठताम्। सकर्कान् अश्वत्थ मूले संस्थाप्य। पुनः स्नानं

पीपल के पान पर कंकु का षट्कोण करके उसके आगे सीरे का नैवेद्य रखे। दिवटिया में चौमुखा दीपक करे। उसे प्रज्वलित कर पांच कलश, पीपल के या खेजड़ी के मूल में जाकर रखे। पास में चाबी, चाकू या लोह रखे। जीमणे कोले खॉडो दीवो मेले। वापस आकर स्नान करे। नये वस्त्र पहन, जनेऊ पहने। फिर महामाया के आगे दीपक करे। तब षट्कोण मंडल का दर्शन करे।

ॐ ऐं श्रीं हं सः. . . प्रथम महामाया का पूजन करें। **जयंती मंगला काली, भद्रकाली कपालिनी। दुर्गाक्षमा शिवा धात्री, स्वाहा स्वधा नमोस्तुते॥**

फिर आंगन में पूर्वाभिमुख खड़े रहें। ब्राह्मण उत्तराभिमुख रहें।

यद्बाल्ये यच्चकौमारे, वार्धक्ये चापि यत्कृतम।
तत्सर्वं नाशमायातु, ऋणं देवर्षि पैतृकं॥
इमं में सलिलं पूर्णम् तारयस्व भवार्णवात्।
अनृणो गंतुमिच्छामि, तद्विष्णोः परमं पदम्॥
कटुकं निंबवृक्षं च ततो मधुर मारुहेत्।
ततो गच्छ महादेवि श्रवणि श्रवणके शुभे॥
इति। विसर्जन करे।

फिर तिलक मंत्र आशीर्वाद दे। धोणाई छोकरों को बांटे। घर पर चौका सारा हो तो चट ब्राह्मणों को देवे और उनसे खोलावे। ठाकुर जी की थाली करे। ब्रह्मार्पण कहे। पंच ग्रास गौ-ग्रासादि देवे। ब्राह्मण भोजन करे। तब पितृ संहिता का पाठ करे। घड़ा 1 गरणा लाडु सहित सुवास नी के घर पहुंचावे। आज से हन्तकार पीपल को पानी व पन्थी दीवा चालू रखें।

अथ दक्षिणा

दूसरे दिन दक्षिणा देवे। वार हो तो उसी दिन दक्षिणा देवे। चौके में भूमिपर साक्रिया मांडने विछायत करें। बीच में पाटला पर विष्णु भगवान का पूजन करें। खरड़ो लिखे।

तिर बांणा में दूध मिश्रित जलसु द्रव्य की पूजा करें। सूर्य का पूजन करें।

प्रथम महालक्ष्मीजी की दक्षिणा चढ़ावे। पीछे महादेव गुरु की। तब जवाई भाणोज दोहित्र की। फिर आने वालों की पागे लिखें। तिलक मंत्र आशीर्वाद देवे। अक्षत बंदावे। टका 1तिर बांणा में डाले। उसे स्वासणा लेवे। तिरभाणे का जल तुलसी में डाले। द्रव्य लेकर महालक्ष्मीजी के मन्दिर दर्शनार्थ सभी जावें। पगेलागे।

॥ श्रीरस्तुः शुभम्॥

पितृ संहिता

पितरों के प्रति सच्ची श्रद्धाञ्जलि एवं पितरों को प्रसन्न व तृप्त करने हेतु 'पितृ-संहिता' का पाठ त्रयोदश (तेरहवीं) के दिन किया जाता है।

—सम्पादक

॥ अथ पितृ संहिता प्रारम्भः ॥ ॐअग्नये कव्यवाहनाय स्वाहा सोमाय पितृमते स्वाहा। अपहता असुरा रक्षा ᳪ सि वेदिषदः ॥1 ॥

ये रूपाणि प्रतिमुञ्चैमाना असुराः सन्तः स्वधया चरन्ति। परापुरो निपुरो ये भरन्त्यनिष्टाँल्लोकात्प्रणुदात्यस्मात् ॥2 ॥

अत्र पितरो मादयध्वं यथाभागमावृषायध्वम्। अमीमदन्त पितरो यथाभागमावृषा यिषत ॥3 ॥

नमो वः पितरो रसाय नमो वः पितरः शोषाय नमो वः पितरो जीवाय नमो वः पितरः स्वधायै नमो वः पितरो घोराय नमो वः पितरो मन्यवे नमो वः पितरः पितरो नमो वो गृहान्नः पितरो दत्त सतो वः पितरो देष्मैत द्वः पितरो वास आधत्त ॥4 ॥

आधत्त पितरो गर्भम् कुमारं पुष्करस्रजम्। यथेह पुरुषोऽसत् ॥ 5 ॥

ऊर्ज वहन्तीरमृतं धृतं पयः कीलालं परिस्रुतम्। स्वधा स्थ तर्पयत मे पितॄन् ॥ 6 ॥

—यजु अ 2 मं. 28 से 34

कृणुष्व पाजः प्रसितिं न पृथ्वीं याहि राजेवामवाँ 2 इभेन। तृष्वीमनु प्रसितिं द्रूणानोऽस्ता ऽसि विध्य रक्षसस्तपिष्ठैः ॥7 ॥

तव भ्रमास आशुया पतन्त्यनुस्पृश धृषता शोशुचानः। तपू ᳪ ष्यग्ने जुह्वा पतङ्गानसन्दितो विसृज विष्वगुल्का ॥8 ॥

प्रतिस्पशो वि सृज तूर्णितमो भवा पायुर्विशो अस्या अदब्धः। यो नो दूरे अघशं ᳪ सो यो अन्त्यग्ने मा किष्टे व्यथिरा दधर्षीत् ॥9 ॥

उदग्ने तिष्ठ प्रत्यातनुष्व न्यमित्राँ 2 ओषत्तात्तिग्महेते। यो नो अराति ᳪ समिधान चक्रे नीचा तं धक्ष्यतसं न शुष्कम् ॥10 ॥

ऊर्ध्वो भव प्रति विध्याध्यस्मदाविष्कृणुष्व दैव्यान्यग्ने। अवस्थिरा तनुहि यातुजूनां जामिमजामिं प्र मृणीहि शत्रून्। अग्नेष्ट्वा तेजसा सादयामि ॥11 ॥

—यजु. अध्या 13 मंत्र 9 से 13

सुरावन्तं वर्हिषद ᳪ सुवीरं यज्ञ ᳪ हिन्वन्ति महिषा नमोभिः। दधानाः सोमं

दिवि देवतासु मदेमेन्द्रं यजमानाः स्वर्काः ॥12॥

यस्ते रसः सम्भृत ओषधीषु सोमस्य शुष्मः सुरया सुतस्य। तेन जिन्व यजमानं मदेन सरस्वती मश्विना विन्द्रमग्निम् ॥13॥

यमश्विना नमुचेरासुरादधि सरस्वत्यसुनोदिन्द्रियाय। इमं त ॅ शुक्रं मधुमन्तमिन्दु ॅ सोम ॅ राजानमिह भक्षयामि ॥14॥

यदत्र रिप्त ॅ रसिनः सुतस्य यदिन्द्रो अपिवच्छचीभिः। अहं तदस्य मनसा शिवेन सोम ॅ राजानमिह भक्षयामि ॥15॥

पितृभ्यः स्वधायिभ्यः स्वधा नमः पितामहेभ्यः स्वधायिभ्यः स्वधा नमः प्रपितामहेभ्यः स्वधायिभ्यः स्वधा नमः। अक्षन् पितरो ऽमीमदन्त पितरो ऽतीतृपन्त पितरः पितरः शुन्धध्वम् ॥16॥

—मजु० अ० 19 मंत्र 32 से 36

पुनन्तु मा पितरः सोम्यासः पुनन्तु मा पितामहाः पुनन्तु प्रपितामहाः। पवित्रेण शतायुषा। पुमन्तु मा पितामहाः पुनन्तु प्रपितामहाः। पवित्रेण शतायुषा विश्वमायुर्व्यश्नवै ॥17॥

अग्न आयू ॅ षि पवस आ सुवोर्जमिषं च नः। आरे बाधस्व दुच्छुनाम् ॥18॥

पुनन्तु मा देवजनाः पुनन्तु मनसाधियः। पुनन्तु विश्वा भूतानि जातवेदः पुनीहि मा ॥19॥

पवित्रेण पुनीहि मा शुक्रेण देव दीद्यत्। अग्ने क्रत्वा क्रतूँ 1 रनु ॥20॥

यत्ते पवित्रमर्चिष्यग्ने विततमन्तरा। ब्रह्मतेन पुनातु मा ॥21॥

पवमानः सो अद्यनः पवित्रेण विचर्षणिः। यः पोता स पुनातु मा ॥22॥

—यजु० अ० 19 मंत्र 37 से 42

उभाभ्यां देव सवितः पवित्रेण सवेन च। मां पुनीहि विश्वतः ॥23॥

वैश्वदेवी पुनती देव्यागाद्यस्यामिमा बह्व्यस्तन्वो वीतपृष्ठाः। तया मदन्तः सधमादेषु वय ॅ स्याम पतयो रयीणाम् ॥24॥

ये समानाः समनसः पितरो यमराज्ये। तेषाँल्लोकः स्वधा नमो यज्ञो देवेषु कल्पताम् ॥ 25॥

ये समानाः समनसो जीवा जीवेषु मामकाः। तेषा ॅ श्रीर्मयि कल्पतामस्मिँल्लोके शत ॅ समाः ॥26॥

द्वे सृती अश्रृणवं पितृणामहं देवानामुत मर्त्यानाम्। ताभ्यामिदं विश्वमेजत्समेति यदन्तरा पितरं मातरं च ॥27॥

इद ँ हविः प्रजननं मे अस्तु दशवीर ँ सर्वगण ँ स्वस्तये। आत्मसनि प्रजासनि पशुसनि लोकसन्यभयसनि। अग्निः प्रजां बहुलां मे करोत्वन्नं पयो रेतो अस्मासु धत्त ॥28॥

—यजु अ० 19 मंत्र 43 से 48

उदीरतामवर उत्परास उन्मध्यमाः पितरः सोम्यासः। असुं य ईयुरवृका ऋतज्ञास्ते नोऽवन्तु पितरो हवेषु ॥29॥

अङ्गिरसो नः पितरो नवग्वा अथर्वाणो भृगवः सोम्यासः। तेषां वय ँ सुमतौ यज्ञियानामपि भद्रे सौमनसे स्याम ॥30॥

ये नः पूर्वे पितरः सोभ्यासो ऽ नूहिरे सोमपीथं वसिष्ठाः। तेभिर्यमः स ँ रराणो हवी ँ ष्युशन्नुशद्भिः प्रतिकाममत्तु ॥31॥

त्व ँ सोम प्र चिकितो मनीषा त्व ँ रजिष्ठमनु नेषि पन्थाम्। तव प्रणीती पितरो न इन्दो देवेषु रत्नमभजन्त धीराः ॥32॥

त्वया हि नः पितरः सोमपूर्वे कर्माणि चक्रुः पवमान धीराः। वन्वन्नवातः परिधी ँ रपोर्णु वीरेभिरश्वैर्मघवा भवा नः ॥33॥

त्व ँ सोम पितृभिः संविदानोऽनु द्यावापृथिवी आ ततन्थ। तस्मै त इन्दो हविषा विधेम वय ँ स्याम पतयो रयीणाम् ॥34॥

—यजु अ० 19 मंत्र 49 से 54

बर्हिषदः पितर ऊत्यर्वागिमा वो हव्या चकृमा जुषध्वम्। त आ गतावसा शन्तमेनाथा नः शं योररपो दधात ॥35॥

आऽहं पितॄन्त्सुविद्त्राँ 2 अवित्सि नपातं च विक्रमणं च विष्णोः। बर्हिषदो ये स्वधया सुतस्य भजन्त पित्वस्त इहागमिष्ठाः ॥36॥

उपहूताः पितरः सोम्यासो बर्हिष्येषु निधिषु प्रियेषु। त आ गमन्तु त इह श्रुवन्त्वधि ब्रुवन्तु ते ऽ वन्त्वस्मान् ॥37॥

आ यन्तु नः पितरः सोम्पासो ऽ ग्निष्वात्ताः पथिभिर्देवयानैः। अस्मिन् यज्ञे स्वधया मदन्तोऽधि ब्रुवन्तु ते ऽ वन्त्वस्मान् ॥38॥

अग्निष्वात्ताः पितर एह गच्छत सदः-सदः सदत सुप्रणीतयः। अत्ता हवी ँ षि प्रयतानि बर्हिष्यथा रयि ँ सर्ववीरं दधातन ॥39॥

ये अग्निष्वात्ता ये अनग्निध्वात्ता मध्ये दिवः स्वधया मादयन्ते। तेभ्यः स्वराडसुनीतिमेतां यथावशं तन्वं कल्पयाति ॥40॥

—यजु अ० 19 मंत्र 55 से 60

अग्निष्वात्तानृतुमतो हवामहे नाराश ँ से सोमपीथं य आशुः। ते नो विप्रास

सुहवा भवन्तु वय ँ स्याम पतयो रयीणाम् ॥41॥

आच्या जानु दक्षिणतो निषद्येमं यज्ञमभि गृणीत विश्वे। मा हि ँ सिष्ट पितरः केन चिन्नो यद्व अगः पुरूषता कराम ॥42॥

आसीनासो अरुणीनामुपस्थे रयिं धत्त दाशुषे मर्त्याय। पुत्रेभ्यः पितरस्तस्य वस्वः प्र यच्छत त इहोर्जं दधात ॥43॥

यमग्रे कव्यवाहन त्वं चिन्मन्यसे रयिम्। तन्नो गीर्भिः श्रवाय्यं देवत्रा पनया युजम् ॥44॥

यो अग्निः कव्यवाहनः पितॄन् यक्षदृतावृधः। प्रेदु हव्यानि वोचति देवेभ्यश्च पितृभ्य आ ॥45॥

त्वमग्न ईडितः कव्यवाहना वाड्ढव्यानि सुरभीणि कृत्वी। प्रादाः पितृभ्यः स्वधया ते अक्षन्नद्धि त्वं देव प्रयता हवी ँ षि ॥46॥

—यजु अ० 19 मंत्र 61 से 66

ये चेह पितरो ये च नेह याँश्च विद्म याँ 2 उ च न प्रविद्म। त्वं वेत्थ यति ते जातवेदः स्वधाभिर्यज्ञ ँ सुकृतं जुषस्व ॥47॥

इदं पितृभ्यो नमो अस्त्वद्य ये पूर्वासो य उपरास ईयुः। ये पार्थिवे रजस्या निषत्ता ये वा नून ँ सुवृजनासु विक्षु ॥48॥

अधा यथा नः पितरः परासः प्रत्नासो अग्न ऋतमाशुषाणाः। शुचीदयन् दीधितिमुक्थशासः क्षामा भिदन्तो अरुणीरप व्रन् ॥49॥

उशन्तस्त्वा नि धीमह्युशन्तः समिधीमहि। उशन्नुशत आ वह पितॄन् हविषे अत्तवे ॥50॥

अपां फेनेन नमुचेः शिर इन्द्रोदवर्तयः। विश्वा यदजयस्पृधः ॥51॥

सोमो राजामृत ँ सुत ऋजीषेणाजहान्मृत्युम्। ऋतेन सत्यमिन्द्रियं विपान ँ शुक्रमन्धस इन्द्रस्येन्द्रियमिदं पयोऽमृतं मधु ॥52॥

अद्भ्यः क्षीरं व्यपिवत् क्रुङ्ङाङ्गिरसो धिया। ऋतेन सत्य मिन्द्रियं विपान ँ शुक्रमन्धस इन्द्रस्येन्द्रियमिदं पयोऽमृतं मधु ॥53॥

—यजु अ० 19 मंत्र 67 से 73

सोममद्भ्यो व्यपिबच्छन्दसा ह ँ सः शुचिषत्। ऋतेन सत्यमिन्द्रियं विपान ँ शुक्रमन्धस इन्द्रस्येन्द्रियमिदं पयोऽमृतं मधु ॥54॥

अन्नात्परिस्रुतो रसं ब्रह्मणा व्यपिवत् क्षत्रं पयः सोमं प्रजापतिः। ऋतेन सत्यमिन्द्रियं विपान ँ शुक्रमन्धस इन्द्रस्येन्द्रियमिदं पयोऽमृतं मधु ॥55॥

रेतो मूत्रं वि जहाति योनिं प्रविशदिन्द्रियम्। गर्भो जरायुणाऽऽ वृत उल्वं जहाति

जन्मना। ऋतेन सत्यमिन्द्रियं विपान ँ शुक्रमन्धस इन्द्रस्येन्द्रियमिदं पयोऽमृतं मधु ॥56॥

दृष्ट्रा रूपे व्याकरोत् सत्यानृते प्रजापतिः। अश्रद्धामनृतेऽदधाच्छ्रद्धा ँ सत्ये प्रजापतिः। ऋतेन सत्यमिन्द्रियं विपान ँ शुकमन्धस इन्द्रस्येन्द्रियमिदं पयोऽमृतं मधु ॥57॥

—यजुर्वेद अ० 19 मंत्र 54 से 77

वेदेन रूपे व्यपिवत् सुतासुतौ प्रजापतिः। ऋतेन सत्यमिन्द्रियं विपान ँ शुक्रमन्धस इन्द्रस्येन्द्रियमिदं पयोऽमृतं मधु ॥58॥

दृष्ट्वा परिश्रुतो रस ँ शुक्रेण शुक्रं व्यपिवत् पयः सोमं प्रजापतिः। ऋतेन सत्य मिन्द्रियं विपान ँ शुक्र मन्धस इन्द्रस्येन्द्रियमिदं पयोऽमृतं मधु ॥59॥

॥ श्रीरस्तुः ॥

卐 अथ अवटंक-माला 卐

1—सनकस गोत्र— सत्रोह गृछमद, 3 प्रवर, ऋग,यजु साम वेद, वरुणादेवी, चिनदं शर्म, जनर्नाल विनायक, वच्छयज्ञ, वाल्मीकेश्वर शिव आनन्द भैरवा। त्रिवाड़ी टोकर, बाकुलिया, शांगड़ा, जेसलिया। ओझा टोकर, बाकुलिया। व्यास बाकुलिया,। डबलिया,। दवे मटकर, उनामणा, योग 10 अवटंक।

2— भारद्वाज गोत्र— आंगीरस, बार्हस्पत्य, भारद्वाज 3 प्रवर, ऋग, यजु, साम अथर्ववेद। बंधुक्षणी देवी, शिवशर्म, दुधियो विनायक, कामेश्वर यक्ष, नवलखेश्वर शिव ईशान भैरव। त्रिवाड़ी भोपल, उनामण, मिया, चोखाचर, निणकायाः। ओझा भोपल, नवसखा। व्यास भोपल, नवलख,। दवे फाडिया, नहरेचा। जोशी भीपल,। वोरा पेटा। योग 13 अवटंक।

3—पाराशर गोत्र— वसिष्ठ, शक्ति, पाराशर 3 प्रवर ऋग्, यजुः, साम वेद बट यक्षिणी देवी, त्रात शर्म, नर्कविनायक, चित्रेश्वर यक्ष, पारेश्वरशिव सिद्धिदाता भैरव। त्रिवाड़ी गाधे, नरेचा। औझा चंडिशा। व्यास ग्राधे। जोशी जंपलिया योग 5 अवटक।

4—कौशिक गोत्र— विश्वामित्र, देवराज, ऊदल, 3 प्रवर। ऋग्, यजुः, सामवेद। कमलेश्वरी देवी, भव शर्म, स्वर्ग विनायक, कामेश्वर यक्ष, त्र्यंबकेश्वर शिव, काल भैरव। त्रियाड़ी शल्या, काणोदरा। ओझा शल्या,। जोशी नरेचा, नरतेचा.। आवस्थी काणोदरा (गंगा)। ठाकुर नरतेचा। योग 6 अवटंक।

5—वत्सस् या वच्छस गोत्र— भृगु, च्यवन, ऊर्व, आपलयान्, जमदग्न 5 प्रवर,। यजु, सामवेद। बालगौरी देवी, मित्र शर्म, गौरात्सल विनायक, गनग्नियो यक्ष दुर्धरेश्वर शिव, मंगलमूर्ति भैरव। त्रिवाडी दशोत्तर, सगाउत्र भट्ट। दवे कांणेरिया। जोशी पांडेचा(अवस्थी अग्निहोत्री। योग 5 अवटंक।

6—उपमन्यव गोत्र— उपमन्यव 1 प्रवर, सामवेद, नागिणीदेवी, भूतशर्म, सिद्धिविनायक। उपयायक्ष। भूभुवेश्वर शिव। बटुक भैरव।

त्रिवाडी मेर (मेड़) डांगी ठाकुर। अवटंक?

7—काश्यपगोत्र— काश्यप, वत्स नैऋत 3प्रवर। साम, अथर्ववेद। योगेश्वरी देवी, भ्रातशर्म, मृत्यु विनायक, लक्ष्मणेश्वर यक्ष, काश्यपेश्वर शिव, जटिल भैरव।

त्रिवाड़ी जाजडोला, आयेतर आर्द्रयांची, काशपीदवाडिया, वटसुहावलया, लोहातर, वाचडिया करचडा। व्यासपुरेचा, कोतमिया,। जोशी चड़ेशा, पावडोत्र, पचलिया। वोरा भांभट जाजडोला-योग 12 अवटंक।

8—गौतम गोत्र— उतिथ्य, अंगीरस, गौतम 3 प्रवर। यजुर्वेद। अरिष्टानिंबजादेवी, दासशर्म, सिद्धिविनायक, दमयंतियक्ष, चंडेश्वर शिव, ग्रामपाल भैरव।

दवे लंपाउआ, शांचलवाडिया, पंचतोड, गोतमस,। जोशी गौतमस, ठाकुर लापसा। अबटंक 6।

9—शांडिल्य गोत्र— आसिल्य, देवल शांडिल 3 प्रवर। यजुर्वेद। क्षेमंकरी देवी। सामशर्म, दयाविनायक, त्रिशूलयक्ष, जयेश्वर शिव, असितांग भैरव। दवे कीडिया। वोरा कीडीया, पेशाधांधलवाडिया, पड्या योग 4 अवटंक।

10—चंद्रास गोत्र— अत्रि, गविष्ठल, पूर्ण 3 प्रवर। यजुः सामवेद महालक्ष्मीदेवी। नाग शर्म। ढूंडीराज विनायक, देव यक्ष, प्रयुतेश्वर शिव, रुद्रचंद्र भैरव। दवे हाडीअरणाया, केलवाडिया वातडा (वांतर)। जोशी वांतडा योग 4 अवटंक।

11—लौडवान गोत्र— आंगिरस, उतिथ्य, लौडवान्, 3 प्रवर। यजुर्वेद। चामुंडादेवी, गुप्तशर्म, कारिविनायक। धनेश्वर यक्ष, भूतेश्वर शिव, प्राणदाता भैरव।

व्यास कोचर। दवे कोचर, पाटक। योग 3 अवटंक।

12—मौग़द्ल गोत्र— आंगिरस, भारभ्य, मौगद्ल 3 प्रवर। यजुर्वेद खराननादेवी। धोषशर्म, आयाविनायक, हर्यक्ष यक्ष, गंगेश्वर शिव, देववत्सल भैरव।

दवे वेलुडिया (वाडिया) चांपानेरिया, द्वितीया, गोधा, (गोदा) योग'4 अवटंक।

13—कपिंजल गोत्र— वसिष्ठ, भारद्वाज इन्द्रप्रमुद 3 प्रवर। ऋग्, यजु, सामवेद, सुरभिबगस्थली देवी। दत्तशर्म, उभय विनायक, दुर्धरयक्ष, नागेश्वर शिव, रक्तांग भैरव। ओझा वाधलिया। दवे, पनोलिया, दलवट्टा, मुतारमणेचा, पुमाणचा, 'जिवाणेचा, षाडिया, मनाउत्र (मनावत)। ठाकुर भिंया, कपिंजल योग 10 अवटंक।

14—हरिंतस गोत्र— हरितस 1 प्रवर। ऋग्वेद। सिद्धचामुंडा देवी, देवशर्म, अर्जुनविनायक, सूर्य यक्ष, जागेश्वर शिव, वटपाल भैरव। ओझा, आचड़िया योग1 अवटंक कुल अवटंक 84 गोत्र 14 (श्रीमाल माहात्म्य अध्याय)

1 ऋग्वेद की शाखा आश्वलायनी और सूत्र आपस्तंब।

2. यजुर्वेद की शाखा माध्यन्दिनी और सूत्र कात्यायन।

3. सामवेद की शाखा कौथुमी और सूत्र लाट्यायन।

4. अथर्ववेद की शाखा श्वातरायणी और सूत्र वैतानस।

॥श्रीरस्तुः॥

कुछ ज्ञातव्य बातें।

1. स्वजातीय शव के पीछे श्मशान जाने पर वस्त्रों सहित स्नान करना चाहिए एवम् यज्ञोपवीत बदलना चाहिए।
2. स्वजातीय शव को कंधा देने पर एक दिन का अशौच होता है। प्रातःकाल दाह पर रात्रि को नक्षत्र देखकर एवम् रात्रि को दाह होने पर प्रातः सूर्य दर्शन कर भोजन करना चाहिए।
3. यदि किसी की मृत्यु रात्रि के 2/3 भाग (लगभग रात्रि के 2 बजे) के पहले हुई है तो पूर्व का दिन ही मृत्यु-दिन माना जायेगा अन्यथा दूसरा दिन माना जाये।
4. तीन वर्ष से कम आयु वाले बालक की मृत्यु होने पर अपनी इच्छानुसार दफनाया या जलाया जाय। परन्तु इसके उपरान्त केवल जलाया ही जाय।
5. यज्ञारम्भ होने पर ब्राह्मण व यजमान को अशौच नहीं लगता।
6. व्रत का संकल्प करने पर व्रत रखने वाले पर अशौच नहीं लगता।
7. विवाह या यज्ञोपवीत संस्कार में नान्द्रि श्राद्ध होने के उपरान्त यदि अशौच की सूचना मिले तो अशौच नहीं लगता।
8. श्राद्ध की क्रिया आरम्भ होने पर अशौच की सूचना मिलने पर भी अशौच नहीं लगता। अर्थात् श्राद्ध हो सकता है। उक्त कर्म समाप्त होने पर अशौच आरम्भ हो जाता है।
9. आठ वर्ष से बड़े बालक का यज्ञोपवीत न होने पर भी उसे यज्ञोपवीत वाला माना जाय।
10. बारह वर्ष से बड़ी कन्या का विवाह न होने पर भी उसे विवाहित माना जाय।
11. सूतक में संध्या कर्म होता है परन्तु मानसिक। गायत्री स्मरण करे, उपस्थान, न करे। प्राणायाम मंत्र रहित हो।
12. सात पीढ़ी तक के लोग सपिंड, दूसरी 7 पीढ़ी के सोदक, या सकुल्य, अन्य सगोत्र कहलाते हैं।
13. सगोत्र, सम्बन्धी गुरु शिष्यादि स्नान से शुद्ध होते हैं।
14. जनना शौच में मरणशौच हो जाय तो जननाशौच नहीं लगेगा।
15. तीन दिन के आशौच में यदि 10 दिन का या 1 दिन में 3 दिन का आशौच आ जाय तो ज्यादा दिन वाला आशौच माना जाय।

16. प्रथम आशौच के नवें दिन द्वितीय आशौच होने पर प्रथम से शुद्धि होती है।

17. प्रथम आशौच के दसवें दिन 2/3 रात्रि से पूर्व द्वितीय आशौच होने पर दो दिन अधिक आशौच होगा।

18. प्रथम आशौच के दसवें दिन के 2/3 रात्रि के पश्चात् परन्तु 11 वें दिन के सूर्योदय से पूर्व द्वितीय आशौच होने पर तीन दिन अधिक आशौच होगा।

19. प्रथम आशौच के 10 वें दिन की रात्रि को भी यदि किसी द्वितीय 3 दिन का आशौच होने पर प्रथम आशौच से शुद्धि होती है।

20. पिता के नवें दिन माता की मृत्यु की सूचना मिले तो पुत्र व कुंवारी कन्याओं को 1½ दिन अधिक आशौच होगा।

21. पिता के 10 वें दिन की रात्रि के 3/4 से पूर्व माता की सूचना मिले तो पुत्र व कुँवारी कन्याओं को 3/4 दिन अधिक आशौच होगा।

22. पिता के 10 वें दिन की रात्रि के 3/4 के पश्चात माता की मृत्यु की सूचना मिले तो पुत्र व कुंवारी कन्याओं को 4½ दिन अधिक आशौच होगा।

23. माता या अन्य किसी के आशौच में पिता का आशौच हो तो 10 दिन तक आशौच रहेगा।

24. सपिंडों के आशौच में माता का आशौच हो तो 10 दिन तक आशौच रहेगा।

25. एक जनना शौच में द्वितीय जनना शौच होने पर प्रथम आशौच से ही शुद्धि होती है।

26. माता या पिता तथा पति या पत्नी की मृत्यु की सूचना 10 दिन के बाद मिलने पर भी सूचना वाले दिन से 10 दिन तक सूतक लगेगा।

॥ श्रीरस्तुः॥

अन्त्येष्टि क्रिया में विहित दान-कर्म

धेनुदान (गौदान)–

सभी शास्त्रों में गौदान के महत्त्व वर्णित हैं। मरण क्रिया में ते इसका ज्यादा ही महत्त्व है। प्रत्यक्ष सबत्सा गौदान सर्वश्रेष्ठ है पर योग्य सुपात्र को ही इसका दान करना चाहिए। अन्यथा कल्पित दान के निमित्त यथाशक्ति द्रव्यदान श्रेष्ठ है। उस निमित्त देने से उस फल की प्राप्ति हो जाती है। गौदान कभी भी बांटा नहीं जाता है। इसे एक को ही दिया जाता है।

धेनुदान के चार प्रकार हैं। शास्त्रों में स्थान-स्थान पर मोक्ष धेनु, ऋण धेनु आदि के दानों का उल्लेख है।

वे निम्न प्रकार से हैं–

1 मोक्ष धेनु दान

मरणासन्न व्यक्ति के नेत्र जब बन्द होने को हों तब अपने पिता को देखकर पुत्र गौदन करता है। वह गया श्राद्ध के बराबर है। उसे पिता के मोक्ष के लिए दान करने से मोक्ष धेनु कहा है। मोक्ष धेनु दान का मंत्र यह है–

मोक्षं देहि हृषीकेश मोक्षं देहि जनार्दन।
मोक्षधेनु प्रदानेन मुकुन्द प्रीयतां मम॥

2 ऋण धेनु दान

अपने पिता पर चढ़े हुए कर्ज की समाप्ति हेतु तथा देव ऋण, पितृ ऋण, ऋृषि ऋण से मुक्ति पाने हेतु जो गौदान मृत प्राणी के निमित्त या स्वयं की श्रद्धा से स्व निमित्त किया जावे वह ऋणु धेनु दान है। सात जन्म में ज्ञात-अज्ञात ऋण मंत्र के छुटकारे हेतु इसके दान का विधान है।

ऐहिकामुष्मिकं यच्च सप्त जन्मार्जितं ऋणम्।
तत्सर्वम् शुद्धिमायातु गामेतां ददतो मम॥

–निर्णय सिन्धु 1157

3 पाप धेनु दान

अपने व मृत प्राणि के ज्ञात, अज्ञात, गुप्तकृत पापों के प्रायश्चित्त के निमित्त

तथा मन, वाणी और कर्म द्वारा बने पापों को दूर करने हेतु किया गया गौदान पापधेनु दान कहलाता है। इस तरह से पाप क्षय करने हेतु इस दान का महत्त्व है। मंत्र—

आजन्मोपार्जितं पापं मनोवाक्काय कर्मभिः।
तत्सर्वम् नाशमायातु गो प्रदानेन केशव॥

वैतरणी धेनुदान

व्यास ने कहा है मृत्यु की समीपता में सवत्सा गौ (वैतरणी) का दान करें। यह नरक मार्ग में पड़ने वाली वैतरणी नामक नदी से प्राणी के उद्धार के लिए दी जाती है। व्यक्ति स्वयं के लिए भी इसका दान जीवितावस्था में भी कर सकता है।

मंत्र—

प्रदत्तासि मया देवि तर्तुम् दुस्तर कम्यया।
तावत्कालं प्रतीक्षस्व, यावदागमनं मम॥

(B) **वैतरणी दान**— चांदी की मिसरणी, नाव, सवत्सा गौ का दान लोह दंड, सोने की मूर्ति, इसमें दिया जाता है।

(2) उत्कान्त्यादि दशदान— या अष्ट महादान

मदनरत्न में जातू कर्ण्य ऋषि का वचन है— मृत्यु के समय मरण वाले के लिए उसके मरने के पूर्व दश प्रकार के दान श्रद्धा हो तो व समर्थ हो तो अवश्य करे।

(1) गौदान (2) भूमि (3) तिल (4) सुवर्ण (5) घृत
(6) वस्त्र (7) सात धान्य (8) चांदी (9) गुड (10) नमक

ये दश प्रकार के दान 'उत्क्रान्ति' दान कहलाते हैं। गरुड पुराण में इनके स्थान पर अष्ठ महादान वर्णित हैं। उसमें (1) तिल (2) लोह (3) सुवर्ण (4) रुई (5) नमक (6) सप्तधान्य (7) पृथ्वी (8) गौ इस प्रकार के दान कहे हैं। इनको देने से मृत प्राणि की आत्मा को शान्ति मिलती है तथा उसका स्वर्ग गमन सुविधापूर्ण बनता है। ये अष्टदान भी 'उत्क्रान्ति' दान के अन्तर्गत ही आते हैं।

इन दानों को सुपात्र व्यक्ति में देना श्रेष्ठ है। तिल, धान्य, धृत, नमक आदि के दान उसके आधारभूत पात्र में दक्षिणा सहित देने चाहिए।

(3) हंतकार दान

अन्न का एक ग्रास भिक्षा, चार ग्रास को पुष्कल, सोलह ग्रास जितना अन्न हंतकार कहलाता है। इसका कच्चा सीधा के रूप में भी दे सकते हैं या नित्य दो रोटी साग सहित वैष्णव संत या ब्राह्मण को दे सकते हैं। यह क्रिया 12 मास तक नित्य प्रतिदिन चलनी श्रेष्ठ है। या मासिक श्राद्ध या श्राद्ध के दिन तो इसे टाल कर जरूर ही वैष्णव संत को दिया जाता है।

(4) वार्षिक वृत्तिदान या वर्ष वृत्तिदान

एक वर्ष तक मृतक प्राणी के क्षुधा-तृषा दोष को मिटाने हेतु किसी ब्राह्मण, संत, साधु या वैष्णव को प्रतिदिन घर पर भोजन करावे या किसी ब्राह्मण के घर पर 1 वर्ष 1 मनुष्य खावे– उतनी सामग्री का दान करें।

(5) शय्यादान

मृत प्राणि के लिए सुख-शय्या दान का भारी महत्त्व है। इसके दान से प्राणी सुख से सोता है तथा शेष जीवित प्राणियों के घर में शान्ति रहती है। इसमें पलंग, उसके ऊपर बिछौना, मच्छरदानी, चादर, तकिया, चांदी का दीपक, सोने के आभूषण, शृंगार सामग्री, जल की झारी, कांच आदि जो भी सामग्री देना हो सजा कर देते हैं। यह सपत्नीक ब्राह्मण को या सुवासिनी शादी की हुई कन्या को देवे। यह दान भी बांटा नहीं जाता है। एक ही जोड़े को दिया जाता है।

मंत्र– **यथा कृष्ण स्त्वदीयास्ति शय्याक्षीरोद सागरे।**
तथा भूयादशून्ये यं मम जन्मनि जन्मनि ॥

(निर्णय सिन्धु पृ. 1235 और ग.पु.अ. 13 श्लो. 71)

(6) पद दान

पद दान में 1. छाता, 2. पादुका, 3. वस्त्र, 4. अंगूठी, 5. कमण्डल, 6. आसन, 7. पञ्चपात्र, 8. डंडा, 9. तांबे का पात्र, 10. कच्चा अन्न, 11. पक्का अन्न (मिठाई), 12. अर्घ्य, 13. जनेऊ– ये 13 वस्तुएं होती हैं। यह भी एक ही ब्राह्मण को दिया जाता है। इससे यम मार्ग में जाने वालों को सुख मिलता है।

इस तरह 13 पद देने का विधान है।

(7) घटदान

इसमें पानी से भरा हुआ घड़ा, जल छानने का कपड़ा (गरणा) ऊपर का ढक्कन, 1 लोटा या गिलास, पकवान (मिठाई), दक्षिणा होती है। ये वर्ष भर में 12 घड़ों के रूप में दिये जाते हैं। या एक साथ 12 लोगों को एक को एक दिये जा सकते हैं। इसमें सबसे पहला घड़ा मन्दिर में दिया जाता है।

(8) सूरजपद दान

इसमें पददान की ही वस्तुएँ होती हैं। चांदी का सूरज विशेषतः होता है।

(9) प्रयश्चित्त दान

कांसे के कटोरे में घी भरकर उसमें सोने की टिकड़ी डालकर उसमें अपना मुख

देखकर किसी अतिथि, नाथ, ब्राह्मण या संत को पापों के प्रायश्चित्त हेतु दिया जाता है।

(10) उपपद दान

(1) अन्न (2) जल (3) जूता (4) कमण्डल (5) छाता (6) वस्त्र (7) छड़ी (8) लोहे का डंडा (9) अंगीठी (10) दीपक (11) तिल (12) तांबूल (पान) (13) चन्दन (14) पुष्प—

ये चौदह उपदान हैं। ये 14 व्यक्तियों को दिये जा सकते हैं।

(11) गजाश्वादि दान

घोड़ा, रथ, हाथी, भूमि, दास, दासी आदि का दान मृतक प्राणी को निमित्त करके दिये जाते हैं। ये अलग-अलग ब्राह्मणों को भी दिये जा सकते हैं पर बांधे नहीं जा सकते। राजा, महाराजाओं के लिए है या समर्थ व्यक्ति ही इसका दान कर सकते हैं।

(12) दीपदान

चौराहे पर या विषम रास्ते पर, देव मन्दिर में प्रेत के सुख की इच्छा के लिए एक वर्ष तक दीपक जलाना दीप-दान है। या प्रतिदिन अपने घर के बाहर सायंकाल दीप-बत्ती जलाकर एक लोटा जल का पानी गेर देना भी दीपक-दान है।

(13) जलदान

प्रतिदिन 12 मास तक 1 लोटा जल छानकर सुगन्धित द्रव्य से युक्त कर पीपल में डालना यह जलदान है। इसे भी वर्ष भर किया जाता है ताकि मृत प्राणी के प्यास की शान्ति रहे।

(14) ज्ञानदान

इसका भी बड़ा ही महत्व है। मृत आत्मा के ज्ञान का संवर्धन करने हेतु तथा अपनी भी विद्या बढ़ाने हेतु। पुस्तकों का दान या छात्रवृत्ति दान, विद्यार्थियों को सहायता देना अति श्रेष्ठ माना गया है। सत्पुस्तकों का ज्ञानार्जन करने वाले जिज्ञासुओं को देना अतिश्रेष्ठ है।

(15) **खाया सोई खरचिया, दिया सोई सत्थ**
जसवन्त धरण पौढिया, माल बिराजे हत्थ।

अतः शास्त्रोत्त्म विधि से दान दिया गया भवभव में मिलता है। बिना दिये मिलता नहीं। इसलिए जीवन में जीते जी या मरने के बाद पुत्रों द्वारा दान फलता है।

ज्ञान की बातें

कान में मन्त्रोच्चार

म्रियमाणस्य कर्णे तु पुण्यमन्त्रान् जपेत्ततः।

वहीं पर परिशिष्ट में कहा है— मरने वाले के कान में पुण्यवाले मन्त्रों को (नानानं वा इत्यादि वैदिकमन्त्र और अन्य गीता, विष्णु सहस्रनाम, भागवत आदि) का जप करें।

आठ दान

क्रियानिबन्ध और गुरुड़पुराण में तो आठ दान कहे हैं—तुलसी तथा शालिग्राम की शिला को समीप करके तिल, लोहा, सुवर्ण, रूई, नमक, सप्तधान्य, पृथ्वी और गौ— ये एक से एक पवित्र कहे गये हैं। दशदान, वैतरणीधेनु, उत्क्रान्तिधेनु आदि को भट्टकृत अन्त्येष्टिपद्धति में जानना चाहिए।

प्रेत संस्कार समय

अब प्रेत के संस्कार का समय कहते हैं। हेमाद्रि में गार्ग्य ने कहा है—प्रत्यक्ष शव के संस्कार में दिन का शोधन नहीं ही करें। आशौच के मध्य में संस्कार में तो सति संभव दिन का शोधन करें।

अशौच की निवृत्ति में यदि फिर से मृतक का संस्कार करें तो दिन का संशोधन कर ही ग्रहण करें। यदि एक साल बाद प्रेत के कार्यों को करें तो उसमें उत्तरायण श्रेष्ठ है और उसमें भी कृष्णपक्ष के दिनक्षय (तीन दिन) छोड़कर करें। कहीं पर 'दिनत्रयम्' यह भी पाठ है। व्यक्ति के गुजरने के काफी समय बाद, उसके निमित्त यदि कोई कार्य करना हो तो शास्त्र कहते हैं—

विश्वप्रकाशेऽपि—गुरुभार्गवयोर्मौढ्ये पौषमासे मलिम्लुचे।
नातीतः पितृमेधः स्याद् गत्रां गोदावरी बिना॥

विश्वप्रकाश में भी कहा है—गुरु और शुक्र का अस्त, पौष तथा मलमास में गया तथा गोदावरी को ओढ़कर अतीत (व्यतीत) पितृमेघ (प्रेत का संस्कार) नहीं होता है।

रात्रि में शवदाह

स्मृतिरत्नावली में कहा है—शव रात में रह जाये तो तीन कृच्छ प्रायश्चित्त कर पुत्र दाह-संस्कार करे। गालवः **दिवा या यदि वा रात्रौ शवस्तिष्ठति कर्हिचित्।**

तत्पर्युषितमित्याहुर्दहने तस्य का गतिः॥ पञ्चगव्येन संस्नाप्य प्राजापत्यत्रयं चरेत्।
आजकल ब्राह्मणों को छोड़कर अन्य जातियों में रात्रिकाल में शवदाह

असंस्कृतेन पत्न्या च ह्यग्निदानं समन्त्रकम्।
कर्तव्यमितरत्सर्वं कारयेदन्यमेव हि॥

कात्यायन ने कहा है कि—पुत्र के प्रसंस्कृत (संस्कारहीन) होने पर पत्नी किया करे। अग्निहेमाद्रि में कहा है कि—पुत्राभाव में तो पत्नी दे और पत्नी के अभाव में सहोदर क्रिया कर सकता है। प्रेत के छोटे भाई को तत्काल (शवदाह के पूर्व) मुण्डन कराना चाहिए।

प्रशस्त श्राद्ध

वृद्धशातातप में कहा है—मामा भानजा का, और मामा का भानजा श्राद्ध करें। श्वसुर, गुरु और मातामह (नाना) तथा इनकी स्त्रियों का, बहन, माता और पिता का श्राद्ध सभी को करना चाहिए।

पुत्र कौन

बारह प्रकार के पुत्र

बारह प्रकार के पुत्रों को याज्ञवल्क्य ने कहा है कि धर्मपूर्वक विवाहिता अपनी पत्नी से उत्पन्न पुत्र **औरस**, उसके बराबर लड़की का लड़का, **क्षेत्रज**, (**यस्तल्पजः प्रमीतस्य क्लीवस्य व्याधितस्य च, स्वधर्मेण नियुक्तायां स ज्ञेयः क्षेत्रजः सुतः॥**) और **क्षेत्रजात** पुत्र **सगोत्र** या दूसरे सपिण्ड आदि द्वारा उत्पन्न होता है। घर में प्रच्छन्न रूप से उत्पन्न पुत्र (**उत्पद्यते गृहे यस्य न च ज्ञायेत कस्य सः। गृहेगढ़ उत्पन्नस्तस्य स्याद्यस्य तल्पजः॥**) **गूढज** होता है। कुमारी कन्या से उत्पन्न **कानीन** मातामह (नाना) का पुत्र होता है। **अक्षता** (पहले पुरुष से वञ्चित) में या क्षता (जो पहले यौन सम्बन्ध का अनुभव कर चुकी हो) में उत्पन्न पुत्र को **पौनर्भव** कहते हैं। (या तु पत्या परित्यक्ता विधवा स्वेच्छाया ऽथवा। उत्पादयेत्पुनर्भूत्वा स पौनर्भव उच्यते॥) माता या पिता द्वारा धनादि लेकर दिया हुआ पुत्र **दत्तक** होता है। माता-पिता ने धन लेकर बेच दिया हो जिस पुत्र को वह **क्रीत** होता है। स्वयं को पुत्र रूप में अर्पित करने वाला कर लिया हो। (माता और पिता से हीन धन आदि प्रलोभन के द्वारा पुत्र रूप से स्वीकार कर लिया) माता और पिता से हीन या उनसे त्यक्त मैं तुम्हारा पुत्र हूँ— अपनी आत्मा को देने ***(मातापितृभ्यां हीनो वा त्यक्तो वा स्यादृकारणात्। आत्मानं स्पर्शयेद्यस्तु स्वयं दतस्तु स्मृतः)*** वाला, सवर्ण में विवाह के समय गर्भ में हो, बाद में उत्पन्न पुत्र (या गर्भिणी संरिक्रयते ज्ञाहा जातीय वा सती। वोढुः स गर्भो भवति सहोढ इति उच्यते॥) **सहोढ़** होता है। माता और पिता के द्वारा या अन्य

कारण के द्वारा भरणपोषण की असामर्थ्यता से या मूल नक्षत्रादि में उत्पन्न होने के कारण त्याग किये हुए पुत्र को (**मातापितृभ्यामुत्सृष्टं तयोरन्त्यतरेण वा। यं पुत्रं प्रतिगृहीयादपविद्धस्तु स स्मृतः॥**) **अपविद्ध** कहते हैं। इन बारह प्रकार के पुत्रों में पूर्वाभाव में (अर्थात्-असन्निधि में) पर-पर (आगे-आगे) का पिण्ड को देने वाला तथा अंश(भाग) का हिस्सेदार होता है।

पत्नी कौन

धर्म्यैर्विवाहैरूढा या सा पत्नी परिकीर्तिता। क्रयक्रीता तु या नारी न सा पत्न्यभिधीयते। न सा दैवे न सा पित्र्ये दासी तां मुनयो विदुः॥ —इति माधवीये शातातपोक्तेः।

माधवीय में शातातप ने कहा है कि—जो धर्म के द्वारा विवाहित हो वही पत्नी कही गयी है। खरीदी गयी नारी को पत्नी नहीं कह सकते हैं। वह दैवकर्म और पितृकार्य में उपयुक्त हैं। उसको मुनियों ने 'दासी' शब्द कहा है।

पन्थ बुहारना

घर के मुखिया(प्रधान) पुरुष की मृत्यु पर, घर की कुल बधुएँ अपनी साड़ी या ओरणे के पल्लू से पन्थ(मार्ग) बुहारती (साफ) करती हैं। जैसे-जैसे शव को ले जाते हैं वैसे-वैसे कुल वधुएँ उसके रास्ते को साड़ी के पल्लुओं से प्रशस्त करती हैं। यह प्रथा राजस्थान के प्राचीन गांवों में आज भी प्रचलित है।

नान श्राद्ध (आजा) मारवाडी में कहावत है—

बहन जवाई और भानजा।
तीन रहो ताजा,
तो रोज करो आजा।

नान श्राद्ध आश्विन शुक्ल प्रतिपदा के दिन होता है। इसका शुद्ध नाम नान्दी श्राद्ध है। यह नाना के प्रति श्रद्धाञ्जलि है दौहित्र की। बेटी के पिता के प्रति एवं जामाता की श्वसुर के प्रति सच्ची श्रद्धाञ्जलि है। यदि इन तीन में से एक भी खण्डित हो जाता है तो नानाश्राद्ध उस घर में नहीं होता। इसको मातामाह श्राद्ध भी कहते हैं।

जिस घर में दम्पत्ति स्त्री और पुरुष एक साथ मर गये हों, वे एक ही चिता में समारूढ़ (दग्ध) हो गये हों, उन दोनों का अलग-अलग श्राद्ध तथा ओदन (पिण्डदान) अलग-अलग करे। यह गार्ग्य वचन है।

जो बुद्धिहीन पुरुष परिजनों के एकादशाह आदि दिनों में पुरुष-स्त्री के एकत्व (संगम) की इच्छा करते हैं वे स्वर्गमार्ग से च्युत होकर घोर नरक में जाते हैं।

श्राद्ध-भोजन में पात्र

ऋषि अत्रि कहते हैं कि भोजन पात्र सुवर्ण या चांदी के होने चाहिए या बावन पल के कांसे का पात्र हो। धातु के अभाव में श्राद्ध में पलाशपत्र, महुआ, उदुम्बर, पारिका, केलापत्र, आम्रपत्र, कटहल के पत्ते, जामुन के पत्ते, नागकेसर के पत्ते,

चम्पा (चमेली) के पत्ते क्रम से उत्तम कहे गये हैं।

पुनर्जीवन-संस्कार

जो मरा न हो और उसी के मरण की खबर सुनकर उसकी औध्र्व दैहिक क्रिया कर दी गई हो तथा उक्त व्यक्ति यदि जीवित आ जाय तो घी के घड़े में डुबोकर फिर उसे निकाल कर स्नान कराकर उसका जातकर्म संस्कार करावे।

सर्प-संस्कार

सर्पवध पर तीन दिन का आशौच लगता है। यदि विषधर कृष्ण सर्प को मारा है तो पूरा सर्प संस्कार करना पड़ता है। गेहूँ व तिल की खली से सर्प की प्रतिमा बनाकर अग्निकोण में कुशा बिछाकर मन्त्रों द्वारा सर्प प्रतिमा को जलाया जाता है। इसके लिए आप हमारी पुस्तक 'कालसर्पयोग' एवं 'घटविवाह पर शोध कार्य' को पढ़ें। प्रत्येक प्रकार के कर्णदोष सम्बन्धी पूरी जानकारी उसमें मिलेगी। इसकी संक्षिप्त जानकारी 'निर्णयसिन्धु' के पृष्ट 115 पर भी मिलेगी। यह क्रिया अमावस्या, पूर्णिमा व पंचमी को की जाती है।

शूद्र से जलाया हुआ ब्राह्मण उत्तम गति को प्राप्त नहीं होता। उसके पाप की शुद्धि के लिए चान्द्रायण, पराक और प्राजापत्य प्रायश्चित्त करें।

श्मशान भूमि पर खाने-पीने की वस्तुऐं न लावें। शव के निमित्त जहां मुर्दे गड़े हों, समाधि हो, क़ब्र हो वहां खाने-पीने की वस्तुऐं, प्रसाद इत्यादि न लें। श्मशान क्रिया में प्रयुक्त मिट्टी के बर्तन वहीं फोड़ दें, उसे साबित न रखें।

पददान

आसन, जूता, छाता, कमण्डल, भोजन, भोजनाधार, कटोरी, थाली, वस्त्र, अंगूठी, महिषी, रथ और गोदान ये तेरह पद होते हैं। जो इनको मरे हुए प्राणी के निमित्त देता है वह प्राणी महाकष्ट से रहित उत्तम स्थान को जाता है।

ज्येष्ठ पुत्र

एकादशाह आदि क्रियाओं को ज्येष्ठपुत्र करे। ज्येष्ठ पुत्र के होने मात्र से मुनष्य पुत्र वाला कहलाता है। ज्येष्ठ पुत्र के देशान्तर स्थित होने पर, बन्धन में होने पर, कनिष्ठ पुत्र सपिण्ड श्राद्ध करे। जिस पुरुष के बहुत-सी स्त्रियां हों उनमें से एक भी स्त्री पुत्र वाली हो तो उस पुत्र से सब पुत्र वाली कहलाती हैं। ऐसा मनु का वचन है।

पंचक

जो मनुष्य पंचक में मरता है, उसकी गति नहीं होती। अतः प्रेत के उद्देश्य में तिल, सुवर्ण और घृत दें। पंचक शान्ति करावे।

धनिष्ठा में मरण हो तो घर में फिर मृत्यु होती है। उसके निमित्त सुवर्ण दक्षिणा या काला वस्त्र दान दें।

कुम्भ और मीन के चन्द्रमा में जिसकी मृत्यु होती है, उसकी ऊर्ध्वगति नहीं देखी गई।

—निर्णयसिन्धु/पृ० 1272

एक दिव्य व्यक्तित्व का संक्षिप्त परिचय

संवत् 2006 भाद्रमाह, शुक्लपक्ष की देवझूलनी एकादशी के दिन कलियुगी अवतार बाबा रामदेव के जन्म के समय ठीक ब्राह्ममुहूर्त प्रातः 04 बजकर 04 मिनट पर वेदिया कुलभूषण श्रीमाली ब्राह्मण कुलगुरु वेदिया पं. जयनारायण द्विवेदी के यहां एक तेजस्वी पुत्र का जन्म 'कर्कलग्न' के अंतर्गत हुआ। इनके जन्म के पूर्व एक रहस्यमय घटना यह हुई कि इनकी माता श्रीमती रामप्यारी देवी के एक बार निद्रा अवस्था में प्राण निकल गए। इनकी माता जी सीधे स्वर्गलोक पहुंचीं, वहां इन्हें दादाजी, परदादाजी के दर्शन हुए। इनके दादाजी ने एक दिव्य आम्रफल देते हुए कहा कि अभी तुम्हें एक तेजस्वी बालक को जन्म देना है, जो हमारे वेदिया कुल का नाम रोशन करेगा। दादाजी इनकी माताजी को चित्रगुप्त के पास ले गए तथा यही बात दोहराई। चित्रगुप्त ने अपना बही-खाता देखा एवं भूल के लिए क्षमा मांगते हुए विष्णु के दूतों से कहा— इन्हें वापस भूलोक पर ले जाओ। मृत्यु के दस घंटे पश्चात् श्मशान स्थल पर इनकी माताजी पुनर्जीवित हो उठीं, तत्काल दुंदाड़ा ग्राम में रामप्यारी नाम दूसरी अन्य औरत की मृत्यु हो गई।

इस घटना के बाद इनकी माता जी को दिव्य सिद्धि व शक्ति की प्राप्ति हुई। वे अन्य आगंतुक व्यक्ति के मन की बात शब्द-प्रतिशब्द फौरन बता देती थी। खोई हुई वस्तुओं का, चोरी हुई चीजों का पता बतला देना एक साधारण बात थी। गली-मोहल्ले वाले स्त्री-पुरुषों की भीड़ लगी रहती थी। जोधपुर शहर के वृद्ध एवं पुराने लोग आज भी इनकी माताजी के अनेक चमत्कारी किस्सों को बहुत ही तन्मयता के साथ बतलाते हैं। स्वर्गागमन के एक वर्ष पश्चात् श्री द्विवेदी का जन्म 5.9.1949 की प्रातः काल को हुआ। बाल्यावस्था में ही श्री द्विवेदी का मन-मस्तिष्क वैज्ञानिक सूझ-बूझ से परिपूर्ण था। इनकी माता जी भी द्विवेदी के विवाहकाल तक जीवित रहीं। इनका विवाह बाड़मेर जिले के समदड़ी नामक गांव में सुश्री जानकी देवी के साथ हुआ। जिनसे इन्हें दो आज्ञाकारी पुत्रियां तथा एक पुत्र रत्न की प्राप्ति हुई।

श्री द्विवेदी ने बी.ए. ऑनर्स (संस्कृत) प्रथम श्रेणी में उत्तीर्ण किया। एम.ए. संस्कृत (दर्शन) में प्रथम श्रेणी में रहकर सर्वोच्च अंक प्राप्त किए। फलतः विश्वविद्यालय से स्कॉलरशिप मिली। तत्पश्चात् जोधपुर विश्वविद्यालय के संस्कृत विभाग के अंतर्गत ज्योतिष विषय में वराहमिहिर को लेकर शोधकार्य कर पी-एच. डी. की उपाधि प्राप्त की।

ईस्वी सन् 1977 को धर्म सम्राट करपात्री जी की प्रेरणा से एवं पुरी पीठाधीश्वर जगदगुरु शंकराचार्य स्वामी श्री निरंजनदेवतीर्थ के कर-कमलों से 'अज्ञातदर्शन'

नामक त्रैमासिक ज्योतिष पत्रिका का शुभारंभ किया। यह पत्रिका मासिक एवं मासिक से पाक्षिक हुई। आज संपूर्ण देश में यह एकमात्र पाक्षिक ज्योति-समाचार पत्रिका है जो राजस्थान सरकार एवं भारत सरकार द्वारा अधिस्वीकृत है एवं पं. भोजराज द्विवेदी के संपादन में गत 22 वर्षों से नियमित प्रकाशित हो रही है।

इन्हीं दिनों संवत् 2034 में श्रावण-आषाढ़ अधिकमास का विवाद चला। इस विवाद पर अखिल भारतीय स्तर पर विद्वानों के दो गुट बने। अंतिम रूप से शास्त्रार्थ श्रीगंगानगर जिले के नोहर कस्बे में जगद्‌गुरु शंकराचार्य के सान्निध्य में हुआ। स्व. पं. रामदत्त अग्निहोत्री मध्यस्थ थे। पं. भोजराज द्विवेदी ने अपनी तरुण अवस्था में ही सभी विद्वानों के दांत खट्टे कर दिए तथा शास्त्रार्थ में विजयी हुए। फलस्वरूप जगद्‌गुरु शंकराचार्य ने इन्हें 'शास्त्रार्थ केसरी' की उपाधि एवं 501 की धनराशि तथा वस्त्रालंकार भेंट स्वरूप प्रदान किए। यहीं से इनके ज्योतिष जीवन की शुरुआत हुई और प्रारंभिक उपलब्धियां कुछ इस प्रकार से रहीं।

24 दिसंबर, 1979 को भोपाल में 'भारतीय ज्योतिष परिषद' द्वारा आयोजित अखिल भारतीय ज्योतिष सम्मेलन में ग्वालियर राजमाता द्वारा मानव मात्र हेतु की गई निःस्वार्थ सेवा के उपलक्ष्य में रुपयों की थैली, दुशाला एवं प्रमाणपत्र भेंट किया गया।

11 जनवरी, 1981 को ' बृहद् गुजरात ऐस्ट्रोलॉजिकल सोसाइटी' द्वारा 'ज्योतिष शिरोमणि' की सर्वोच्च उपाधि इन्हें प्रदान की गई।

अप्रैल, 1982 में उत्तरप्रदेश की राजधानी लखनऊ में शोधकार्य के उपलक्ष्य में 'प्राच्य विद्या महामहोपाध्याय' की उपाधि से विषूभित किया गया।

4 अक्टूबर, 1982 को टाउन हाल में आयोजित अखिल भारतीय ज्योतिष सम्मेलन, जोधपुर में राजस्थान उच्च न्यायालय के मुख्य न्यायाधीश श्री के.डी. शर्मा द्वारा 'स्वर्णपदक' प्रदान किया गया।

सन् 1983 में 'समन्वय सेवा ट्रस्ट, लंदन' द्वारा 5000 रुपये की नकद धनराशि एवं 'स्वर्णपदक' महामंडलेश्वर स्वामी श्री सत्यमित्रानंद गिरि द्वारा एक विशाल जनसभा में प्रदान किया गया।

1983 में पूना के ज्योतिषविद्यापीठ द्वारा 'ज्योतिष भास्कर' की उपाधि, शाल-दुशाला एवं प्रशस्ति-पत्र समारोहपूर्वक तिलक स्मारक हॉल के सभागार में प्रदान किया गया ।

21 अक्टूबर, 1983 को अखिल भारतीय ज्योतिष सम्मेलन, कटक (उड़ीसा) में राज्यपाल द्वारा प्रमाणपत्र द्वारा सम्मानित।

जून, 1984 में जयपुर महारानी श्रीमती गायत्रीदेवी द्वारा संस्कृत विश्वविद्यालय के प्रांगण में 'ज्योतिषमार्तण्ड' की उपाधि, स्वर्ण पदक एवं शाल-दुशाला पहना कर जयपुर में नागरिक अभिनंदन किया गया।

तत्पश्चात इन्होंने विधिवत 'अखिल भारतीय ज्योतिष पत्रकार परिषद' का

रजिस्ट्रेशन करवा कर ज्योतिष विश्वविद्यालय द्वारा भारतीय प्राच्यविद्याओं के पत्राचार पाठ्यक्रम 15. 11.1984 से प्रारंभ किए। आज देश-विदेश में सैकड़ों-हजारों शिष्य उनसे मार्गदर्शन प्राप्त कर ज्योतिष विद्या, मंत्र-तंत्र विद्या के वैज्ञानिक पक्ष का प्रचार कर रहे हैं।

श्री चण्डमार्तण्ड पंचाग का नियमित प्रकाशन अक्टूबर, 1986 से उनके संपादन में प्रारंभ हुआ और यह पंचाग शीघ्र ही सारे भारत के ज्योतिषाकाश में छा गया तथा अरब देशों में इस पंचांग की मांग बहुतायत में है।

7 अगस्त, 1988 को लाजपत भवन मोतीझील कानपुर में नागरिक अभिनंदन द्वारा रुपयों की थैली, शाल-दुशाला एवं 'ज्योतिषभूषण' की उपाधि से विभूषित किये गए।

11 मई, 1989 को भावनगर (सौराष्ट्र) में नागरिक अभिनंदन एवं अखिल भारतीय श्रीमाली ब्राह्मण सम्मेलन कीं अध्यक्षता, महुआ (काठियावाड़) एवं जामनगर में समाज द्वारा नागरिक अभिनंदन एवं सम्मान समारोह किया गया।

17 जनवरी, 1990 को जोधपुर महाराज श्री गजसिंह जी, महारानी श्रीमती हेमलता राज्ये, राजमाता साहिबा की अध्यक्षता में ज्योतिष का कंप्यूटर कार्यालय में स्थापित किया गया।

22 अप्रैल, 1990 को अखिल भारतीय ज्योतिष सम्मेलन, भोपाल के अवसर पर रवींद्र सभागार में भव्य नागरिक अभिनंदन के साथ 'दैवज्ञ महर्षि' की उपाधि प्रदान की गई।

14 जुलाई, 1990 से ज्योतिष विद्या के प्रचार-प्रसार हेतु दुबई, शारजाह, अबूधाबी, ऐलिन, मस्कत इत्यादि अरब देशों की यात्रा की, प्रवचन वार्ता, टी.वी. इंटरव्यू दिए।

पूर्व राष्ट्रपति श्री ज्ञानी जैलसिंह द्वारा इंडिया इंटरनेशलन सेंटर, दिल्ली में 9 दिसंबर, 1990 को अंगवस्त्र, 'स्वर्ण पदक जड़ित मुकुट' पहनाकर, हाथी पर बिठलाकर 'ज्योतिष सम्राट' की सर्वोच्च उपाधि प्रदान की गई।

1 जनवरी, 1991 को श्रीविद्या के प्रंसग में निरुपति बालाजी मंदिर ट्रस्ट एवं नगरपालिका अध्यक्ष द्वारा सही भविष्यवाणियों के परिप्रेक्ष्य में माल्यार्पण, प्रमाणपत्र द्वारा तिरुपति (तमिलनाडु) में ही सम्मानित किया।

8 फरवरी, 1991 को फरीदाबाद (हरियाणा) में हुए अखिल भारतीय ज्योतिष सम्मेलन के अवसर पर केंद्रीय स्वाथ्य मंत्री श्री माखनलाल फोतेदार द्वारा 'स्वर्णजड़ित श्रीयंत्र अंगवस्त्र एवं 'डॉक्टर ऑफ ऐस्ट्रोलॉजी' की मानद उपाधि प्रदान की गई

5 मार्च, 1991 को अखिल भारतीय ज्योतिष सम्मेलन मावलंकर हॉल दिल्ली में समारोहपूर्वक 'तंत्र मार्तण्ड' की उपाधि से सम्मानित किया गया।

4 अगस्त, 1991 को अखिल भारतीय ब्रह्म ज्योतिर्विद मंडल (रजि.) द्वारा अहमदाबाद में समारोहपूर्वक 'ज्योतिष महर्षि' की उपाधि से विभूषित किए गये।

1.1.1992 को '108 कुंडीय श्रीयज्ञ' किया एवं अखिल भारतीय विद्वत्सम्मेलन का आयोजन किया। राजस्थान के गृहमंत्री श्री ललितकिशोर चतुर्वेदी एवं अन्य अनेक मंत्रियों द्वारा सम्मानित हुए।

30.3.92 को जयपुर में नागरिक अभिनंदन हुआ तथा राजस्थान उच्च न्यायालय के मुख्य न्यायाधीश न्यायाधिपति श्री के.पी. अग्रवाल द्वारा शाल-दुशाला ओढ़ाकर सम्मानित किया गया।

8अप्रैल, 1992 को मोदीनगर में आयोजित ऑल इंडिया मेडिकल-ज्योतिष सम्मेलन के अवसर पर 'ज्योतिष आयुर्विज्ञान विभूषण' की उपाधि, शाल-दुशाला एवं एक बहुत बड़ी ट्रॉफी सर्वश्रेष्ठ वक्ता के रूप में प्रदान की गई।

18.2.92 से बैंकाक, हांगकांग, पट्टाया, सिंगापुर, मलाया एवं चीन देशों की यात्रा ज्योतिष विद्या के प्रसार-प्रचार हेतु की। भाषण-मालाएं भी आयोजित कीं।

सन् 1992 में ही मानव सेवा की सबसे बड़ी संस्था 'लायंस इंटरनेशनल' से जुड़े एवं जुड़ते ही लायंस क्लब मारवाड़ के सचिव पद पर जुलाई, 92 में निर्वाचित हुए। लायंस के बैंकाक में आयोजित तात्कालिक अंतर्राष्ट्रीय सम्मेलन में सक्रिय भाग लिया। बेस्ट सेक्रेटरी के ऐवार्ड से विभूषित हुए तथा लायंस क्लब में प्रतिवर्ष 'ज्योतिष डायरी' निकालने में सफल प्रयोग भी किए। सन् 1993 में दो वर्ष के लिए 'डायरेक्टर ऑफ बोर्ड' चुने गए एवं केबिनेट में भी लिये गए। जून 1995-96 से लायंस क्लब जोधपुर चौपासनी के अध्यक्ष पद पर रहे। वर्ष 1997-98 के लिये पुनः लायन्स क्लब जोधपुर सेन्ट्रल के चार्टर अध्यक्ष चुने गये।

22.3.93 बिड़ला क्रीड़ा केंद्र में गणमान्य नागरिकों के द्वारा बंबई में नागरिक अभिनंदन एवं 'काल सर्पयोग' नामक पुस्तक का विमोचन।

13.12.93 'श्रीमाली प्रदीप' नामक पाक्षिक समाचार पत्र की, शिववाडी जोधपुर से समारोहपूर्वक शुभारंभ।

16.12.94 'श्रीमाल पुराण' पुस्तक का विमोचन बंबई में एवं अखिल भारतीय श्रीमाली ब्राह्मण सम्मेलन का आयोजन किया। पांच हजार संस्कृत श्लोकों के हिंदी अनुवाद करके पुराण रचनाकार के रुप में ख्याति अर्जित की। जिस पर 24 गांवों के संगठन श्रीमाली ब्राह्मण लूणीकंठा महासभा में श्री द्विवेदी को साफा, श्रीफल, यज्ञोपवीत एवं माल्यार्पण कर हार्दिक अभिनन्दन-स्वागत किया।

24.2.95 को ग्वालियर में 108 कुंडीय श्रीराम महायज्ञ के अवसर पर अखिल भारतीय ज्योतिष सम्मेलन की अध्यक्षता की एवं नागरिक अभिनंदन द्वारा सम्मानित हुए।

4.6.95 को कर्नाटक के मुख्यमंत्री श्री एच.डी. देवगौड़ा, टी.एन. शेषन, श्री रामकृष्ण हेगड़े के सान्निध्य में हुए अखिल भारतीय वास्तु सम्मेलन के अवसर पर बैंगलोर विधानसभा में शाल-दुशाला, माल्यार्पण कर वास्तुशास्त्र की सर्वोच्च समाधि 'विश्वकर्मा ऐवार्ड' की शील्ड, स्मृति-चिह्न प्रदान कर, सम्मान दिया गया।

26.1. 96 को जिला प्रशासन द्वारा स्टेडियम ग्राउण्ड जोधपुर में उपमुख्यमंत्री श्री हरिशंकर भाभड़ा द्वारा सम्मानित।

पं. भोजराज द्विवेदी की उपलब्धियों एवं जीवन-शैली का विस्तार से परिचय देने के लिए शब्द एवं कागज कम पड़ने लगते हैं। जिस श्रीमाली ब्राह्मण समाज में उन्होंने जन्म लिया, उस जाति के लिए बहुत काम किया तथा समाज के अनेक महत्त्वपूर्ण पदों पर आरूढ़ रहे। न केवल एक जाति, एक समाज, अपितु मानव मात्र के उत्थान व अभ्युदय हेतु जो कार्य किए वे अविस्मरणीय हैं। पूज्य गुरुदेव का जन्म कुछ ऐसे नक्षत्र व मुहूर्त में हुआ कि जो काम उन्होंने हाथ में लिया, उसमें अद्वितीय सफलता मिली। जिस वस्तु पर उन्होंने हाथ रखा, उसके भाग्य बदल गए। पत्रकारिता के क्षेत्र में दैनिक जनगण, तरुण राजस्थान, दैनिक प्रतिनिधि, दैनिक जलते दीप, राजस्थान पत्रिका, कादम्बिनी, सन्मार्ग, संडे मेल, चित्रलेखा, गुजरात समाचार, श्रीमाली संदेश, ज्योतिष-बोध जैसे अनेक समाचार पत्रों में कॉलम लिखे तथा धारावाहिक लेखमालाएं प्रकाशित हुईं। अनेक राष्ट्रीय व अंतर्राष्ट्रीय सम्मेलनों की अध्यक्षता व आयोजन किए। 'हूज हू इंडिया' 'एशिया हूज हू' इंटरनेशल डायरेक्टरी में इनके नाम एवं जीवनचर्या निरंतर प्रकाशित होती रही है।

ज्योतिष एवं मंत्र-तंत्र क्षेत्र में अनेकों बहुमूल्य पुस्तकें लिखी हैं। जिनमें से बासठ पुस्तकें लगभग प्रकाशित हो चुकी हैं तथा अनेक बहुमूल्य ग्रंथ प्रकाशनाधीन हैं। उनके मुंह से अनायास जो वचन निकल गए वे विधाता की लेखनी के समान अमिट हो गए। लगभग दो हज़ार से अधिक राष्ट्रीय-अंतर्राष्ट्रीय स्तर की भविष्यवाणियां प्रकाशित होकर सत्य प्रमाणित हो चुकी हैं। ज्योतिष विषय को लेकर पचासों रेडियो वार्ताएं एवं डेढ़ हजार के लगभग शोध-लेख प्रकाशित हो चुके हैं। इनकी विलक्षण एवं यशस्वी लेखनी से इतने साहित्य का सृजन हुआ कि एक व्यक्ति की संपूर्ण आयु उनके साहित्य को पढ़ने व समझने में छोटी पड़ती है। 14/15 दिसम्बर, 1996 को जोधपुर में अन्तर्राष्ट्रीय वास्तु सम्मेलन का विशाल आयोजन किया गया जिसमें देश-विदेश के अनेक प्रतिनिधियों के साथ जगद्गुरु शंकराचार्य ज्योतिषपीठाधीश्वर माधवाश्रम जी महाराज एवं अनेक राज्य मन्त्रियों ने भाग लिया। इस अवसर पर 'इन्टरनेशनल वास्तु ऐसोशिएशन' का गठन किया गया, जिसके डॉ. द्विवेदी अध्यक्ष चुने गए। वास्तु के सन्दर्भ के अनेक भवनों, होटलों, स्कूलों, रिसोर्ट्स, दूकानों, मल्टीस्टोरी बिल्डिंग व फैक्टरियों की प्रतिकूलता को अनुकूलता में बदला एवं बिना तोड़-फोड़ के वास्तु दोष शमन में रिकॉर्ड उपलब्धि अर्जित की। ज्ञान-विज्ञान के क्षेत्र में कोई ऐसा विषय नहीं जो उनसे अछूता रहा हो। भारत एवं विदेशों में सैकड़ों-हजारों परिवार उनकी अलौकिक चमत्कृत जीवन शैली एवं कार्य प्रणाली से प्रभावित हैं। प्रस्तुत पुस्तक श्री गुरुदेव के निजी अनुभव एवं संग्रह का दुलर्भ संकलन उनके चरणों में समर्पित करते हुए हम अपार हर्ष का अनुभव कर रहे हैं। ❑❑❑